KB104934

웃음의 해석학, 행복의 정치학

웃음의 해석학, 행복의 정치학

김종엽 지음

웃음의 해석학, 행복의 정치학

지은이 / 김종엽
펴낸이 / 한기철
편집 및 교정 / 이리라, 전현주, 이수정

1994년 8월 20일 1판 1쇄 박음
1994년 8월 30일 1판 1쇄 펴냄
1997년 11월 15일 1판 2쇄 펴냄

펴낸 곳 / 도서출판 한나래
등록 / 1991. 2. 25. 제22 - 80호
주소 / 서울시 송파구 신천동 11- 9, 한신오피스텔 1419호
전화 / 02) 420 - 7385~6 · 팩스 / 02) 420 - 8474 · 천리안 / HANBOOK

필름 출력 / DTP HOUSE · 인쇄 / 상지사 · 제책 / 성용제책
공급처 / 한국출판협동조합 [전화: 02) 716 - 5616, 팩스: 02) 716 - 2995]

ⓒ 1994 김종엽
Published by Han-narae Publishing Co.
Printed in Seoul

웃음의 해석학, 행복의 정치학 / 김종엽 지음.
— 서울: 한나래, 1994.
272p.: 23cm(한나래 언론 문화 총서, 10)

KDC: 309
DDC: 306
ISBN: 89-85367-19-6 94330

1. Popular culture. 2. Korea — Popular culture.
I. 김종엽.

차례

머리말

지난 몇 년 동안 썼던 글을 모아서 책으로 묶었다. 책으로 묶는 과정에서 나는 내가 썼던 글을 다시 돌아보게 되었다. 그러면서 나는 내 자신이 무엇에 관심이 있었는지에 대해서 다시 알게 되었다. 나는 번다한 대중 문화의 세계를 사랑, 죽음, 웃음, 슬픔 같은 존재론적인 주제들로 다뤘던 것이다. 나는 그런 것들이 중요하다고, 학문은 그런 것을 다뤄야 한다고 나도 모르게 생각했던 것 같다. 딴은 헤어진 사람을 만나게 하고, 슬픔을 어루만지고, 아주 어두운 시절에도 한자락 축제의 웃음을 터뜨리기 위한 것이 아니라면, 무엇하러 책을 읽고 생각을 해야 하겠는가? 나는 내가 해 보려 한 것을 스스로 긍정할 수 있었다.

글을 모아 책을 묶는 일 자체도 나에게 이런저런 생각에 이끌리게 했다. 글을 쓴 동기가 자기를 표현하고 배움을 나누는 일이기 이전에 나를 착취하는 학문을 나도 조금은 착취하기 위해서, 돈을 벌기 위해서 시작했던 나로서는 책을 묶는 일도 그렇게 느껴지지 않을 수 없었다. 나는 편집자에게 책이 얼마나 팔릴까를 물어 보았다. 그녀의 대답은 "한 3000부 정도는 가능하지 않을까요." 넓은 의미에서 인문주의적 전통에 서 있는 나의 책의 독자들, 약 3000명의 사람들은 누구일까? 출판사가 책을 발간할 때 몇 부에서 손익 분기점에 도달하는지에 대해 나는 자세히 알지 못한다. 그러나 이런 책의 경우 3000명의 독자라면 대략은 손익 분기점이 되지 않을까? 그들이 누구인지는 세세히 알 수는 없어도, 이 신비한 독자는 아마 다른 책의 경우라면 나도 포함될 것이다. 인문주의적 전통에 서 있거나 그러고자 하는 식자층은 그런 저서에 대해 관심을 가질 것이다. 그렇다면 저자와 독자는 출판사를 매개로 독자와 저자로 자리바꿈하고 있는 것은 아닐까? 손익 분기점이라는 단일한 메커니즘으로 인문주의적 전통을 생산하고 있는 것은 아닐까?

책을 사는 사람이 책을 쓰는 가난한 순환 속에서 독자는 결코 대중이 아니다. 그러한 아주 제한된 의미에서 독자 공동체일 뿐이다. 1990년대에 들어와 '운동권'이라는 독자 공동체가 급격히 해체되자 많은 출판사들이 이 가난한 순환에서 벗어나기 위해 대중과 접촉하려는 책을 기획한다. 아마 ≪ 대중을 위한 …… ≫이나 ≪ 알기 쉬운 …… ≫ 등의 제목을 가진 책들이 그런 책일 것이다. 나는 이런 시도가 몽매주의는 아니지만, 지식이란 결국 어떤 알맹이를 가진 것이어서, 그것만을 추출해서 소비할 수 있는 것이라는 환상을 대중에게 불어넣고, 그런 중에 작가 자신도 스스로를 기만하는 것은 아닌가 의심스럽다. 확실히 책이 대중을 만나지 못하고, 제한된 독자 공동체 안에서만 순환하는 상황은 생각하고 글쓰는 일이 사회적으로 무효임을 입증할 뿐이다. 그러나 나는 이런 상황이 대중과의 직접적 만남이라는 환상보다는 독자 공동체의 점진적 확대에 의해서 타개되어야 한다고 생각한다. 그래서 나는 나의 책이 3500부 정도는 팔리기를 소망한다. 그 이유는 500부만큼 늘어난 독자 공동체가 인문사회과학의 미래라고 여기기 때문이다. 나의 책이 그런 의도에 걸맞는 성취를 이룰 준비가 되어 있는지는 전혀 자신이 없지만, 다른 많은 책들이 그랬으면 좋겠다는 것이 나의 소망이다.

책을 묶으며 나는 이전에 발표하지 못했던 글도 발표하는 즐거움을 누렸다. 두 편의 영화 비평과 한 편의 만화 비평, 그리고 단상이 그렇다. 특히 영화 비평은 워낙 많은 전문 비평가들 때문에 발표하지 않았던 글이라 그런 사람들의 평을 들어 보고 싶은 생각에 실었다. 그들이 나의 비평을 한 사회학도의 타업종 침해로만 해석하지 않기를 바란다.

이 책은 내가 쓴 글로 이뤄져 있지만, 일일이 거명할 수 없을 만큼 많은 사람들의 도움이 이 책 안에 스며 있다. 나는 그들의 도움이 매우 구체적인 도움이었다고 생각한다. 그래서 나는, 이 책은 마치 영화가 감독만의 작품은 아니듯이 나만의 작품은 아니라고 생각한다. 나에게 도움을 준 사람들 중에는 도움 이상으로 많은 희생까지 치른 사람이 있는데, 그들에게 나의 책을 바친다. 나의 어머니, 나의 아버지, 나의 아내, 내 딸에게……

1994년 7월에
김종엽

일러두기

· 한글 표기를 원칙으로 하되, 필요에 따라 외국어와 한자를
병기하였다.
· 한글 맞춤법은 '한글 맞춤법' 및 '표준어 규정'(1988), '표
준어 모음'(1990)을 적용하였으나 혼란이 있는 경우는 출판
사의 원칙을 따랐다.
· 외국어의 우리말 표기는 개정된 '외래어 표기법'(1986)을
원칙으로 하되, 그 중 일부는 현지 발음에 따랐다.
· 사용된 기호는 다음과 같다.
　책이름: ≪　　≫
　영화, 만화, 그림 등: <　　>

제1부 문화의 지형도

문화 연구의 의미: "왜 하필 문화인가?"

< 에일리언 3 >

문화를 연구한다는 것은 항상 모호하게 느껴진다. 그것은 연구 대상의 모호성과 연구 방법의 막연함으로부터 오는 것이다.

그러나 사실 이러한 모호함과 막연함은 서로 상이한 문제가 아니다. 왜냐하면 문화를 연구한다는 것은 어떤 문제 설정 *Fragestellung* 의 형태 속에서 진행되는 작업이며, 문제를 설정한다는 것은 일련의 구조화된 물음의 체계를 이룩하여, 그 속에서 대상의 성질을 규명하는 것이기 때문이다. 문제 설정은 바로 연구 대상과 연구 방법 양자를 형성하는 것이다. 그리고 양자의 형성은 상호 조건 지어져 있는 양면적 과정이다. 그리고 그 안에는 이미 연구를 통해서 형성되게 될 지식, 물음에 대한 대답이 함축되어 있다. 물음의 구조가 대답의 구조를 조건 지으며, 진지한 물음은 항상 전수된 물음의 체계, 그러한 물음의 체계를 감싸고 있는 물음의 전후 맥락, 그리고 그러한 물음의 체계가 풍기고 있는 대답의 낌새에 대해 (되)묻는 것이다. 따라서 어떤 대상이든 담을 수 있는 보편적인 방법이 있다는 생각은 환상이며, 하나의 대상에 다양한 방법(혹은 시각)을 적용할 수 있다는 다원주의 또한 그릇된 것이다. 연구는 대상과 방법을 동시적으로 형성하는 과정이며, 이 양자의 상호 형성 과정 속에서 지식이 생겨난다.[1]

그러므로 문화를 연구한다는 것이 주는 모호한 인상은 이러한 대상 / 방법의 형성이 제대로 이루어지지 않기 때문이다. 그렇다면, 그런 상태에서 문화를 연구한다는 것은 무엇을 의미하는가? 그것은 문제 설정을 향한 노력이며, 그것의 맥락 자체를 형성하는 과정이 된다. 달리 말하면 자신의 시선(시선은 대상에 대한 주체의 입장도 아니고, 대상에 의해서 유발되는 객관적인 것도 아니다. 시선은 사물과 사물 사이를 흘러 지나가며, 이어지고 있는 하나의 가느다란 선이고, 그것을 끌어당기는 대상의 매혹과 관련된다는 점에서 인식 주체 / 인식 대상의 구별 이전이다)을 유지하는 힘, 그 무의식적인 힘을 의식화하는 것, 분절적인 언어의 체

---

1) L. Althusser, *Reading Capital*, 1977, NLB를 참조할 것.

계로 포착하는 것 *articulation* 이 된다. 이 글은 그런 시도이다, 대단히 불충분한.

1. 문화의 개념

전통적인 의미에서 볼 때 문화란 삶의 방식이며, 자연 상태와 구분된다는 의미에서 인류가 의식적으로 이루어 놓은 모든 것을 말한다. 이렇게 보면 실제로 문화라는 개념은 너무 포괄적이어서 별다른 분석적인 의미를 가지지 못하는 것으로 보인다. 우리 주위에는 사람의 손이 닿지 않은 것이 없으며, 모든 것이 문화이기 때문이다. 그런데 이러한 문화 개념은 우리의 현실을 총체로서 파악한다는 점에서, 즉 하나의 덩어리로 파악한다는 점에서, 고도의 사회 분화의 반영인 아카데미의 분과 체계에 그대로 순응하면서 우리의 삶을 분석하는 것에 비하면 나은 점이 있다. 예를 들어 카두베오족 여자의 얼굴 문신과 불평등한 사회적 위계 체계의 관계를 탐구하는 레비 스트로스 Lévi-Strauss 의 분석을 보라.[2] 우리가 보기에는 전혀 이질적으로 보이는 두 문화적 현상을 하나의 틀 속에서 분석할 수 있는 것은 그가 처음부터 현실을 하나의 총체 속에서 아우를 수 있는 문화 개념을 가졌기 때문이다. 그러나 원시 사회와는 달리 복합적으로 분화된 자본주의 사회 속에서 사는 우리의 입장에서 보면, 그러한 입장은 분화 자체를 충분히 기술하면서, 동시에 그것을 총체성 속에서 다루기에는 어려운 점이 있다.

문화에 대한 또 다른 입장으로는 노동(일) / 문화(놀이)라는 대립 쌍 속에서 문화를 다루는 시각이다. 이러한 시각에 따른다면, 우리는 즉각적으로 문화를 시공간적으로 포착할 수 있는 하나의 실체로 파

---

2) 레비 스트로스, ≪ 슬픈 열대 ≫, 박옥줄 역, 서울: 삼성출판사, 1990, 제19장을 참조할 것.

악할 수 있다는 점에서 유리한 면이 있다. "문화가 어디에 어떻게 존재하는가?"라는 다소간 실증주의적인 함정을 지닌 질문에 대해서 다음과 같이 한층 뚜렷한 답변을 제시할 수 있는 것이다. "문화가 있는 곳은 바로 세종 문화 회관이다. 그리고 대한 극장이다. 또한 대한 민국 연극제가 열리고 있는 문예 회관이다. 문화는 바로 춤이고, 연극이고, 영화이고, 문학이며, 대중 음악이다. 그리고 걸개 그림이며, < 파업 전야 >이다."

그러나 이러한 시각이 역사적으로 특수하게 규정된 생활 양식과 긴밀하게 연루된 것임을 잊어서는 안 된다. 왜냐하면, 전 자본주의 시대의 문화의 양상은 이와는 달랐기 때문이다. 모내기를 하는 노동의 과정은 동시에 문화적인 공간이었다. 모내기의 고통을 달래고, 공동 작업의 리듬을 조정하기 위해서 한 사람이 소리매김을 하면, 나머지 사람은 그것을 따라 했던 것이다. 이러한 과정에서는 문화가 노동과 생활 그 옆에 존재하지 않았다. 문화는 노동과 구별될 수 있는 계기가 없었던 것은 아니지만, 분화된 실천에 의해서 수행되지는 않았다. 귀족의 생활 속에서 나타난 고도의 예술품도 예술 및 문화 생산의 논리가 언제나 후견인 *patron* 의 예속 아래 있었기 때문에, 문화의 논리가 자립화된 형태로 인식될 수 없었던 것이다.

문화적 산물이 자립화된 논리를 가지는 것은, 즉 사회 내에서 자립화된 영역, 자율화된 공간이 되는 것은 바로 자본주의의 등장과 더불어 문화 생산자가 후견인에게서 분리되어 익명의 대중과 조우하게 되는 과정을 통해서이다. 그럼으로써 문화 생산자가 자신의 작업 과정을 어느 누구에게도 간섭받지 않는 고독한 영역으로 가지게 되고, 이를 기반으로 문화의 논리가 시민적인 형태의 각인 아래에서지만, '인식'될 수 있는 수준으로까지 제 모습을 갖추고 등장하게 된 것이다.

따라서 이러한 분리를 인식 태도의 수준에서 주어진 것으로 받아들이는 것은 문화를 보는 협소한 시각을 자초한다. 문제는 기존의 시민적 문화 형식을 분석하는 것이 되고, 비판적 의도는 그것을 극복하는 새로운 형태의 놀이 문화를 창조하는 것이 된다. 설령 그것이 파업을 파업의 문화로 고양하려고 하더라도 (물론 이것은 대단히 가치 있는 일이다. 우리의 문화적 목표 중의 하나가 직접 생산자의 글쓰기, 직접 생산자의 노래짓기임은 분명하니까) 그러는 중에 시민적 문화 형식의 극복 전범은 암암리에 전자본주의적 미분화로 나아갈 위험이 있다. 그러나 이러한 위험은 부차적이며, 그리 심각한 것도 아니다. 중요한 문제는 이러한 것이 하나의 실천 논리가 아니라 인식의 틀일 경우, 문화 분석의 영역 속에서 다뤄져야 할 어떤 대상이 미리 주어져 있어서, 새로이 문화의 논리를 관류시켜 나가야 할, 그리고 문화의 논리에 새로이 접합해야 할 영역을 생각하지 못하게 할 위험이 있다는 점이다. 문화 영역에서의 투쟁과 갈등은 시야에서 사라지고, 시민적 문화 형식에 대한 혐오, 혹은 구토(이것이 새로운 문화 형식 창출의 기본적인 힘이라는 점에서 아주 중요한 것임에도 불구하고)에 그치고, 그 외부에서 혹은 그 옆에서 문화를 생산하려는 생각으로 나아갈 소지가 있다.

2. 마르크스주의의 난점

군이 '문화'라는 말을 직접 쓰지 않더라도, 우리가 알고 있는 문화의 문제를 총체적인 현실의 수준에서 다루면서, 그렇다고 해서 레비 스트로스처럼 초역사적인 난폭한 모델화로 치닫지도 않으면서, 즉 충분히 역사화된 이론이면서, 새로운 문화 형식의 창출을 단순히 놀이의 수준을 넘어서서 삶의 총체와 씨름하면서 고민할 수 있게 해 주는 이론을 생각해 볼 가능성은 어디에 있는가? 그러한 총체성과 역사를 생각할 때, 우리가 마주치는 것이 마르크스주의이다. 그러나 여기에서도 넘어야 할 장애물이 있다.

마르크스주의의 틀에서 볼 때, 사회란 사회 구성체이며, 사회 구성체는 토대 / 상부 구조로 이뤄져 있다. 그런데 토대 / 상부 구조

메타포의 진정한 의미가 무엇인가를 자문해 본 사람이라면, 이러한 메타포가 이론적으로나 현실적으로 그렇게 명확한 것이 아니라는 것을 눈치채게 될 것이다. 왜냐하면, 단적으로 건축적인 이 비유는 문화의 문제를 항상 제기 불가능한 것이거나, 부차적인 것으로 만들기 때문이다. 문화가 토대 / 상부 구조의 메타포에서 어디쯤 위치하고 있는가를 생각하자마자 문화는 토대와 구분되는 것으로서, 대체로 이데올로기적 상부 구조 일반(이데올로기적 심급)을 지칭하는 것으로 이해된다. 그리고 토대 / 상부 구조라는 인식 틀이 (거의 불가피하게 수반하는 이매지너리 imaginary 로 인해) 지니게 되는 완고한 결정론으로 빠지게 된다. (물론 이데올로기적 상부 구조가 무엇으로 구성되어 있는가 하는 것은 또 다른 이론적 정교화가 필요한 문제이다.) 그 결정론의 문제점은 자연스럽게 다음과 같은 건축적인 이미지를 가져온다는 것이다. 집의 구조는 그 집의 '토대'의 형태를 따라 만들어지는 것일 수밖에 없다. 즉 어떤 집에 방이 몇 개이고, 욕실이 어디에 위치하고, 마루가 어디인가는 바로 토대에 의해서 직접적으로 결정되는 것일 수밖에 없다. 이렇게 보면, 문화는 그 집의 '상부 구조'에 위치하는 것이기 때문에, 당연히 토대의 모습을 복사(혹은 반영)할 수밖에 없다. 만약 문화가 자율성을 가진다면, 그것은 벽지가 무슨 색깔이고, 어떤 액자가 걸리는가 하는 수준의 것이다. 이것조차도 비용 문제(즉 경제 문제)로 인해 엄격히 제한된다. 이렇게 본다면, 문화 생산자는 예산 제약 아래에서 작업하는 인테리어 디자이너에 지나지 않는다. 그러나 문화의 문제는 인테리어의 문제가 아니다.

하나의 예를 들어 보자. 지하철 2호선을 가장 잘 이용하고 있는 유통 업체는 롯데이다. 한편에는 을지로 입구 역에 롯데 쇼핑 센터를 가지고 있고, 그 반대편 잠실 역에는 롯데 월드가 있다. 롯데 월드가 우리에게 보여 주는 것은 자본의 논리가 그냥 작용하지 않고, 도시 공간의 변경과 우리의 쾌락을 공략함으로써 실현된다는 것이다. 지하철 역을 나오자마자 넓게 열린 원형의 로비를 지나 몇 개로 뻗은 방사형의 길을 따라 자본의 지시를 받아 걷고 있으면, 모든 위락 시설들이 펼쳐진다. '비가 오는 날에도 즐길 수 있는,' 자연으로의 하등의 복귀도 허용하지 않으면서, 꿈을 빚어 낼 수 있다는 자본의 자신감으로 넘치는 이 공간 속에서, 우리는 얼음판에서 스케이트를 타는 긴 머리카락의 키 큰 여자로부터 그 여자의 하염없이 한가롭고, 편안한 미끄러짐의 반원으로부터 부富가 자유라는 사실을, 그리고 우리는 자본을 사랑해야 한다는 규범을 어떤 이데올로기적 주입이나 교육의 필요도 없이 마음에 새기는 것이다. (그렇다. 그 여자는 현실을 매끄럽게 미끄러지며 지나간다. 현실을 무릎으로 기어가야 하는 고통은 하나도 없다.) 이미지로, 전혀 언설이 되지 않고, 될 필요도 없이, 하나의 환영으로 말이다. 이 신성한 자본의 가르침, 목소리 없는 가르침을 우리의 아이들은 배운다. 아이들에게 자본의 모습은 장엄한 것으로, 그리고 무엇보다 행복의 기억으로 남는 것이다. 아이스크림과 스케이트, 동화의 사실적 현존 (자본은 '나는 양탄자'를 만들어 내는 힘이 된다)이라는 이 놀라운 환영이 우리의 피부 깊숙이 행복을 새겨 놓은 것이다. 자본의 능력은 바로 이 유년기의 인간에게 추억의 구름기둥을 아로새기는 능력인 것이다. 박노해가 분노와 좌절 속에서 명동을, 그리고 롯데 백화점을 E. T.처럼 걸어가던 것과는 대조적으로, 수많은 어린아이들은 아버지와 휴일의 잊을 수 없는 행복의 기억을 만들기 위해서 롯데 월드에 오는 것이다. "행복하라! 이것이 내가 너에게 주는 첫번째 계명이다"라고 자본의 신神은 말한다.

　　　우리의 삶이 자본의 억압 아래에 있을 뿐이라는 생각만을 하는 좌파는 아직 미숙하다. 물론 자본은 죽음을 빚어 낸다. 자본이 빚어 내는 죽음에는 두 가지의 형태가 있다. 그 하나는 죽음에 이르도록 우리를 착취하는 자본에 의한 죽음이다. 또 하나는 자본의 횡포에 저항하는 죽음이다. 자본의 일부(가변 자본)인 자신을 죽임으로써 자신을 자본을 넘어선 공간에 위치시키는 죽음이다. 이런 경우 자본도 일부(가변 자본)는 죽은 것이다. 그러나 자본은 그런 측면만을 가진 것은 아니다. 자본은 죽음과 동시에 삶과 건강과 생명과 행복도 생산하는 것이다. 만약 그 한쪽 면만을 본다면, 그러한 좌파의 입장은 자칫하면 자신이 휴식하고 있을 때, 또는 쇼핑하고 있을 때, 마찬가지로 자본이 마련한 휴식을 즐기고 있다는 사실을 망각하기 쉽다. 그런 입장에서는 적극적으로 문화의 정치를 제안할 능력이 없다. 현실의 총체성, 이 말이 지적하는 것은 우리가 우리 자신의 경험에서는 그 자체로 경제인 것, 혹은 정치인 것, 문화인 것을 발견할 수 없다는 것을 뜻한다. 우리가 그러한 것을 재발견의 형태로 발견하는 것은 우리의 사회 구조의 분화의 경향으로 인한 것이지만, 이러한 분화가 야기하는 착종(예컨대 경제주의)에 대결하기 위해서는 경험이 지닌 최초의 통일성을 우리의 분석이 되돌아가야 할 인식론적인 목표로서 전제해야 한다.

3. 중층적 해석

그렇다면 문화를 어떻게 연구하고 해석할 것인가? 그것은 문화적 생산물이 결정되는 복합적 메커니즘을 분석하는 것이라고 할 수 있다. 따라서 결정의 관념을 포기하는 것은 어리석은 것이다. 그러나 그 결정은 훨씬 다변화되고, 복합적인 것으로 파악되어야 한다. 알튀세르 L. Althusser 의 표현을 빌린다면, (사회의 분화의 현실적 경향을 인정하고서 말한다면) 문화는 사회의 다른 층위들과 환유적 인과성 metonymical casuality 의 관계를 맺으며, 상호간에 중층 결정 overdetermination 의 관계에 있게 된다. 따라서 문화의 분석은 중층적 해석 overinterpretation 을 통해서 이뤄져야 한다.

< 변강쇠가 >의 '성기 타령'을 그 예로 해서 중층 결정과 중층적 해석의 문제를 생각해 보자. 유랑하는 광대가 공통체에서 이탈된 자신의 유리 걸식을 풍자하고 있는 이 이야기는 다른 판소리와는 달리 판소리 연희자의 자기 풍자를 드러낸다는 점에서도 이색적이지만,[3] 무엇보다도 죽음과 성(엄청난 성, 즉 과잉, 따라서 과잉의 풍요와 과잉

의 위험 속에서 죽음과 연루된 성), 공동체, 권력 조직체의 상징으로서 등장하는 장승과 그것에 대한 저항, 정착 생활과 봉제사를 향한 유민의 꿈과 그것의 좌절, 옹녀와 강쇠의 관계에서 나타나는 봉건적 남녀 관계 등, 수많은 주제가 복합적으로 얽혀 있다는 점에서도 흥미롭다.

'강쇠가 옹녀의 성기를 묘사하는 타령'

이상도 성기엿다. 밍낭이도 성기엿다. 늘근 중의 입일넌지 털은 돗고 이는 업다 소낙이를 마자썬지 어덕깁게 파이엿다 콩밧 팟밧 지나던지 돕부꼿이 비쳐엿다 득긔눌을 마져던지 금발루게 터져 잇다 셩슈쳐 옥답인지 물리 항상 고여 잇다 무슨 말을 하랴관틔 옴질옴질 ㅎ고 잇노 쳔리 흥룡 나려오다 주먹바위 신통ㅎ다 만경창파 죠긔던지 혀를 쎄쭘 쎼여시묘 임실 곡감 먹어썬지 돍긔 벼슬 비쳐엿다 파명당을 ㅎ엿썬지 김이 그져 난다 졔 무엇이 질거워서 반튼 우셔 두어쑤나 곡감 잇고 을음 잇고 죠긔 잇고 연계 잇고 졔 소장은 걱졍업다.[4]

'옹녀가 강쇠의 성기를 묘사하는 타령'

이셩이도 성기엿네 밍낭이도 성기엿네 젼빗스령 셔랴는지 쌍걸낭을 느게 돌고 오군문 군뇌던가 복쎡이를 불게 씨고 닌물 가에 물방안지 씰구덩씰구덩 쓰덕인다 쇼아치 말쑥인지 털곱비를 둘너쑤느 감귀를 어더쓴지 말근 쇼논 무슴 일고 셩졍도 혹독ㅎ다 화 곳 나면 눈물난다 얼린 아희 병인넌지 졋은 엇디 게워시며 졔수에 쓴 숭어인디 쇼쟝이 궁기 그져 잇다 뒤쎨 큰 방 노승인지 민틔가리 둥구린다 쇼년 인스 다 비왓다 쇼박쇼박 졀을 ㅎ늬 고죠 찟틴 졀구쩐지 검불찌는 무삼일고 칠팔월 알밤인지 두 쪽 한틔 부터 잇다 물방아 졀구듸며 쇠곱비 걸낭 등 물 셰근사리 걱졍업늬.[5]

3) 이런 측면에서 < 변강쇠가 >에 대해 참조할 만한 연구로는 서종문, < 변강쇠가 연구 >, < 창작과 비평 > 봄호, 여름호, 서울: 창작과 비평사, 1976가 있음.

4) 신재효 본, 《 판소리 사설집 》, 서울: 민중서관, 1971, p.536.

5) 신재효 본, 같은 책, p.538.

가히, 한국 문학사에서 가장 음탕하다고 할 수 있는 이 텍스트는 사실 판소리계의 전형적인 수사법 구조를 지니고 있다. 성기의 다양한 모양새를 사설조로 끊임없이 읊조려 내려감으로써 웃음을 자아낸다. 그러나 실상 성기를 비유하고 있는 것이 무엇인지를 살펴보면, 금지된 성을 한껏 풀어헤쳐 내고 있는 이 성의 이야기의 표면을 일그러뜨리며 불쑥 솟아오르는 정치와 경제, 죽음과 제례를 볼 수 있다. 오랫동안 궁합을 맞추지 못하던 강쇠가 북상해 오고, 오랫동안 공방살에 시달리던 옹녀가 남하해 오다가 황해도 청석관에서 산이 울릴 정도로 엄청난 한바탕의 성희를 치르고 부르는 노래라는 점에서 '성기 타령'은 < 변강쇠가 > 속에서 성이 죽음과 연루되는, 즉 과잉의 위험한 측면인 죽음이 과잉의 다른 측면인 풍요로 전화된 직후의 희열을 표시한다.

　성은 삶 속에서 하나의 무질서이고, 따라서 공동체와 질서 외부이다. 성적인 이유에서 유랑하는 두 사람은 사실, 질서와 공동체에서 이탈된 유랑 광대의 상징적 표현으로 성이 차용됨을 뜻한다. 그것은 연희로서 수용자에게 웃음을 가져오고, 유랑 광대에게는 자신의 슬픔과 꿈의 표현이다.

　'성기 타령' 속에서 경계 파괴적인 위험은 풍요한 꿈으로 전화되고, 이 꿈 속에는 공포와 또 다른 꿈으로의 환유와 소리 없는 지배 이데올로기의 조용한 억압이 그 꿈과 혼재된다. 성기가 관헌과 비유되는 것 속에서 이 행복을 무너뜨리는 적이 묘사되며, 성기의 살림살이와 제물로의 비유는 새로운 꿈, 행복이 이야기하는 새로운 행복에의 희망, 풍요한 경제 생활이라는 꿈과 봉제사를 통한 인류 회복이 제시되는 것이다. 그러나 이 봉제사의 경우, 그것이 지닌 봉건적 유교 윤리의 은밀하고 말 없는 지배력, 즉 봉제사를 할 수 있는 것이 인간적인 삶이라는 이데올로기의 힘이 꿈과 접합되어 있다. 이러한 다양한 수준은 '성기 타령' 속에서 한꺼번에 통일되어 있고, 그것을 기워 내고 있는 섬세한 바늘땀은 웃음이다. 기지의 정신은 낮게 가라앉은 한과 슬픔에 에테르처럼 스며들어, 슬픔은 꿈이 되고, 꿈은 다시 웃음이 되어 가볍게 솟아오르는 것이다.

4. 서술의 문제

　문화를 분석하는 것은 그것을 서술하는 문제와 분리되지 않는다. 현실을 즉자적으로 인식하려는 것은 오히려 우리를 혼란된 표상으로 이끄는 측면이 있다. 그러므로 우리는 마르크스 Marx 가 서술의 방법 *Darstellungsmethode* 에 대해서 언급했던 것을 문화의 연구에서도 항상 염두에 두어야 한다. 그러나 돌아갈 곳은 현실의 복합성과 풍부성 그 자체인 것이다. 그러므로 사상 그 자체 *Sache selbst* 로! 그 풍부성 속에 현실의 모습은 항상 통일되어 있다. 그리고 그것을 우리는 통일시켜야 한다. 루소 Rousseau 의 정치 이론이 나른한 성적 백일몽과 연결되어 있듯이, 그렇게 현실은 단일하고 통일되어 있다. 그러나 이 말은 거듭 말하지만, 우리의 현실이 단순한 무규정적인 혼돈의 표상이라는 점에서 전체라는 말은 아니다. 그것은 항상 이미 주어진 복합적으로 구조화된 전체로서 존재한다. 현실의 이러한 복합적인 접속을 우리의 일상적인 삶은 분화라는 지배적 현실의 효과로 인해 인식하지 못하는 수가 많이 있다. 그러나 현실이 그렇지 않다는 사실, 또 그렇게 분석되지 않을 수 있다는 것을 정교하게 분석하여 서술의 양식으로 적합하게 쓰여진 한 예를 읽어 보자.

　　쾌적함(편안함)은 고립화된다. 또 다른 면에서 편안함은 그 편안함을 누리는 자들을 기계적인 메커니즘 속에 편입시킨다. 19세기 중반에 성냥이 발명되자 일련의 기술 혁신이 이루어지게 되었는데, 이 기술 혁신들이 갖는 공통점은 여러 단계로 된 공정이 단 한 번의 손동작으로 작동할 수 있게 되었다는 점이다. 이러한 발전은 여러 분야에서 이뤄졌고, 특히 전화에서 잘 엿볼 수 있다. 즉 종전에는 손잡이를 끊임없이 돌려야만 했던 것이 이제는 수화기를 들기만 하면 된다. 스위치 들기, 투입, 누름 등과 같은 무수한 동작들 가운데에서도 특히 사진기를 작동시킬 때의 '스냅' 동작은 가장 큰 영향을 끼쳤다. 하나의 사건을 무한한 시간 동안 붙잡아 두기 위해서 손가락을 한 번 누르는 동작이면 족했다. 사진기는 순간에 대해, 이를테면 사후 死後 에 충격을 가하는 셈이다. 이러한 종류의 촉각적인 체험에 대비되는 것은 신문의 광고란이라든가 대도시의 교통과 같은 시각적인 체험이다. 대도시의 교통 속에서 움직인다는 것은 개개인으로 하여금 일련의 충격과 충돌을 체험하도록 하는 것을 의미한다. 위험한 교차로에서는 신경의 자극들이 마치 건전지에서 나오는 에너지처럼 잇달아 그의 몸 속을 관통한다. 보들레르 Baudelaire 는 전기적 에너지가 축적된 곳 속으로 뛰어들 듯 군중 속을 뛰어드는 한 남자에 대해 이야기하고 있다. 그러고 나서 곧 충격의 체험을 설명하면서 그는 그 남자를 '의식을 구비한 만화경'이라고 부른다. 포우 E. A. Poe 의 행인들이 아직 별다른 이유도 없이 시선을 사방으로 던지고 있다면 오늘날의 현대인들은 교통 신호를 보고 자신이 가야 할 위치를 정하기 위해 그렇게 하지 않으면 안 되는 것이다. 이처럼 기술은 인간의 지각 기관이 복합적 성격을 띤 어떤 훈련을 받도록 강요한다. 어떤 새롭고 절박한 자극을 원하는 욕구에 부응하여 드디어 영화라는 것이 등장하였다. 영화에 이르러서는 충격의 형식을 띤 지각이 일종의 형식적 원리가 되었다. 컨베이어 벨트에서 생산의 리듬을 결정짓고 있는 것이 영화에서는 수용의 리듬을 결정하는 근거가 되고 있다.[11]

위의 글은 벤야민 W. Benjamin 의 분석이다. 그의 분석은 이러한 분석에 이어서 노동자의 공장에서의 손놀림과 도박꾼의 손놀림이 서로 비교되고, 그리고 도박이 지닌 성격, 즉 언제나 다시 시작하고, 언제나 불확정한 위험을 다시 반복하는 모험의 경험이 노동자의 일상

11) 발터 벤야민, < 보들레르에 대한 몇 가지 모티브 >, ≪ 발터 벤야민의 문예이론 ≫, 반성환 편역, 서울: 민음사, 1983, pp.142~3.

생활의 체험과 연결된다. 이러한 벤야민의 분석은 여러 가지 모티브가 뒤섞여 있다.

위에서 보듯이, 자본주의 발전에 따른 자동화의 과정과 성냥, 전화기 같은 일상 생활의 자동화, 그리고 이러한 모티브의 연장선에서 제시되는 사진기는 대도시적인 충격 체험 분석의 매개물로 도입된다. 대도시의 충격과 그것에 대한 충격 방어 기제의 문제는 이야기 작가인 레스코프 N. S. Leskov 와 신문의 정보 전달 체계를 대립시키는 그의 분석과 연결되어 있으며, 대도시와 군중이라는 모티브는 그의 '거지와 창녀'라는 짧은 글에서 나타나는 창녀와 자동 판매기 간의 끔찍한 유비 (양자는 동전을 넣으면, 소리를 내며 작동하는 자동 인형 *automaton* 이라는 점에서는 동일하다)와 그것을 매개하는 외상적 체험 *traumatic experience* 에서 기인하는 환유적 사고에 의해 서로 연결된다. 그리고 그의 이러한 대도시 생활의 다양한 국면에 대한 분석은 당대 최고의 서정 시인인 보들레르의 내면 세계와 그의 시 창작의 방법론으로 이행한다.

그리고 위의 분석이 보여 주는 것은 그의 분석의 과정, 즉 서술의 구조가 지닌 복합적이고 끊임없는 환유적 이행의 방식은 다시 한 번 우리의 일상 생활이 영위되는 구조를 재현하고 있다. 왜냐하면 우리의 일상 생활 자체가 진행되는 방식이 환유성을 특징으로 하고, 그리고 그것들 사이의 상호 이행은 한 틀에서 한 틀로의 절대적 단절, 불연속으로 체험되며, 그렇게 되는 이유는 대도시 생활이 지닌 복합성 (즉 자본제의 복합성)을 총괄할 수 있는 실천적 능력이 심각하게 퇴행하기 때문이다. 그러나 벤야민의 분석은 이러한 우리의 체험이 지닌 구조를 재현적으로 서술(*Darstellung*, 혹은 *narration*)함으로써, 그러한 체험에 대한 반성적 지각을 도입하며, 고도의 문화 생산물인 보들레르의 서정시 속에 녹아 있는 사회 역사적 체험, 정치적 무의식, 미학적 조건을 해독해 낸다.

5. 역사의 문제

해석과 서술의 문제는 그와 더불어 문화 생산물의 변형, 즉 역사의 문제를 담을 수 있어야 하며, 자신이 대면하는 문화 생산물을 그것의 역사적 변형 과정 속에서 인식하여야 한다. 예를 하나 더 들어 보자. < 플라이 *The Fly* >라는 영화를 보게 되면, 거기서 공포 영화의 새로운 기법이 등장하고 있다는 것을 알 수 있다. 거기에는 최근에 나타나는 공포 영화의 이매지너리가 잘 제시되어 있다. 점액질로 흘러내리는 육체, 자신의 신체 내부로부터 뛰쳐나오는 괴물의 이미지(< 에일리언 *Alien* >), 곤충과 애벌레와 무정형적인 괴물이 그것이다. 그 괴물은 기원도 없고, 이유도 없이 신체를 습격하고 난자한다. 신체는 온통 기이하고 불완전한 것이 되며, 공포는 외부로부터 덮쳐 오는 것이고 따라서 문을 걸어 잠그면 막을 수 있는 성질의 것이 아니다. 그것은 신체 자체에 불가분하게 서식하고 있는 주체의 그 자신에 대한 공포이다. 이러한 공포 영화에서 우리는 라캉 J. Lacan 이 말하는 '거울 단계' 이전의 어린아이가 자신의 신체에 대해서 느끼는 '파편화된 신체 체험'을 보게 되는 것이다. 그것의 기원은 무엇일까? 이를 이해하기 위해서는 공포물의 역사를 살펴볼 필요가 있다.

공포물의 역사를 살펴보면, 그것이 제시하는 공포의 이매지너리가 자본주의의 발전 단계와 일정한 대응의 관계를 가지고 있음을 우리는 알 수 있다. 부르주아 사회의 공포의 극치는 ≪ 프랑켄슈타인 *Frankenstein* ≫과 ≪ 드라큘라 *Dracula* ≫이다. 전자는 메리 셸리 M. W. Shelley 가 1818년에 쓴 소설이고, 후자는 브램 스토커 B. Stoker 가 1897년에 쓴 소설이다. 프랑켄슈타인의 경우, 그것이 표상하는 것은 부르주아가 자신의 자본 증식 행위가 빚어 내는 산업 프롤레타리아에 대한 공포를 드러내는 것이라고 할 수 있다. 프랑켄슈타인은 자연적으로 발견되는 것이 아니라 인공적으로 만들어지며, 자본에 의해서 프롤레타리아가 공장에 모이고 자본에 귀속되듯이 그렇게 죽은 시체 잡동사니에서 추출된 파편적 신체의 집괴로 이루어진 집합적 주체이며, 제작자에 귀속되는 것이다. 그리고 프롤레타리아가 그렇듯이 인위적 결합에 의해서 만들어졌지만, 자신을 만든 주인에게 대항하고 주인을 죽인다. 괴물이 눈을 뜨자마자 주인은 격렬한 공포에 사로잡히고, 어쩔 수 없이 만들어 냈지만 자기보다 강력한 이 존재를 죽이고 싶어한다. 그리고 이러한 자본의 창조물은 사회의 악으로, 악의 종자種子로 추방된다. 이러한 픽션이 이야기해 주는 것은 공포물의 기능이 사회적 적대를 상상적인 것 속에서 표상하는 것이며, 프랑켄슈타인의 경우, 초기 부르주아의 자유 / 평등의 이데올로기를 사회에 보편적으로 적용시키는 것이 한계에 달한 사회 상황을 보여 주는 것이다.

이와 달리 피를 빠는 드라큘라는 독점 자본을 표상한다. 그는 독점 자본처럼 고독하게 행위하며, 자신의 쾌락이 아니라 필요로 인해 피를 빤다. 그는 생존을 위해서 타인의 피를 요구하는 것이다. 그는 저축가이며, 금욕가이고, 프로테스탄트적인 면모를 지니고 있다. 이런 점에서 우리는 금세 마르크스의 말을 상기할 수 있다.

> 자본이란 요괴처럼 오직 산노동 *living labour* 의 피를 빨아먹음으로써만 살아가고, 또한 노동의 피를 보다 많이 빨아먹을수록 더 오래 살 수 있는 죽은 본능이다.

드라큘라는 자본처럼 무제한의 확장을 꾀하며, 공포의 대상이 된다. 이는 바로 자본에 대한 자본 자신의 공포라고 할 수 있다. 왜냐하면, 독점은 바로 경쟁이고, 양자는 자본이라는 동전의 양면이기 때문이다. 이러한 자본에 대한 자본의 공포가 경쟁 자본주의적 윤리관에 의해서 비판되고 있는 것이 ≪드라큘라≫인 것이다.

이러한 공포물의 논리에서 볼 때, < 플라이 >(혹은 < 에일리언 >, < 브이 *V* >) 같은 영화는 새로운 자본주의 단계의 공포임을 알 수 있다. 우리는 후기 자본주의적, 혹은 국가 독점 자본주의적, 아니면 자본 국제화 시대의 주체의 위기임을 알 수 있다. 이렇게 고도화된 자본주의에서 우리는 조직화되고 관료화된 사회 체제와 생산 과정의 세계적 규모의 분업화로 인해 파편화되고 주체는 위기에 처한다. 왜냐하면, 주체가 된다는 것은 인간이 자신의 경험을 시간적인 계기 속에서 통정 *integration* 하는 능력이 있다는 것, 그리고 그것을 통정하기 위한 수단으로서 언어의 재현적 능력이 보존되어 자신의 언어가 정신 분열증의 언어 *schizophrenic language* 로 되지 않을 것을 전제한다. 그러나 거대한 세계의 구조 앞에서 주체는 그것을 대면할 능력을 상실당하고, 주체는 정신 분열로 빠져든다. 그리고 지구 곳곳에 있는 6만 개의 핵탄두가 이러한 위기를 항상 묵시록적 공포로 변형시키게 된다. < 플라이 >는 인간이 자기 자신이 될 수 있는 능력을 상실하고 공포 앞에서 우두망찰해 있는 모습과 과학 / 기술에 대한 공포와 변형된 묵시록으로 채워져 있다. 그리고 통상의 대중 문화가 대부분 그렇듯이 이러한 주체의 위기에 대항하는 문화의 몸부림이 이미 거세당해 있는 영화이다. 영화의 이야기 구조 *narrative structure* 는 그런 모습을 잘 보여 준다. 마치 동화처럼 간단한 이야기 구조는 위기의 원인에 대한 관중의 해석적 실천을 방지함으로써, 주체의 공포를 망각을 경유하여 퇴행적으로 방어해 준다. 위기의 진정한 원인은 은폐되고, 막이 내림과 함께 공포는 단순한 백일몽이 되어 소멸하게 된다. 주체의 위기를 야기하는 거대한 세계 체제의 논리를 감당하기 위해서 필요한 복합적인 이야기 구조나, 참다운 정치적 유토피아로 희망의 자원을 끌어모으는 일 모두가 여기서는 존재하지 않는다.

6. 비판의 문제

그렇다면 문화를 그 중층적이고 역사적인 문맥 안에서 읽어내려는 노력은 무엇을 지향하는가? 문화를 중층 해석하고 그 안에서 역사를 발견하는 것은 단순히 감수성을 가다듬은 것에 지나지 않는가? 그렇다면 분석과 해석의 실천은 어떤 소용이 닿는 것인가? 그것은 단적으로 말해 비판을 지향한다. 뒤얽힌 의미론의 더미를 헤집고 들어감으로써, 우리는 우리 자신이 은연중에 사로잡혀 있는, 자기 훼손적이고 타자 훼손적인 사유의 비극을 되짚어 내고 그것으로부터 빠져 나오기를 기대하는 것이다.

예를 들어, 질병에 대해서 생각해 보자. 질병이란 무엇인가? 삶과 죽음의 흐릿한 점이 지대, 삶 안의 죽음, 삶과 죽음의 동시성, 그리고 무엇보다 고통, 아프다는 고통, 슬프다는 고통, 외롭다는 고통이 아닌가? 그렇다. 질병은 아프고 고독하다. 말년을 후두암으로 괴로워했던 프로이트 S. Freud 는 자신이 아끼던 개조차 심한 입 냄새로 곁에 오기를 꺼려 하는 고독으로 더욱 아팠다. 질병은 죽어 썩어 가는 아픔, 우리는 그저 자신에게도 악취가 나는 덩그런 몸일 뿐이라는 아픈 각성, 자신 안에 거주하는 낯선 생명체의 번식에 자신을 먹이로 던지면서도 그것을 망연히 바라보는 슬픔이다. 그러나 그보다 더 슬픈 것이 있다. 프로이트는 한때 제자였던 빌헬름 라이히 W. Reich 에 의해 그의 암이 좌절된 성적 욕구의 산물이라는 모욕을 받았다. 아마도 이것이 질병의 가장 아픈 측면일 것이다. 질병이 질병이기를 넘어서서 재앙과 악 惡 이 되고, 인격적 결함의 표현이자 형벌이 되는 것. 이보다 아플 수 있는 것이 무엇이겠는가? 자신도 암에 걸렸던 수잔 손택 S. Sontag 이 ≪ 은유로서의 질병 Illness as Metaphor ≫이라는 저작을 통하여 열심히 싸웠던 것은 바로 이러한 문화의 경계 범람적인 과오인 것이다. 손택은 질병의 은유적 자질 안에서, 질병의 의미론적 장 안에서, 질병의 문화적 상상력 안에서 다시 질병을 발견한다. 질병이 사람을 아프게 하는 것이라면, 아픈 사람을 더 아프게 하는 편견이야말로 질병에 다름 아니기 때문이다.

손택은 질병 안에서 여러 겹의 편견을 발견한다. 소아마비와는 달리 천연두가, 천연두보다는 나병이 더 혐오스러운 이유는 우리가 신체에 부여하는 위계 때문이다. 다리를 저는 것보다 얽은 얼굴이 혐오스러운 것은 얼굴의 특권적 지위 때문이고, 얽은 얼굴보다 홀러내리는 얼굴이 두려운 것은 전자는 살아났음의 증거이지만 후자는 죽어 감의 전조이기 때문이다. 당연히 각혈은 고상하고 하혈은 비천해진다. 폐암에 비해 직장암은 수치스러운 것이 된다. 그래서 우리는 증세를 숨기고 그래서 더 아프게 된다.

지난 세기에 열정의 병으로서, 열정의 소재지인 가슴이 아픈 병인 결핵이 낭만화되고 아름다운 죽음의 상징이 된 것은 억압적인 자본주의에 대항하는 열정, 세련된 감상성의 기호로 그것이 고무되었기 때문이다. 결핵을 피하여 건조한 지중해와 고원 지대로 여행하는 것은 바로 자본주의의 숲인 도시를 떠나는 것을 의미하는 것이다. 그러나 코흐 R. Koch 가 결핵균을 발견하고, 그것이 공기를 통해 전염된다는 것이 밝혀지자 많은 환자는 가족에게 버림받고 쓸쓸히 죽어 갔으며, 자본주의는 결핵을 '소비 consumption'라고 부르며 경멸하였다. 그러나 병은 아름다운 것도 아니고 소비 행위도 아니지 않은가?

우리의 세기에 암이 처한 상황을 생각해 보라. 자기 훼손적 습관의 희생자라는 비난과 함께, 돌연 변이한 자신은 타자에게 온몸을 넘겨 주고, 한 덩어리의 종양이 되어 죽어 가는 환자를. 그러나 이런 오명 속에서, 그리고 수치 속에서 죽어 가는 슬픔보다 더 위험하고 두려운 것은 이러한 암의 은유적 자질이 야기하는 정치적 은유이다. "히틀러 A. Hitler 는 1919년 9월에 쓰여진 그의 최초의 정치 팜플렛인 반유태주의 문건에서 유태인을 '국민들 안에 인종적 결핵'을 생산하고 있다고 기소하였다. [……] 그러나 나치 Nazi 는 재빨리 그들의 수사를 현대화하였으며, 진정 암의 이매지너리야말로 그들의 목적에 훨씬 더 적합하였다. 1930년대를 통하여 '유태인 문제'에서 줄곧 이야기되었듯이 암을 치료하기 위해서는 암을, 그것을 둘러싸고 있는 건강한 조직으로부터 잘라 내야만 하는 것이다. 암의 이매지너리는 나치에게 결핵에 적합한 '부드러운' 치료와는 대조되는 '인종적' 치료를 처방해 주었다.

요양소(즉 추방)와 외과 수술(즉 소각장)의 차이가 그것이다."[7]

　　이러한 역사는 끝난 것이 아니다. AIDS의 등장이 그러하다. 질병이 역병의 오명에서 벗어나는 길고 지루한 역사를 AIDS는 단번에 뒤집어 버린 것이다. 그리고 AIDS는 너무도 많은 '그들'을 만들어 낸다. '그들'은 단지 동성 연애자들만이 아니다. 외국인 또한 '그들'이고, 따라서 동성 연애자에 대한 혐오뿐 아니라 외국인 혐오증도 불러일으킨다. 영국인이 프랑스 병이라고 부르고, 플로렌스인들이 나폴리 병이라고 부르고, 일본인들이 중국 병이라고 불렀던 매독처럼, AIDS는 미국인들에 의해서 아프리카인들의 수간에서 생긴 것으로 여겨지고, 아프리카인들에게는 CIA가 세균전을 위해서 만들어 낸 것으로 여겨지는 것이다. 모든 외국인 그리고 선원과 상인들은 보균자로 의심을 받는다. 그뿐일까? 이제 "섹스는 더 이상 일정한 동안이나마 섹스 파트너를 사회로부터 벗어나게 하는 것이 아니다. 그것은 단순한 짝짓기로 간주될 수 없다. 그것은 과거로부터의 연쇄이며 전이의 연쇄이다. 1987년 보건성 장관 오티스 보웬 O. R. Bowen 박사는 다음과 같이 성별에 차이를 두지 않는 간절한 성명을 발표하였다. "사람들이 섹스를 할 때는 파트너와만 섹스를 하는 것이 아니라 그 파트너가 지난 10년간 섹스를 했던 모든 사람들과 섹스를 하는 것임을 기억하십시오." AIDS는 장기적인 단혼제적 섹스를 제외한 모든 섹스를 음란한 것으로(따라서 위험한 것으로) 그리고 일탈적인 것으로 만들어 버렸다."[8] AIDS로 인해 사람들은 자신의 피를 스스로 예비하는 이기적인 사회로 가고 있다. 그리고 미국의 경우 AIDS는 모든 1960년대적인 것의 청산을 기획하는 신보수주의의 표징이 되고 있는 것이다. 레이건 Reagan 이 AIDS의 확산을 정치체의 위험으로 경고하는 것이나 프랑스의 신파시스트 르 팡 Le Pen 이 리세의 파업한 학생들을 정신적 AIDS에 걸린 자들이라고 비난했던 것

---

7) S. Sontag, *Illness as Metaphor and AIDS and Its Metaphor*, N. Y.: Doubleday, 1990, p.82~3.

8) 같은 책, p.160~1.

은 질병의 정치화가 야기하는 정치의 병리화를 잘 보여 준다.

이러한 질병의 정치화에 대해 손택이 기획한 것은 비판으로서의 문화적 실천의 전범을 잘 보여 준다. "물론 사람들은 은유 없이는 사고할 수가 없다. 그러나 그것이 우리가 자제해야 하고 피하려고 애써야 할 은유가 없다는 것을 의미하는 것은 아니다. 물론 모든 사유는 해석이다. 그러나 그것이 '해석에 대항하는 것'이 언제나 그른 것이라는 것을 의미하는 것은 아니다."[9] 왜냐하면 질병뿐 아니라 은유가 사람을 죽이기도 하기 때문이다.

7. 맺음말

우리의 현실을 이해하기 위해서는 문화를 이해하려는 노력이 요청된다. 왜냐하면 우리의 가장 일상적인 문화적 소비 행위에 대한 아무런 감식력도 없이, 정치 이데올로기로나 G-W-G라는 (본질적이지만, 그리고 마르크스가 이 정식에 도달하기까지 기울인 노력과 그것의 풍부한 전개에 비하면, 우리가 언제나 너무 손쉽게 소비함으로써 깡말라지는) 단순한 도식으로 자본주의를 이해하는 것은 실천적으로 취약하고, 지적으로 박약한 것이기 때문이다. 자본의 구조는 심미의 수준에서 자기 초월적인 숭고미의 구조를 지니고 있고, 우리들 앞에 자본의 남근으로, 자본의 숭고미로 63 빌딩을 세운다. 그리고 < 플라이 >에서처럼 우리의 유전자 정보를 바꾸기도 한다. 그러므로 자본주의라는 단어는 우리의 일상적 실천에 보다 깊게 관류하고 있는 것으로 이해해야 한다.

그리고 가장 당연한 것으로 여겨지는 것, 우리의 보편적 운명으로 여겨지는 것으로 수용하는 것들 중에 많은 것이 정치적 테러리즘과 전체주의의 운반체가 될 수 있다는 것도 잊지 말자. 우리에게 죽

---

9) 같은 책, p.93.

음과 질병보다 더 운명적인 것은 죽음과 질병에조차 스미는 정치 자체이다. 그러므로 언제나 문화의 연구는 문화의 정치를 제안할 수밖에 없다. 문화를 연구하는 것은 어려운 시대에도 고통을 줄이려는 세속적 노력이기에 더욱 그렇다.

그러니 문화를 읽자. 아직은 현실이 완전히 망각에 빠지지 않은 지금, 세계가 잠들었을 때 침묵을 깨기 위해서 움직이기 시작하는 동화 속의 찻잔과 책상처럼 *China und die Tische zu tanzen anfingen, als alle übrige Welt still zu stehen schien,*[10] 문화를 연구하자. 아직은 오성의 밝은 빛살 아래로 세계가 들어오지 않은 지금, 세계로부터 문화의 논리를 읽자. 이 선명하지도 암담하지도 않은 여명을 오래도록 지치지 말고 걸어가자. 밤과 낮의 좁은 틈새로 걸어 들어가자. 기만을 꿰뚫고 환상을 뒤엎기 위해서. 실정화된 단어의 무덤 사이를 지나 낱말들 사이에서 반짝이는 희망을 일구기 위해서.[11]

10) K. Marx, *Das Kapital* vol. 1, 1962, p.85.
11) 문화 연구는 이러한 점에서 이데올로기 비판과 구제 비평 *die rettende Kritik* 양자를 추구한다. 자세한 것으로는 페터 뷔르거, ≪ 미학 이론과 문예학 방법론 ≫, 김경연 역, 서울: 문학과 지성사, 1987, 제3부를 참조할 것.

포스트모던 사회 이론?

1.

동구 마르크스주의의 몰락, 서구 사민주의의 퇴조, 확실히 이러한 현상은 정치적 조망 불가능성 *Unübersichtlichkeit* 을 확대시키고 있다. 우리는 이러한 세계사적 사건에 그 세계사의 한 구성 부분으로서 우리의 경험을 덧붙일 수 있을 것이다. 최후의 냉전 지대, 지역 감정. 이러한 정치적 조망 불가능성의 시대에 포스트모더니즘은 하나의 지적 돌파구인가, 아니면 정치적 조망 불가능성을 더욱 가중시키는 지적 조망 불가능성의 사조인가? 아무튼 모든 이념의 목소리가 제 목소리를 내던 낮에는 들리지 않았지만, 그것들이 침묵하는 밤이 되자 들려 오는 포스트모더니즘의 목소리는 사방의 고요 속에서 혼자 공명하고 있는 것 같다. 그리고 그 울림 속에서 포스트모더니즘은 대학의 좁은 울타리를 넘어 일상적 어법 속으로까지 안전하게 착지한 것 같다. 그 말은 이제 한때 언어가 지칭의 힘을 잃을 때마다 등장하던 변증법이라는 말을 대신하고 있으며, 매체의 박해(동시에 동경)가 민중 문화에서 압구정 문화로, 운동권에서 오렌지족으로 변화하는 속에서, ·모든 새로움에 명예와 후광을 얹어 주고 있다.

이러한 시대에 푸코 M. Foucault 의 뒤를 이어 포스트모더니즘의 예언자, 리오타르 J. F. Lyotard 와 보드리야르 J. Baudrillard 의 저서가 번역되었다는 것은 그리 놀랄 일이 아니다.[1] 그리고 이들의 저서가 제법 팔리는 것도 마찬가지로 놀랄 일이 아니다. 그러나 우리는 왜 데리다 J. Derrida 가 아니고, 들뢰즈 G. Deleuze 가 아니고, 라캉이 아니고, 리오타르와 보드리야르인가에 대해서 물어 볼 필요가 있다. 약간의 새로

---

1) 이 글은 장 프랑수아 리오타르의 ≪ 포스트모던의 조건 ≫(유정완 외 옮김, 서울: 민음사, 1992)과 장 보드리야르의 ≪ 시뮬라시옹 ≫(하태환 옮김, 서울: 민음사, 1992)의 번역을 계기로 두 이론가의 두 저서를 중심으로 포스트모던 사회 이론의 성격을 검토한 주제 서평으로 쓴 것이다. 인용문의 페이지는 모두 위의 번역본을 따른 것이다.

움? 상대적으로 용이한 번역? 그런 이유도 있을 것이다. 그러나 그보다 중요한 이유는 그들이 포스트모더니즘을 미학과 철학과 정신분석학의 영역으로부터 사회의 영역으로 확장하였다는 것일 게다. 그리고 보다 직접적으로 포스트모던을 외치고 있다는 것일 게다. 사실 이들을 제외하면 우리에게는 익히 포스트모더니즘 논자로 알려진 사람들 중에 포스트모던이라는 말을 즐겨 쓰는 사람은 별로 없다. 그리고 포스트모더니즘을 알기 위해서 데카르트 Descartes 와 칸트 Kant 와 니체 Nietzsche 와 하이데거 Heidegger 와 프로이트를 새로 읽어야 한다면, 지적으로 허약한 독자에게 그것은 일종의 고문일 뿐이다. 그러나 보드리야르와 리오타르 역시 그런 부담으로부터 우리를 벗어나게 하고 싼값에 지적 허영을 채워 주는 것은 아니다. 그런 의미에서 리오타르와 보드리야르는 이제 막 수입 통관을 마쳤을 뿐, 우리가 아직 사용법을 잘 모르는 최신 기계와 같다.

나는 이 글이 이 최신 기계를 사용하는 매뉴얼이 될 수 있다고는 생각하지 않는다. 나 역시 이 최신 기계를 다소간 어리둥절하게 쳐다보는 데 머무르고 있기 때문이다.

2.

보드리야르와 리오타르는 비슷한 지적 출발점을 가지고 있는 사람들이다. 양자는 모두 마르크스주의자로서 학문적 이력을 시작하였다. 전자는 앙리 르페브르 H. Lefebvre 의 제자로서, 후자는 '사회주의냐 야만이냐'라는 그룹의 일원으로서 출발하였다. 그리고 그들은 모두 마르크스와 프로이트에 대한 연구로부터 시작하여 마르크스와 프로이트의 청산을 통해 포스트모던의 이론가로 나아간다. 보드리야르의 ≪ 상징적 교환과 죽음 L'échange symbolique et la mort ≫, ≪ 생산의 거울 The Mirror of Production ≫, 리오타르의 ≪ 마르크스와 프로이트를 떠나

표류하기 *Dérive à Partir de Marx et Freud* ≫ 같은 저작은 이러한 청산의 몸짓을 보여 주는 것이라고 할 수 있다. 이들의 이러한 지적인 경로는 우리를 선행하는, 우리가 종래 따라가게 될 지적 외길인 것일까?

일단 이 두 파리장의 지적 편력은 접어 두기로 하자. 우리의 관심을 끄는 것은 포스트모더니스트로서의 리오타르와 보드리야르이니까.

본격 하이테크 이론가라는 보드리야르부터 살펴보자. 그가 그리고 있는 포스트모던 사회는 어떤 사회인가? 답변은 단적으로 주어질 수 있다. 그것은 시뮬라시옹의 사회이다. 시뮬라시옹이란 무엇인가? 그것은 무엇인가를 감추고 있는 기호가 아니라 아무것도 없음을 감추는 기호이다. 시뮬라시옹은 "모든 지시의 사형 집행으로서의 기호로부터, 지시가 죽은 후 이 지시가 가진 권리를 획득한 기호로부터 출발한다." 컴퓨터 시뮬라시옹으로부터 시뮬라시옹이라는 어법을 습득한 사람들에게 보드리야르는 다소 당혹스러운 정의를 제시한 것으로 보인다. 그러나 보드리야르에게 매력이 있다면, 그것은 그가 이 하이테크 용어에 포스트모더니즘의 철학적 통찰을 결부시켰다는 것이다. 시뮬라시옹은 바로 실재와 가상의 위계 체계 비판, 재현의 몰락, 기호의 자기 준거성이라는 이제는 제법 우리에게도 익숙해진 포스트모더니즘적 테마의 보드리야르식 이름이다. 데리다의 차연이 기호의 연쇄 속에서의 의미의 유예, 그리고 사라짐을 의미한다면, 시뮬라시옹은 그 사라진 의미의 영역을 가득 메우고 있는 기호의 춤이다. 그리고 그 속에서 새로운 실재, 실재보다 더 실재적인 파생 실재가 생겨나는 것이다. 그리고 그것에 대항하는 모든 억압된 것의 귀환, '코드의 역회귀성'(p.220)을 저지하는 저지 전략이 파생 실재를 뒷받침한다. 그리고 이러한 재현과 실재의 형이상학에 대한 비판의 몸짓은 매체 비판의 영역과 연결되며, 그 영역을 눈부시게 변형한다. 마셜 맥루언 M. McLuhan 의 유명한 테제 "미디어는 메시지다"라는 진술은 "단지 메시지의 종말을 의미하는 것이 아니라, 매체의 종말도 의미"(p.149)하는 것으로 급진화된다. 메시지라는 실재가 사라지면, 무엇을 전달하는 매체 또한 존재할 이유가 없

기 때문이다. 남는 것은 시뮬라시옹의 지옥뿐이다. 그리고 보드리야르
는 이 지옥의 현상학자인 것이다. 도처에서 그는 시뮬라크르의 음험한
전략을 본다. 인디언 마을의 복원, 람세스의 화사한 부활, 디즈니랜드,
워터게이트, 현대의 묵시록, 광고, SF, 쇼핑 몰, 유전자 복제, 쓰리 마일
즈랜드, 퐁피두 센터……

　　　이러한 세계에서 탈출할 수 있는 길은 무엇일까? 초기 마르
크스주의자 시절을 제외하고는 어떤 정치적 입장도 표명한 적이 없는
이 이론가에게 시뮬라시옹의 대립 축을 형성하는 것은 무엇인가? ≪시
뮬라시옹 *Simulacres et Simulation* ≫ 안에는 암시만이 있을 뿐, 분명한 진
술은 한 곳도 없다. 그 여러 번의 암시 속에서 이 책은 끝난다, 가장
암시적인 표현과 함께. "의미에는 더 이상의 희망이 없다. [……] 바로
여기서 유혹이 시작된다." ≪ 시뮬라시옹 ≫이 끝나는 지점에서 시작된
'유혹'은 무엇인가? 우리는 유혹이라는 단어에서 젊은 여자의 미끈한
다리를 연상해서는 안 된다. 그것은 바로 보드리야르가 비판하는(?) 시
뮬라크르, 있지도 않은 황홀한 실신의 기호일 뿐이다. 보드리야르의 유
혹은 그 말의 첫 느낌보다는 철학적인 울림을 가지고 있다. 그것은 현
세적인 악마의 유혹, 현상과 기만의 영역, 플라톤 Platon 이 제거하고자
한 이데아에 대한 위협이다. 유희와 도전으로 이루어진 가상의 전략이
고, 형이상학과 그것을 뒷받침하는 권력 관계를 '유혹하고' 전도하는
카니발이다. 따라서 우리는 유혹이 그가 초기부터 정치경제학의 가치
개념과 정신분석학의 욕망 개념을 해체하기 위해서 휘둘러 왔던 프랑
스 구조인류학의 보도, '상징적 교환'이라는 것을 알 수 있다. 그것은
보드리야르 이론 체계 내부를 관통하는 바타이유 G. Bataille 의 과잉과
탕진, 약호화되지 않는 비결정의 세계이다.[2] 이제 그의 다음과 같은 진

---

2) '상징적 교환'으로부터 '유혹'으로의 용어 전환은 단지 전자가 은밀하게 함축하
는 원시주의 *primitivism* 와 그 원시주의가 수반할 위험을 지닌 복고(이것이야말로 그
의 비판의 대상이 아닌가)의 은폐일 뿐이다.

술, 즉 "도전 혹은 상상의 과학, 오직 시뮬라크르들의 형이상상학 *pata-physics* 만이 시스템의 시뮬라시옹 전략으로부터, 시스템이 우리를 가둔 죽음의 막다른 골목에서 빠져 나올 수 있다"(p.240)라는 말의 의미는 분명해진다. 그가 ≪ 침묵하는 다수의 그림자 속에서 *In the Shadow of the Silent Majorities* ≫ 스펀지 레퍼런트 *spongy referent* 라고 불렀던 대중은 매체에 의해서 산출되었지만, 역으로 그 모든 매체의 외침을 침묵으로 흡수하고, 매체의 시뮬라크르에 또 다른 시뮬라크르를 가동시킨다. 시스템과 시스템에 대한 저항은 유혹을 매개로 뫼비우스 띠의 안팎을 구성하는 것이다. "그들(대중)은 절대적으로 뫼비우스적이고 순환적인 어떤 논리를 따라 체계의 내적인 시뮬라시옹과 체계의 파괴적인 시뮬라시옹을 운반한다"(p.151). 그러나 내가 보기에 이러한 저항은 상징적 교환의 극좌주의, 정치적 테러리즘에서 유혹의 이론적 테러리즘으로의 변화, 곧 체계에 대한 투항만으로 보인다. 과연 시뮬라크르는 '자전'한다. 그러나 시뮬라크르는 또한 '공전'하고 있는 것은 아닐까? 의미와 진리와 준거라는 태양의 주위를. 코폴라 Coppola 의 < 현대의 묵시록 *Apocalypse, Now* >에서 "전쟁은 영화가 되고 영화는 전쟁이 된다"(p.113)는 차이의 소멸이, 네이팜 탄에 불타고 있는 숲이 베트남의 숲이 아니라 필리핀의 숲이라는 차이와 그 숲 안에는 사람들이 없다는 차이를 소멸시키는 것은 아니다. 이 차이의 무시가 보드리야르의 나르시즘을 구성한다. 그는 나르시스가 물 속에서 자신의 얼굴을 보듯이 도처에서 시뮬라크르를 본다. 그러나 내게는 그것이 얼굴을 비추고 있는 '물'로도 보인다.

3.

리오타르는 보드리야르보다 덜 깡패스럽고, 덜 보헤미안적이다. 보드리야르의 텍스트가 자기 패러디와 자기 패스티시로 구성된 것에 비하여, 리오타르의 텍스트는 온건하고 침착하며, 이론사적 전통에 충실하다. 그의 저서 ≪포스트모던의 조건 *The Postmodern Condition*≫은 포스트모던 '사회'에 대한 이론은 아니다. 그는 이러한 사회를 전제하고, 그러한 사회에서의 지식의 조건을 검토한다. 그러나 그럼에도 불구하고 그의 이론은 그러한 사회의 이미지를 그려 내고 있다. 그는 비교적 명백한 모던과 포스트모던의 정의로부터 출발한다. 대서사에 의한 정당화를 모던으로 그리고 그러한 대서사에 대한 불신과 회의를 포스트모던으로 정의한다(pp.33~4). 이러한 그의 정의는 포스트모던에 접근하는 그의 특수한 전략을 함의하고 있다. 그는 통상 포스트모던론자들이 제기하는 '재현의 위기' 같은 것으로부터 출발하지 않는다.[3] 그가 문제삼고자 하는 것은 정당성의 문제, 서사의 위기이다. 그는 이 책을 통해서 서사와 지식 간의 오래 된 위계를 뒤집고, 화용론적으로 급진화되고, 전투화된 비트겐슈타인 L. Wittgenstein 을 통해서 모던한 지식의 종언과 대서사에 의한 정당화 없는 지식에서의 정의의 문제를 제기한다. 이 점은 처음부터 명백하게 제시된다. "메타 서사 이후에 정당성은 어디에 자리잡을 것인가? 그것의 작동 기준은 기술적인 것이다. 그러나 그것은 무엇이 참되고 정당한지를 판단하는 데는 아무런 적실성이 없다. 하버마스 J. Habermas 가 생각하듯이 정당성은 토의를 통한 합의 안에서 발견되는가? 그런 합의는 언어 게임들 사이의 이질성에 대한 폭력을 행사한다. 포스트모던한 지식은 단순히 권위의 도구는 아니다. 그것은 차이에 대한 우리의 감수성을 재정의하고, 통약 불가능한 것을 관용할 수 있는 우리의 능력을 강화시킨다. 그것은 전문가의 동질론이 아니라, 발명가의 배리이다"(pp.35~6; 번역은 필자). 서문의 이 구절은 이미 그의 모든 논술의 핵심을 요약하고 있다. 그가 끼여들고자 하는 논쟁은 바로 하버마스 – 루만의 체계 이론 논쟁이며, 양자의 논술이 구성하는 진퇴 유곡으로부터 제3의 길을 모색하는 것이다. 하버마스에 대해서는

---

3) "가장 고도로 발전된 사회의 지식을 논하려면 그 사회에 어떤 재현 방법을 적용할 것인가 하는 사전 질문에 먼저 답해야 한다." (p.54, 강조는 필자)

그가 부활시키고자 하는 해방의 대서사가 언어 게임의 이질성에 대한 폭력임을, 루만 N. Luhmann 에 대해서는 그것이 우리를 살아가게 하는 윤리학과 정치의 문제를, 사상하는 체계의 테러를 야기함을 비판한다. 그가 구성하고자 하는 제3의 길은 보기에 따라서는 양자의 종합이라고 할 수 있다. 그는 하버마스에 대해서 그가 의존하고 있는 해방의 대서사를 비판하며 형이상학 없는 체계의 정당성을 모색하는 루만에 동조하는 동시에, 그러한 루만의 입장이 체계의 정당성을 수행성과 효율성으로 환원하는 데 대해 회의의 눈길을 보낸다는 점에서는 하버마스에게 동조한다. 이러한 그의 태도에 대해 루만도 하버마스도 필자가 아는 바로는 아무런 답변이 없었다.[4] 그러나 필자가 보기에 하버마스가 합의만을 강조하고, 그것을 필요로 하는 이견과 반대에 주목하지 않았다는 것은 부당하며, 이성의 분화와 그에 따른 타당성 영역의 분화를 주장하는 그의 논의가 언어 게임들의 이질성에 대한 폭력이라는 주장도 재고를 요한다. 그리고 체계가 수행성을 통해서 자신을 정당화하면서 작동할 때, 그것이 역생산성 *counterproductivity* 과 문제를 야기한다는 것을 루만이 보지 못하고 있다고 판정하는 것도 부당하다. 그러나 이러한 반론은 그들의 몫으로 남겨 두자. 우리에게 관심을 끄는 것은 리오타르의 대안이다. 그것은 이미 언급했듯이 배리에 의한 정당화, 소서사에 의한 정당화이다. 다시 말해, 각각의 언어 게임들이 자체의 화용론과 결부된 서사 안에서 정당화된다. "하나의 게임을 정의하는 규칙과 그 게임 안에서 둘 수 있는 '수들'은 반드시 국지적이어야 한다"(p.161; 번역은 필자). 그러나 그의 주장은 몹시 모호한 전제에 기반한다. 그러한 모호성은 다음과 같은 진술들에서 드러난다. "사회의 화용법은 과학 화용법이 갖는 '단순성'을 갖지 않는다. 그것은 여러 가지

이형적 발화 범주들의 그물망이 서로 얽혀 짜여서 만들어진 하나의 괴물이다"(p.159). 이 진술은 그의 ≪ 포스트모던의 조건 ≫의 대상이 과학적 지식에 제한되어 있다는 테마상의 제한과 함께 이 짜여짐에 대한 연구에서 우리가 어떤 특권적 서사를 택할 이유가 없음을 지적하고 있다. 그러나 이 괴물 속에서 그가 제기한 정의와 진리의 문제는 무엇이어야 하는가? 이 문제는 그에게 다음 저작으로 유예된다. 따라서 우리는 ≪ 논전 The Differend ≫의 주제를 살펴봐야 한다. 그런 점에서 번역본이 리오타르의 ≪ 논전 ≫과 같은 테마를 다룬 논문 몇 편을 함께 번역한 것은 유용한 시도로 보인다.[5] 그러나 그 전에 한 가지 더 지적해야 할 심각한 모호성이 존재한다. "사회의 컴퓨터화는 시장 체계를 통제, 규율하는 '꿈' 장치가 될 수도 있으며, 지식 그 자체까지도 포함하고 그것을 전적으로 수행성 원칙으로 통치할 수도 있다. 그럴 경우 그것은 불가피하게 테러의 사용을 수반할 것이다. 그럼에도 그것은 통상 메타 규범에 대해 토론하는 집단들에게 납득할 만한 결정을 내리기에는 부족한 정보를 제공해 줄 수 있다. 컴퓨터화가 이 두 가지 경로 중에 두 번째 것을 취하도록 해야 할 우리의 노선은 원칙상 단순하다. 대중들 the public 에게 메모리 뱅크와 데이터 뱅크에 자유로운 접근을 허용하라. 그럴 때 언어 게임들은 어떤 주어진 순간에 완전 정보 게임이 될 것이다"(p.165; 번역은 필자). 이러한 그의 진술은 그의 루만 비판의 무력성을 드러내 준다. 체계가 역생산성을 가진다고 해서 수행성 원칙을 포기할 어떤 이유가 있는가? 도대체 누가 대중들에게 이러한 완전 정보 게임의 기회를 자발적으로 부여할 것인가? 그는 이러한 문제를 왜 사소하게 보는 것일까? 아무튼 그는 이러한 질문에 대한 답변을 정교화하기보다는 언어 게임의 이질성에서 발생하는 갈등을 어구들

---

5) 그러나 동시에 ≪ 포스트모던의 조건 ≫과는 다분히 다른 용어와 관심을 보이고 있는 후반부의 논문들이 어떻게 내면적 연관을 가지고 있는지를 역자들이 서문을 통해서 해설해 주지 않은 것은 오히려 독자들에게 혼란을 가중시키는 문제점을 안고 있는 것으로 보인다.

phrase 의 갈등으로 한층 급진화시킨다. 발화는 한 언어 게임 안의 결속 조차 상실하며, 어구와 어구의 연계 자체는 더 우연화되고, 그리고 그 안에서는 항상 논전이 발생하는 것으로 이해된다. 그리고 그러한 논전 에서 과실 *tort* 의 발생을 막기 위한 판단의 문제가 제기된다. 그가 공 들여 숭고의 문제를 가다듬고, 칸트의 반성적 판단의 문제를 다분히 포스트모던화하는 것은 바로 그것이 논전이 낳는 과실의 문제의 해명 과 아방가르드 미학의 정교화 모두에 봉사할 수 있기 때문이다. 지면 상 이 문제를 상론하는 것은 불가능하지만, 한 가지 언급해 두고 싶은 것은 그가 칸트를 양극 분해시키는 것에 대한 의문이다. 그는 칸트가 ≪학부 논쟁≫에서 제기하는 역사의 기호에 대한 논의를 받아들인다. 그에게 칸트는 역사를 기술적인 서술에 종속되지 않고, 사건성으로 생 각할 수 있게 해 준 사람으로 의의를 지닌다. 그러나 그는 칸트가 제 시한 문명 속에서 인류가 공유하게 된 공동 감정 *sensus comminus*, 동시 에 인류 자체를 구성하는 공동 감정은 거부한다. 그에게 있어서 프랑 스 혁명이라는 역사의 기호 이후에 등장한 모든 사건성들, 아우슈비츠, 프라하의 봄, 1974년 이후의 디플레이션은 대서사의 몰락을 지시하는, 그래서 우리에게 포스트모던의 숭고 감정을 낳는 것으로만 등장한다. 그러나 여기서도 포스트모던은 자본과 만난다. "마르크스 이래로 포스 트모던 시대의 모든 어구들을 통합할 수 있다고 자처하는 것은 자본이 다. 그것은 어구들이 개념으로 환원되거나 입증될 수 있으며 직접적으 로 재현될 수 있다고 사기 행각을 벌이는 주체이다." 이 점은 우리도 알고 있다. 그러나 그것에서 벗어날 수 있는 길은 무엇인가? "이것이 사기 행각이며 허구라는 것을 비판하고 판단하기 위해서 필요한 것 은"(p.270) 리오타르에 의하면, 더 이상 칸트적 법정, 인류라는 이데아가 아니다. 오히려 필요한 것은 "각각의 이질성을 존중해 주면서 이질적 어구들 사이의 '이행'을 강조하는 것이다"(p.270). 그러나 '강조한다'는 어떤 의미에서 대안이 되는가? 내가 보기에는 '총체성에 전쟁을 선포' 하고 '차이를 활성화하고 그 이름의 명예를 구출'(p.181)하는 것은 자본

의 털 오라기 하나 건드릴 수 없는 것으로 보인다. 그렇다면 되물어 볼 필요가 있다. 우리가 공동 감정을 버릴 이유가 무엇인가? 과연 우리는 그것을 지지해 줄 사건성을 하나도 갖지 않는 것일까?

4.

이 두 사상가, 그리고 그들의 책 한 권씩. 이 정도로는 포스트모더니즘이 우리에게 지적 안개인가 망원경인가는 판단할 수 없다. 그럼에도 불구하고 이 책들의 번역은 인식하고, 숙고해 보기도 전에 유행처럼 번진 포스트모더니즘에 대해 그것을 새 시대의 세례 요한으로 보거나, 포스트류로 싸잡아 비판하는 두 가지 반응에 대해서, 모든 암소를 검게 만드는 이 독단의 밤에 대해서 일정한 조명의 효과를 가질 수도 있을 것이다. 어쩌면 이러한 포스트모더니즘이라는 통칭 자체가 폐기되어야 할지도 모르겠다. 예민한 독자라면 보드리야르가 푸코를 비판하고, 리오타르가 보드리야르를 비판하는 구절을 읽었을 것이다.[6] 우리에게 남은 과제는 지금보다도 섬세하고 꼼꼼하게 텍스트를 읽는 일일 것이다. 그것만이 우리들이 맹목적 긍정과 공허한 부정의 가파른 샛길을 걸어갈 수 있도록 도와 줄 지팡이가 될 것이다.

6) 보드리야르의 ≪푸코를 잊기≫나 리오타르의 ≪포스트모던의 조건≫ pp.63~4를 참조하라. 그리고 비교적 포스트모던이라는 말을 즐겨 쓰던 리오타르가 최근에 이르러 포스트모던보다는 '현대성을 다시 쓰기 rewriting modernity'라는 말을 더 선호한다는 점이나, 그의 "내가 여기서 현대성을 다시 쓰기라고 부른 것은 요즘의 이데올로기 시장에서 포스트모더니티나 포스트모더니즘이라고 불리는 것과는 아무런 관계도 없다"(J. F. Lyotard, *The Inhuman*, Polity press, 1991, p.34). 같은 진술은 새겨들을 만한 진술이다. 그러므로 푸코, 들뢰즈, 라캉, 리오타르, 데리다, 보드리야르 등은 그들의 없지 않은 공통성 때문에 모두 포스트모더니스트라고 부르기보다는, 그들이 무시할 수 없는 차이 때문에 크리스티앙 데캉 C. Descamps 의 견해에 따라 개별적 사상이라고 부르는 것이 더 나을 것으로 보인다.

사랑의 사회학: 민주주의와 에로티즘의 융합을 위하여

구스타프 클림트 Gustav Klimt, < 키스 *The Kiss* >.

1.

사회학이 어떤 학문이고, 어떤 것에 관심을 기울이느냐 하는 정체성의 문제는 대단히 논쟁적인 주제이다. 그럼에도 불구하고 일종의 관습처럼 사회학의 당연한 주제들이라고 여기는 것들이 있다. 예를 들면 국가, 계급, 노사 문제가 그런 것들일 것이다. 어느 사회학 전공자가 만일 1980년대 한국 노동 시장과 노동 정치 문제에 대해서 연구한다면, 그에 대한 사회적 평가는 아무 문제가 없을 것이다. 그는 할 일을 하고 있는 것이다. 그러나 만일 사랑을 연구하고 있다면, 그는 사회학의 정체성 문제를 수반하는 질문을 받게 될 것이다. 사회학이 그런 것도 연구하나? 혹은 뭘 그런 걸 연구하나!

그러나 꼭 사랑이 아니더라도 너무나 보편적이고 실존적인 문제로만 여겨지던 주제들이 학문의 진지한 대상이 되는 것은 오늘날 학문의 두드러진 추세의 하나이다. 식탁 예법, 장례와 죽음, 축제, 학교와 어린아이, 질병, 광기, 감옥, 가족 생활…… 오랫동안 개인사의 과정으로만 여겨 왔던 주제들이 오늘날 학문의 단골 메뉴가 된 것이다. 일상 생활사 *Alltagsgeschichte*, 망탈리테 *mentalité* 연구, 페미니즘은 이런 흐름의 대표적인 예들이며, 사회학자들 중에도 우리는 노버트 엘리아스 N. Elias, 어빙 고프먼 E. Goffman 같은 이름을 거명할 수 있을 것이다.

이런 흐름들은 단순히 좁은 학문의 밥상을 넓히기 위한 것으로 치부될 수 없고, 무엇이든 일일이 과학적으로 분석하려고 하는 머리만 이상 비대한 지식인의 편집증의 산물은 더더욱 아니다. "19세기 말 파리의 포도를 걸어서 퇴근하던 사무 직원 피에르는 무슨 생각을 하고 있었던 것일까?"라는 식의, 언뜻 보기에는 우스꽝스러운 질문 밑에 오히려 역사를 형성하는 것은 바로 이런 일상의 작은 국면의 거대한 집괴일 뿐이라는 섬세한 감수성이 놓여 있다. 오늘날 유행하는 현대성에 대한 거창한 담론에 대해서[1] 이런 지적 흐름은 칸트와 헤겔 Hegel 에서 출발하지 않고, 예컨대 콘돔으로부터 출발할 것이다. 그렇다. 칸트와 헤겔, 또는 마르크스와 토크빌 Tocqueville 뿐 아니라, 기차와 자동차와 전화뿐 아니라 콘돔과 고무 젖꼭지도 현대성인 것이다. 문명이 자연과 인간의 매개라면 고무 젖꼭지야말로 우리들 모두가 경험한 최초의 매개 장치가 아닌가?

2.

     사랑은 이런 일상성을 지향하는 학문의 가장 두드러진 주제인데, 그 이유는 그것이 우리 모두의 아킬레스건이기 때문만은 아니다. 사랑은 단순히 하나의 주제가 아니라 여러 가지 주제의 접합점이 되기 때문이다. 사랑은 성과 육체와 자아 정체성, 그리고 가족 생활(따라서 당연히 여성과 어린아이의 문제)과 사회의 재생산(위생학과 인구학의 문제)을 그것의 주제로서 끌어들이는 것이다. 이런 복합성으로 인해 사랑에 대해서 축적된 연구는 일일이 검토하기 어려울 만큼 방대하다. 그러므로 여기서는 지면의 제약상 앤터니 기든스 A. Giddens 의 최근 연구 성과만을 검토하고자 한다. 기든스를 검토하는 것은 몇 가지 이점이 있는데, 그것은 우선 그가 현대 사회학의 정상급 이론가이며, 따라서 그의 사랑에 대한 논의의 검토는 사회학의 사랑에 대한 논의의 도달점에 대한 검토이자 이론가로서의 기든스 자체의 이해에도 도움이 된다는 것이다. 둘째 그의 논의는 역시 일급의 연구자인 푸코와 루만의 성과 사랑에 대한 연구 성과를 비판적으로 계승, 발전시키고 있다는 점에서 주목할 만하다는 것이다.

     최근 들어, 더욱더 눈부신 이론적 성과를 올리고 있는 기든스는 1991년에는 ≪ 현대성과 자아 정체성 *Modernity & Self-Identity* ≫을,

---

1) 큰 이야기를 작은 이야기로 대치해야 한다는 리오타르의 주장도 전체론적 *holistic* 이고 거창하기는 마찬가지다.

1992년에는 ≪ 친밀성의 변형 *The Transformation of Intimacy* ≫을 출간함으로써 그 이전에 발간된 ≪ 국민 국가와 폭력 *The Nation State and Violence* ≫과 ≪ 역사 유물론의 현대적 비판 *The Contemporary Critique of Historical Materie* ≫의 성과를 기반으로 하여 개인성과 사랑으로 구성되는 친밀한 관계에 대한 분석에 박차를 가하였다. 기든스의 사랑에 대한 논의를 이해하려면 그의 이론적 시각을 먼저 살펴볼 필요가 있다. 그의 이론적 시각은 국내에도 제법 알려져 있듯이 '구조화 이론 *structuration theory*'인데, 그 핵심적인 발상은 사회 분석을 구조와 행위의 끊임없는 상호 관련성 안에서 전개한다는 것이다. 그렇기 때문에 그는 항상 주어진 제도적 배경 안에서 지적이고 능력 있는 주체들의 민활한 활동과 적응 전략에 의한 구조의 끊임없는 재구조화에 착목한다.

이 구조화 이론 중 사랑과 관련하여 특히 의미 있는 것은 성찰성 *reflexivity* 개념과 이중적 해석학 *double hermeneutic* 이라는 기든스 특유의 이론관이다. 먼저 성찰성 개념을 살펴보자. 성찰성은 우리의 일상 어법과 동일하게 어떤 문제에 대해 곰곰이 생각하는 것을 뜻한다. 예를 들어 일기를 쓰며 하루를 성찰하는데, 이 때 일기쓰기란 단순한 후회가 아니라 현재의 지적 지평에서 미래를 위해 과거를 의식적으로 재구성하고 자기의 정체성을 가다듬는 적극적 행위인 것이다. 기든스의 성찰성은 바로 이런 행위를 의미하는 것이다. 그런데 일기쓰기가 역사적으로 형성된 특수한 실천[2]인 것과 마찬가지로 성찰성도 역사적으로 그 맥락과 성격을 달리한다.

확실히 성찰성은 인간의 보편적인 속성이며, 전통 사회에서도 존재했던 것이다. 그러나 전통 사회에서는 일상적 관행이 전통의 규범적 처방에 종속되어 있었기 때문에 성찰성은 충분히 발전되지 못

---

2) 일기쓰기의 전제 조건을 생각해 보라. 문자를 해독하는 수준을 넘어서서 일정한 작문 능력을 요구하며, 공책과 필기구가 필요하며, 혼자 있을 수 있는 방이 필요하다. 이런 요소들은 대단히 복합적인 역사적 발전을 경유하여 현대에 이르러서야 대중화된 것들이다.

하였다. 그러나 탈전통주의적인 현대 사회에서 성찰성은 체계 재생산의 토대를 구성할 정도로 전면적으로 발전한다. 현대성 안에서 사회적 실천은 새로 유입되는 정보에 의해서 끊임없이 성찰적으로 재구성되는 것이다. 따라서 기든스가 보기에 현대성은 흔히 논의되듯이 새로운 것에의 갈망, 새로운 것 자체를 위한 새로운 것의 추구가 아니라 전면화된 성찰성을 특징으로 하며, 새로운 것의 추구는 이 성찰성의 산물에 지나지 않는다는 것이다. 이러한 성찰성은 현대성의 시간 경험에도 중요한 영향을 미치는데, 새로 학습된 지식이 일상인들에 의해서 끊임없이 가공되고 실천됨으로써, 미래가 일상인들의 성찰적 프로젝트에 대해 근본적으로 개방된 지평이 되는 것이다. 미래는 과거의 원형을 반복하는 것이 아니라, 우리의 기획에 열려 있는 것이다. 그러나 이런 개방은 모든 확실성이 사라진 불안한 개방이기도 하다. 과학조차 확실성의 기반이기는커녕 이런 불확실성의 창출지이며 움직이는 모래 위에 세워진 것이다. 따라서 우리들은 현재와 미래 사이에 불안스럽게 끼여 있는 것이다.

　　　이중적 해석학은 현대성의 성찰성 안에서 지식의 성격을 조명한다. 기든스에 의하면 사회학은 알튀세르의 주장처럼 사회를 외부에서 조망하는 특권적 지식도 아니고, 루만의 주장처럼 과학이라는 하위 체계의, 사회라는 상위 체계에 대한 하위 전망도 아니다. 사회학적 지식은 일상인들이 자신의 삶을 꾸려 나가는 데 사용하는 일상적 지식과 해석 도식의 '2차적 정교화'일 뿐이다. 다시 말해 일상인들이 이미 알고 있는 것을 확장된 맥락 속에서 다시 아는 것이고, 그런 의미에서 이중적 해석학이라는 것이다. 그리고 이러한 사회학적 지식은 모든 다른 지식과 마찬가지로 성찰적으로 구성되는 일상적 삶 안으로 새로운 정보로서 재환류된다. 그리고 일상적 삶이 이런 지식을 해석적으로 수용, 가공하여 새롭게 구성되는 한, 사회학은 자신의 이론적 대상 자체를 변경시키는 율동 속으로 들어가며, 그런 의미에서 사회학은 다시 한 번 이중적 해석학인 것이다. 이러한 발상이 기든스에게 더욱 매력적으로 나타나는 것은 그가 이런 이중적 해석학을 사회학적 지식 이론에 머무르게 하는 것이 아니라, 적극적으로 수행되어야 할 프로그램으로 제시한다는 점이다. 사회학이 일상적 삶 안에서 구성되는 일상적 지식 *ethnomethods* 과 일상적 환경 *milieu* 에 더욱 민감해야 하며, 그런 지식의 성과가 일상인들에게 가능한 한 접근하기 쉽게 제시되고 기술될 필요성을 논의하는 대목이 특히 그러하다.[3] ≪ 친밀성의 변형 ≫에서 기든스가 일상인들의 자조 지침서 *self-help manuals* 와 상담 치료 문헌들을 꼼꼼하게 분석하는 것은 바로 이중적 해석학의 이론적 귀결이다.

3.

앞에서 지적했듯이 기든스의 사랑에 대한 논의는 푸코와 루만의 논의를 배경에 전제하며, 그들에 대한 비판으로부터 출발한다. 그러므로 이들과 기든스의 논의의 차이를 살펴보는 것이 그의 논의의 이론사적 맥락의 이해에 도움이 된다.[4] 우선 푸코의 ≪ 성의 역사 *The History of Sexuality* ≫에 대한 기든스의 비판을 살펴보자. 그의 푸코 비판은 물론 일방적인 것은 아니고, 푸코의 분석 성과를 상당 부분 긍정한다. 예컨대, 현대 사회는 성을 억압하기보다는 그것을 긍정적으로 평가하고 고무하는, '성에 대한 거창한 사냥'이 벌어지는 사회라는 푸코의 주장을 기든스는 중요한 성과로서 받아들인다. 그러나 기든스의 구조화 이론의 전망에서 볼 때 푸코의 분석은 몇 가지 불만족스러운 것으로 나타난다.

---

3) A. Giddens, *The Constitution of Society*, Polity Press, 1984, pp.284~5.
4) 충분한 논의를 위해서는 푸코와 루만의 논의가 먼저 상세히 제시되어야 할 것이다. 물론 푸코의 경우는 이미 국내에서도 널리 알려진 논의이기 때문에 별 문제가 없지만, 루만의 경우는 별로 국내에 소개되지 못했기 때문에 설명 없는 참조는 상당히 곤란한 것으로 보인다. 하지만 지면의 제약상 푸코와 마찬가지로 생략한다.

첫째 그는 푸코의 이론적 접근이 담론의 권력 작용을 일방적인 것으로 설정한다는 점에서 비판을 가한다. 구조화 이론적 시각에서 볼 때 일상적인 생활인들의 성찰적 능력은 담론의 권력 작용에 대해서 항상 반작용을 가하는 것을 가능하게 한다는 것이다. 앞에서도 지적했듯이 그가 보기에 현대성의 핵심 특징은 푸코가 분석한 생명 - 권력 *bio-power* 이라는 새로운 권력 기제에 있다기보다는 현대성이 내면하고 있는 성찰성이기 때문이다. 둘째 기든스는 페미니즘의 이론적 성과를 충분히 수용하는 입장이기 때문에 현대 사회가 성을 억압하지는 않았지만, 여성을 억압했다는 것을 분명히 지적한다.[5] 따라서 현대 사회에서 성 해방은 성 행위의 해방이라는 의미에서가 아니라 여성 해방이라는 의미에서 여전히 중요한 과제인 것이다. 그렇기 때문에 여성의 성적 자율성 증대는 기든스가 보기에는 현대와 전 현대를 분할하는 성 혁명이라고 할 만한 요소라는 것이다. 셋째 푸코가 낭만적 사랑이라는 장기적인 경향을 무시한다는 점이다. 이 점에서 기든스는 루만에 적극 동조하고 있는 셈인데, 낭만적 사랑의 무시는 성과 사랑과 친밀성의 체계적 결합이라는 현대 사회의 핵심 특질에 대한 분석적 접근에 장애가 된다는 것이다. 넷째 기든스가 조형적 성 *plastic sexuality* 이라고 부르는 요소를 푸코가 무시한다는 점이다. 조형적 성은 성이 피임 기법의 발전과 체외 수정의 발전으로 인해 출산으로부터 거의 완전히 자율화되었고, 이성애와 정상적 성의 좁은 틀이 깨져 가능한 성 모두가 규범적 제약 없이 이루어지게 되었음을 의미한다. 동성애가 변태가 아니라 중요한 사랑의 한 양식으로 부상했음은 이런 조형적 성의 발전의 증좌이다. 기든스는 이런 동성애를 여성의 성적 자율성 획득만큼이나 강력한 성 혁명의 요소로 파악하면서, 진정한 의미에서 비가부장제인 친밀성의 실험 무대라고 여긴다.

---

5) 이 점은 사실 루만에게도 분석적으로 배제되는 것이다. 루만의 분석 목적은 친밀한 관계를 가능케 하는 매체 형성이기 때문이다.

기든스는 직접 거론하지는 않지만 루만에 대해서도 묵시적인 비판을 수행한다. 그 핵심은 열정적 사랑과 낭만적 사랑의 준별이다. 루만은 양자를 구분하기는 하지만, 그 구분은 대단히 희미하고, 사랑의 적용 영역이 혼외 관계에서 혼인 관계로 이동하면서 생기는 정당화와 인간학의 변형, 그리고 매체의 자기 준거성의 완성에만 강조점을 둘 뿐이다. 이에 비해 기든스는 열정적 사랑과 낭만적 사랑의 근본적 차이를 설정한다. 첫째 후자는 전자와는 달리 이야기 구조를 사랑 안에 도입한다는 것이다. 전자가 심연의 알 수 없는 힘에 이끌리는 데 비해 후자는 이야기 구조 안에서 자아 정체성을 구성하는 성찰적 프로젝트로 구성된다는 것이다. 둘째 낭만적 사랑이나 열정적 사랑이나 일상과 대립되기는 마찬가지지만, 그럼에도 불구하고 전자는 비일상적 황홀경을 장기적인 삶의 프로그램으로 흡수하는 미래의 시간 지평에 대해 개방적이라는 점에서 성취와 더불어 시들어 가는 후자와는 다르다는 것이다. 셋째 낭만적 사랑은 가부장적 지배 구조 안에 있던 여성들의 자율성 요구로부터 발전하며, 그런 의미에서 여성적 프로젝트라는 것이다. 따라서 유부녀의 유혹으로부터 발전한 열정적 사랑과 남녀의 내재적 평등과 소통을 전제하는 낭만적 사랑 간에는 처음부터 대립 관계가 존재한다는 것이다.

루만과의 비판적 대결에서 얻어진 성찰적 프로젝트이자 여성적 프로젝트인 기든스적 낭만적 사랑의 개념은 대단히 의미 심장한 함의를 지닌 것이다. 왜냐하면 현대 사회에서는 자아 정체성을 유지하는 준거 틀이 모두 파괴됨으로써 유일하게 가능한 자아 정체성의 원천이 자아가 자신의 삶을 이야기 속에서 통합하는 자서전적 구성이 되었다는 것이 기든스의 판단이기 때문이다. 그러므로 낭만적 사랑이 여성의 프로젝트였다는 사실은 이러한 정체성의 구성 능력이 남성과 여성간에 불균등하게 배분되어 있고, 남성들의 지체가 두드러진다는 것이다. 기든스의 말을 빌리자면 "남성은 지금 일어나고 있는 이행에서 지체자이며, 어떤 의미에서 18세기 후반 이래로 줄곧 그래 왔다"는 것이다. 따라서 여성과 남성의 갈등은 친밀한 관계를 자아의 반성적 프로젝트로 구성되는 '순수한 관계 pure relationship'로 구성하려는 여성과 여성을 전통적인 틀 안에서 지배하려는 남성 간의 갈등으로 나타난다는 것이다.[6] 이 갈등 속에서 고통받는 것은 물론 여성만이 아니다. 여성의 성적 억압은 사실이지만, 여성의 반란이 개시된 이래, 그리고 그것이 더욱 강화되고 있는 현재의 국면에서 남성의 고통도 만만치 않게 증가해 왔다. 이 점을 기든스는 19세기와 20세기의 평균 수명의 변동을 통해 보여 주는데, 확실히 19세기에는 남성이 여성들보다 오래 살았지만, 20세기에 들어서면서 여성의 수명이 남성을 능가한다.

변화된 환경 속에서 전통적 태도로 대처하는 것은 우둔한 자기 주장이기도 하지만, 그것은 고통 없는 우둔함은 아니다. 적응의 길은 여럿일 수 있고, 확실히 그렇게 나타난다. 우선 전통적 가장의 의무를 다하면서도 변화된 여성의 권리 의식과 친밀성의 요구에는 부응하지 못하는 고통스러운 길이 있다. 다음으로 여성들이 성 역할을 거부해 왔듯이 남성들도 성 역할을 거부하는 것이다. 결혼을 하지 않음으로써 전통적 책임으로부터 도피하고, 파트너를 바꿔 가며 인생을 즐기는 것이다. 마지막으로 여성을 성적으로 학대하고 폭행함으로써, 여성의 자율성 요구를 강제로 제압함으로써 자신의 거세에 저항하는 것이다. 이 모든 적응 양식이 고통스러운 것임은 분명하다. 일찍 죽거나, 인생의 공허에 직면하거나, 감옥의 길이 '객관적으로' 열려 있는 것이다. 그런 의미에서 확실히 현대의 성 해방은 여성 해방을 넘어서는 인간 해방의 과제가 되고 있으며, 이러한 갈등을 해소하는 길은 기든스가 보기에는 하나뿐이다. 지체된 남성들이 여성의 길을 따라가는 것이다. 그것은 남근 phallus 을 거세하는 것, 문화적 지배력의 상징 구조인

---

6) 물론 여성이 정복적인 남성의 모델을 따라서 사는 경우가 없는 것은 아니며, 현대 사회에서는 늘어나는 추세이다. 그러나 더 이상 피정복적인 대상이 아닌 여성의 세계에서 유혹자로서의 정복적 남성의 기획이 실패하듯이, 정복적인 남성의 세계에서 정복적인 여성의 기획도 실패하게 마련이다.

남근을 지배를 전제하지 않는 자지 *penis* 로 환원하는 것이며, 친밀성의 소통 능력을 증대시키는 것이다. 현대성의 프로젝트는 확실히 여성의 손을 들어 주고 있는 것이다.

그러나 기든스는 낭만적 사랑이 고도 현대성 *high modernity* 안에서의 사랑에 대해서 충분히 조명해 주지 못한다고 생각하면서 융합적 사랑 *confluent love* 이라는 개념을 제안한다.[7] 왜냐하면 낭만적 사랑은 몇 가지 점에서 현대의 경향과 여성의 성적 자율성의 요소들을 충분히 드러내지 못하기 때문이다. 첫째 낭만적 사랑은 양성의 평등을 지향하지만, 사실상의 *de facto* 불평등에 빠지는 모순적인 자율성 요구이기 때문이다. 낭만적 사랑은 양성의 평등의 기초를 감정적 상호 헌신에서 구하기 때문에 권력과 제도적 질서의 문제를 쟁점화할 수 없기 때문이다. 둘째 낭만적 사랑의 확대가 지닌 전복적 함의는 품위 있는 여성과 모성의 결합,[8] 진정한 단 한 번의 영원한 사랑, 성별 분업이라는 남성적 프로젝트의 헤게모니 아래서 그 예봉이 꺾여 버렸기 때문이다. 셋째 상대적으로 모성과 결합된 낭만적 사랑은 성을 평가 절하하였고, 따라서 관능의 기술 *ars erotica*, 에로티즘의 광범위한 수용을 방해하였기 때문이다. 넷째 상대적으로 이성애 지향적인 낭만적 사랑은 동성애를 포섭할 수 없었던 것이다.

융합적 사랑은 이러한 낭만적 사랑의 약점을 극복하는 형태의 사랑이다. 여성의 자율성 요구는 감정적 상호 헌신을 넘어서 권력을 쟁점화하기에 이르렀으며, 조형적 성의 발전이 모성과 여성의 결합을 해체하고 동성애를 대규모로 발전시켰으며, 에로티즘은 모든 인구

---

7) 확실히 이 점에서 기든스는 루만을 넘어선다. 왜냐하면 친밀한 관계를 형성하는 소통 매체로서 사랑을 연구하는 루만의 시각에서는 낭만적 사랑에서 매체의 자기 준거성이 획득되자마자 분석이 더 이상 진전되기 어렵게 되기 때문이다. 따라서 현재의 사랑의 양상을 적절히 분석할 수 있는 개념의 개발이 루만에게 있어서는 취약한 수준에 머물러 있게 된다.

8) 이 과정에서 어머니 / 자녀 간의 친밀성이라는 범주의 발전이 이뤄졌다.

대중으로 확산되었고, 창녀와 숙녀의 구별이 깨지고 모든 아내가 전통적 수동성을 벗어나 요염해졌으며, 성적 만족이 친밀한 관계 유지의 관건이 되어 버렸기 때문이다. 융합적 사랑은 순수한 관계, 즉 관계 자체가 목적이고, 관계 유지의 관건이 되는 관계로 나아가는 것이다.

그러나 친밀한 관계가 순수한 관계로 되면 될수록, 즉 관계의 유지가 관계 내부에서만 결정되고, 결혼조차도 상호 헌신의 제도적 계약이 아니라 헌신의 의사 표시 정도로 약화되면 될수록, 관계는 두 가지 위험에 직면한다. 하나는 관계에 대한 헌신 *commitment* 의 위험 *risk* 이 증가한다는 것이다. 이 위험은 현대성의 모든 제도와 마찬가지로 불가피한 것이며, 성찰성의 증가와 동시에 성장하는 것이다. 그러므로 국제 사회에서는 영원한 친구도 영원한 적도 없다는 진술은 우리들의 일상적 삶에도 적용되는 것이다. 오늘의 아내가 내일의 아내라는 확실성은 사라진 것이다. 그러나 동시에 우리는 오늘의 아내를 내일의 아내로 삼아야 하는 숙명에 처한 것도 아니다. 오늘의 아내가 내일의 아내이기도 한가는 전적으로 나의, 그리고 아내의 성찰적 기획의 성격에 달려 있는 것이다. 따라서 관계는 역설적인 위험에 빠진다. 관계의 유지는 나의 헌신에 근거하는데, 문제는 나의 헌신이 파트너의 헌신을 보증하지는 않는다는 것이다. 그것은 상대의 반성적 기획의 몫인 것이다. 물론 깊은 물질적, 감정적 헌신이 다시 그런 깊은 헌신으로 보상받는 것은 객관적으로 개연성 있는 일이지만, 헌신이 깊을수록 관계가 깨질 때의 감정적 상처가 깊어진다는 점에서 위험은 커지는 것이다. 그리고 보다 역설적인 것은 위험의 객관적 평가가 도리어 친밀성을 깨뜨릴 위험을 증가시킨다는 것이다. 배우자에 대한 신뢰와 의부(처)증의 거리는 그리 먼 것이 아니다. 물론 많은 사람이 객관적 가능성 때문에 의처(부)증에 빠지는 것은 아니다. 대다수의 사람들은 차를 몰고 가다가 교통 사고를 목도할 경우 두려움 속에서 속도를 줄이지만, 잠시 후에는 다시 액셀러레이터를 밟게 마련이다.

다른 하나는 역전된 성찰성 *the reverse reflexivity* 의 위험이다.

관계가 중독적인 *addictive* 관계, 공동 의존 *codependence* 의 관계가 될 위험이 커진다는 것이다. 확실히 내부 준거적 체계 *internally referential system* 가 된 사랑에서는 루만의 지적대로 "타자의 근거 없는 공포, 자기 훼손적 관점, 생명 위협적 습관도 채택하고 인정하고 긍정해야 하는가 하는 문제"가 등장한다. 그리고 그것은 관계를 위해서 성찰성을 희생할 때 언제나 일어날 수 있는 일이 된다. 상대가 없는 세상을 생각할 수 없는 공포(이 자체가 친밀성이 반성적 기획이기를 그쳤음을 의미한다)는 언제나 우리를 상대방에 대한 강박적인 집착에 빠지게 하고, 감정적 무절제를 야기하며, 열정과 공포가 융합하고 상호 기대의 순환 속에서 자율적 능력을 서로 상실해 가는 과정을 일으킬 수 있는 것이다. 사랑은 나선형의 상승일 수도 나선형의 하강일 수도 있기 때문이며, 그가 나의 이름을 불러 주는 희열일 수도 있지만, 그가 불러 주는 대로 자신을 왜곡해야 하는 고통일 수도 있기 때문이다. 그러므로 기든스의 논의를 따른다면 자아의 성찰적 방어는 병리적 과정을 방어하는 필수적인 요소라는 것이다.

　　　기든스는 중독적인 공동 의존에 대립하는 것으로서 자율성 원리에 입각하는 친밀한 관계를 친밀성의 생활 정치 이념으로 제시한다. 그런 이념 속에서 민주주의는 이제 우리들의 친밀성의 한가운데에 초대되는 것이다. 일상 생활의 민주화는 우리를 성적 불평등으로부터 방어하고 소통적 실천을 개시한다. 민주주의 안에서는 성적 분업은 일어나도 그것은 소통적 합의의 생산성이지 편견의 강요나 불평등하게 배분되어 있는 자원의 강요는 아닌 것이다. 그리고 이러한 친밀성의 세계 안에서 성은 사랑을 구성하는 매체로서 성찰적으로 도입된다. 에로티즘은 이제 더 이상 문명의 안티테제로서가 아니라 자아의 반성적 기획의 한 처방으로서 친밀성 안에 도입되는 것이다. 민주주의와 에로티즘. 일견 역설적인 이 두 항의 융합이 고도 현대성 속에서 열려 있는 사랑의 길인 것이다.

4.

　지면의 제약상 기든스의 풍부한 논의와 함의가 제대로 전달 되었다고 보기는 어렵지만, 이제 논의를 정리하자. 지금까지 서술된 기 든스의 논의는 우리의 경험을 이론화한 것은 아닐 뿐 아니라 서구의 경우에서도 사랑에 대한 최종적 이론은 아니다. 따라서 우리 사회의 사랑에 대한 연구는 보다 많은 지적 노고를 요구한다. 그렇지만 기든 스의 논의가 한국 사회의 현재 상황에 대해서도 대단히 풍부한 암시를 제공하며, 앞으로의 연구에 중요한 참조가 될 것이라는 점은 분명하다. 그리고 푸코, 루만에 이어지는 기든스의 논의는 전통적인 의미에서 가 족사회학으로 현대의 경험을 수용하기에는 역부족이라는 것이 분명해 졌음을 함축하며, 그런 의미에서 사랑은 현대 사회 일상인들의 초미의 관심사라는 것의 예증이라고 할 수 있을 것이다.

　확실히 사랑은 어려운 것이 되고 있다. 예전보다 만나고 입 맞추고 껴안고 섹스를 하기가 어려워졌다는 뜻에서 그런 것이 아니라, 푸코의 표현을 빌리자면 사랑이 온갖 권력이 교차하는 지점이 되었으 며, 루만의 표현을 빌리자면 매체로서의 사랑은 투명하지만, 사랑 안에 들어가는 우리는 투명하지 못하기 때문이며, 기든스의 표현을 빌리자 면 그것이 위험과의 성찰적 게임이 되었기 때문이다. 민주주의도 에로 티즘도 간단한 일이 아니다. 그러나 우리가 사랑 없이 살 수는 없다. 어머니의 젖이 텅 빈 위장을 채울 때 입술에 성적 쾌락의 흔적을 남겼 기 때문이다. 사랑은 생존과의 혼동 속에서 탄생하였기 때문이다.

　그러므로 사랑을 연구하는 것은 고통스러운 사적 삶의 커튼 을 들어올리는 것이다. 그것은 이론적 관음증이 아니라 이론의 기초인 고통에의 감수성이다. 그러므로 만일 사회학이 일상인의 삶에 대한 계 몽적인 효과를 통해서 고통을 감소시키려는 학문이라면 미장원 탁자 위의 여성 잡지의 영토를 탈환하는 것은 이데올로기적 국가 기구와의 투쟁만큼이나 시급한 과제일 것이다.

만화, 장난감, 포스트모던

< 알라딘 >

1.

　나는 지난 여름 외국에 장기 출장 중인 매형을 대신하여 여름 방학을 맞은 조카들을 데리고 < 알라딘 *Aladdin* >을 봐야 했다. 입장부터 대단히 어려웠다. 아침 일찍 갔는데도 오후표를 샀으며, 영화를 보기까지 조카들을 데리고 극장 주변의 서점과 음식점을 방황해야 했다. 날씨는 덥고, 시간은 더디 갔다. 이런 고통은 극장 밖에서 끝나지 않았다. 에어컨도 제대로 틀지 않으면서 보조 의자까지 표를 팔아 먹은 얄팍한 상혼으로 인해 영화를 보는 중에도 고통은 이어졌다. 그럼에도 불구하고 영화관 안의 많은 사람들은 휘황한 색채 아래 넋을 잃고 있었고, 그 모든 고통을 보상받고 있는 것처럼 보였다. 영화관을 나서면서 영화가 어땠느냐는 내 질문에 조카는 "지금까지 본 것 중에 제일 재미있었어요"라고 답변하는 것이었다. 이 답변은 그냥 그런 답변이 아니다. 왜냐하면 나는 조카의 표정과 어투에서 추호의 의심도 없는 진심을 보았기 때문이다. 나는 귀여운 생쥐 한 마리와 시끄러운 오리 한 마리로 시작한 디즈니 산업의 위력을 새삼 느낄 수밖에 없었다.

　그러나 나는 조카와 달리 < 알라딘 >에 대단히 실망하였다. 거인 지니의 지나친 변신, 지니의 목소리를 맡은 로빈 윌리엄스 R. Williams 의 역겨울 정도로 장난스러운 목소리 연기, 틈틈이 드러나는 미국의 아랍 혐오와 노골적인 미국적 생활 양식 같은 부분은 영화 속으로의 몰입을 방해하고 혐오감을 불러일으켰다. 마법의 양탄자의 신선한 변형은 그럴 듯했지만, 알라딘을 능가하는 주인공 지니는 < 인어 공주 *The Little Mermaid* >의 세바스찬에 비하면 졸렬하게 형상화되어 있었다. 그럼에도 불구하고 < 알라딘 >은 지난 여름 우리 나라 국민학생들의 혼을 빼놓기에 충분한 영화였고, 만화의 환상성과 과장성과 묘사 능력의 극대치를 보여 주는 영화였음을 인정할 수밖에 없다. 그리고 마술 램프가 있는 동굴의 형상화는 만화가 사람을 으스스하게 할 정도로 무서울 수 있으며, 양탄자를 탄 알라딘과 공주의 모습은 < 아

웃 오브 아프리카 *Out of Africa* >에 나오는 경비행기의 활강과 풍경 묘사에 필적할 만큼 아름다울 수 있음을 보여 주었다.

< 알라딘 >과 관객의 모습은 또 다른 측면에서도 내 머리에 오래 남는 풍경이었다. 그 모습은 내가 어린 시절 서울 변두리 극장에서 보았던 < 홍길동 >을 떠오르게 했기 때문이다. 신동헌 감독의 < 홍길동 >을 보기 위해 몰려들었던 3류 극장의 풍경은 장관이었다. 함께 주제가를 부르는 어린이들로 극장은 꽉차 있었다. 확실히 그것은 < 알라딘 >과 유사한 풍경이었다. 나의 < 홍길동 >은 조카의 < 알라딘 >이었다. 그러나 거기에는 연속성 못지않은 차이가 있었다. < 알라딘 >에는 < 홍길동 >에 없는 것이 있었다. 그것은 어린이와 함께 온 부모와 대학생쯤 되어 보이는 쌍쌍의 젊은이들이다. < 홍길동 >이 상연되는 극장 안에는 어른이 없었다. 단지 어린아이들만이 꽉차서 와글거리고 있었을 뿐이다. 그런데 아이들에게 < 알라딘 >을 보여 주기 위해서 와 있는 어른들이 25년 전 < 홍길동 >을 보던 어린이들이 아닌가? 그들이 단순히 아이들을 위해서만 영화관에 온 것일까? 그렇다면 대학생쯤 되어 보이는 젊은이들은 어째서 온 것일까? 왜 25년 전 < 홍길동 >이 상연되던 극장에는 어른들이 없었던 것일까?

2.

이런 질문들은 만화 그리고 만화를 둘러싼 사회적 문맥에 대한 보다 폭넓은 문제를 함축하고 있으며, 몇 가지 문제가 서로 얽혀 있는 것처럼 보인다. 그래서 나는 질문에 대한 답변에 이르기 위해서 약간의 에움길을 가 보려고 한다. 그것은 만화의 본질은 무엇인가라는 다소 추상적인 질문이다. 3년 전쯤 내가 쓴 어떤 만화에 대한 평론이 공간된 후, 나는 한 후배로부터 도대체 만화의 본질이 무엇이냐는 질문을 받았다. 내가 쓴 만화 평론은 사실 만화 자체를 분석한다기보다 만화를 소재로 하여 그것과 관련된 문화 현상을 분석하는 것이 목적이 었기 때문에, 만화의 본질이 무엇인가, 더 간단히 말해서 만화란 무엇 인가라는 질문은 꽤 당혹스럽게 느껴졌다. 이 문제는 < 알라딘 >이 제기하는 문제와 관련하여 한번 생각해 볼 만한 주제인 것 같다. < 알 라딘 >이 끌어들인 사람들은 1차적으로 만화의 매력, 그것의 매체적 특질로부터 상당한 정도 설명 가능한 것으로 볼 수 있기 때문이다.

　　　만화란 무엇인가라는 질문은 만화의 매체적 특질은 무엇인 가 하는 질문과는 어느 정도 상이한 물음이다. 그렇지만 그것이 사고 의 출발점으로서는 가치가 있는 것 같다. 만화의 매체적 특징은, 만화 평론가 정준영 씨에 의하면,[1] 다음 세 가지로 요약될 수 있다. 첫째, "만화는 특정한 하드웨어에 국한되지 않고 넓은 적용성을 가지고 있는 매체이다"(p.152). 둘째, "만화는 글과 그림이 절묘하게 조화되어 있는 매체이다"(같은 쪽). 셋째, 만화는 "한 칸짜리 만화의 경우에도 그 안에 일정한 이야기를 포함하고 있다"(p.158). 나는 이런 규정 중에 첫번째 규정에 대해서는 별로 이의를 느끼지 않으며, 두 번째 규정에 대해서 는 약간의 부연 설명을 가하고 싶고, 세 번째 규정에 대해서는 이의를 제기하고 싶다. 두 번째 규정은 주장 자체는 옳지만, 일반성이 과도하 여 약간의 이론적 정교화가 필요하다고 느껴지며, 그런 정교화는 약간 의 이의도 낳게 하는 것 같다. 퍼스 C. S. Peirce 의 기호학의 논의를 끌 어들인다면, 기호에는 도상 *icon*, 지표 *index*, 상징 *symbol* 세 가지가 있다. 예를 들어, 도상은 달력이 시간을 의미하는 경우 달력에 해당하는 것 이고, 지표는 새의 발자국이 새의 존재를 의미하는 경우 그 발자국을 의미한다. 상징은 우리가 통상 사용하는 일상적 언어나 문자로 그것이 의미하려는 것과 아무런 유사성이나 인접성을 갖지 않는 기호이다. 만

---

1) 정준영, < 대중 매체의 이해와 활용: 만화 >, ≪ 대중 매체의 이해와 활용 ≫, 강상현·채백 엮음, 서울: 한나래, 1993. 이 논문은 그의 최근까지의 만화 연구에서 일반론에 해당하는 것을 수렴하고 있다.

화는 이런 세 가지 기호를 동시적, 또는 순차적으로 구사하는 매체라고 할 수 있다. 우리는 이런 기호학적 용어를 통하여 만화에서의 글과 그림의 성격, 특히 그림의 성격을 더 정교하게 이해할 수 있다. 만화는 대상의 사실적 재현을 시도하지 않는 것은 아니지만, 그것을 위해서 과도한 사실주의를 선택하기보다는 도상과 지표에 의한 경제적 대상 환기를 근본적인 수단으로 한다. 그런데 그렇다고 해서 만화가 이런 정의에 의해서 다른 장르들과 분석적으로 쉽게 구별되는 것은 아니다. 도상과 지표 그리고 상징의 사용은 만화에만 배타적인 성질이 아니다. 예를 들어 생각해 보자. 리히텐슈타인 Liechtenstein 이나 앤디 워홀 A. Warhol 같은 팝 아티스트의 작품은 의식적으로 만화를 회화에 끌어들이고 있는데, 물론 그 안에는 깊은 예술적 의도가 있지만 평면적으로 보자면 만화가 회화와 경계 설정의 곤란함으로 보여 준다. 리히텐슈타인의 < 걸작 > 같은 작품에는 말 풍선이 회화 안에 버젓이 자리하고 있음을 알 수 있다.

　　　　세 번째 규정에 대해서도 의문을 제기할 수 있다. 거리의 도로 표지판은 만화인가 아닌가? 매킨토시 컴퓨터의 도상들은 만화인가 아닌가? 여기까지는 우리가 쉽게 그것들이 만화가 아님을 상식적으로 주장할 수 있다. 그러나 어린이들이 간질 비슷한 것에 걸릴 정도로 좋아하는 전자 오락 '스트리트 파이터 II'의 인물들은 만화인가 아닌가? 아이들의 스케치북이나 크레용통, 운동화를 장식하는 배트맨이나 캔디는 만화인가 아닌가? 그의 세 번째 기준은 통상 만화라고 규정하는 평균적인 사례에 대해서는 쉽게 적용될지 모르지만, 적용이 어려운 경계 현상이 많이 있다. 과연 이야기는 필수적인가? 이런 경계의 모호성은 단순히 도상적이거나 지표적인 것의 우세에서만 드러나는 것이 아니다. 나는 임철우 씨가 쓴 ≪ 황금 동전의 비밀 ≫이라는 동화책을 읽은 적이 있는데, 거기에는 매우 뛰어난 그림들이 많이 들어 있었다. 그것을 보며 나는 다음과 같은 의문이 들었다. 동화책은 도상과 지표보다는 상징(즉 문자)이 많은 만화는 아닐까? 정준영 씨의 '절묘한 조화'라는 규정 같은 규범적 판단, 또는 제한을 가한다는 것이 그렇게 확정적인 진술이 되기는 어려운 것으로 보인다.

3.

만화의 본질에 대한 규명은 지금까지 이야기한 것과 같은 매체-분석적 접근으로는 쉬운 일이 아니며, 어느 정도는 불모적인 논의라는 한계가 있다. 그래서 나는 다른 접근이 필요하다고 느끼는데, 그것은 보다 사회학적이고, 사회사적인 접근이다. 이 접근 역시 어려운 점이 없거나 매체-분석적 접근보다 적다고 하기는 어렵다. 그러나 그 대신 다른 탐구의 장을 열어 주는 이점이 있는 것으로 보인다. 나는 만화가 오락이라는 사실, 더 정확하게는 어린이의 오락이라는 사실에서 출발하고 싶다. 그런데 이런 가정 역시 의문에 부딪히게 된다. 과연 만화는 '어린이'의 오락이라는 것이 사실인가? '성인' 만화도 있고, '청소년' 만화도 있지 않은가? 그러나 이런 만화들 역시 성인과 청소년들에게도 뿌리 깊이 남아 있는 퇴행의 자취들은 아닐까? 만화는 일종의 환상, 백일몽의 세계인데, 그렇다면 설령 어른의 꿈(예를 들어, 아름다운 여자나 멋진 남자와의 에로틱한 경험)과 어린이의 꿈(예를 들어, 하늘을 날고 싶은 욕망)은 다를지언정 그것이 꿈이라는 것은 동일하고, 만화를 통해서 그런 꿈이 실현되던 가상 체험의 행복한 기억으로 인해 좌절한 어른들이 다시금 만화를 뒤적이는 것은 아닐까? 그런 의미에서 만화는 어린이의 오락으로 환원될 수 있는 것이 아닐까?

그러나 이런 만화가 백일몽이라는 주장은 만화의 역사를 살펴볼 때 의심스러운 것으로 드러난다. 그것은 만화가 풍자적인 장르에서 기원한다는 사실이다. 만화의 역사는 정치 만평과 동시적이라고 할 수 있는데, 정치 만평이란 성인의 장르이지 어린이와는 무관하기 때문이다. 넓은 의미에서 최초의 만화 평론이라고 할 수 있는 것은 19세기 정치 만평을 논평하고 있는 보들레르의 '캐리커처론'이다. 그는 이 논술에서 캐리커처의 거장으로 고야 Goya 와 브뤼겔 Bruegel, 호가스 W. Hogarth 를 언급한다. 그의 논지에 비추어 볼 때 만화의 유래와 전통은 이에로니무스 보슈 H. Bosch 로 소급되는 그로테스크 리얼리즘이지 어린이의 유희가 아닌 것이다. 그러나 나는 내 주장을 관철시킬 수 있다고 보는데, 그것은 첫째, 발생의 맥락과 기능의 맥락은 다르다는 것이다. 즉 만화의 유래와 만화의 지배적 기능은 다르다는 것이다. 어른을 위해서 발생한 것이 어린이에게 더 적합해질 수 있다는 것이다. 둘째, 어른을 위한 정치 만화의 지배적 양식인 위트와 어린이 만화의 지배적 양식인 코믹이 다르지 않은 양식이라는 것이다. 사회적으로 유통되는 만화를 그리는 사람은 언제나 어른이다. 그런 의미에서 만화는 그것이 어른을 위한 것이든 어린이를 위한 것이든 언제나 어른의 자기 투사이며, 어린이 만화의 코믹도 풍자와 위트의 공격 대상이 주관화된 현상일 뿐이다. 위트와 풍자 속에서 사람들은 대상에 대한 공격성을 충족시키며, 코믹 속에서 사람들은 자기 풍자된 대상에 대해 자신의 우월성을 체험하는 것이다.[2] 박재동의 만화가 보여 주는 풍자의 정신은 이희재의 < 악동이 >의 우스움과 우수에서 멀지 않으며, < 둘리 >의 작가와 < 고도리 >의 작가는 동일인인 것이다.

4.

  그렇지만 이런 질문보다 심층적인 질문은 만일 만화가 어린이의 오락이라면 만화는 어린이가 있어야 존재하는 것이 아닌가 하는

---

2) 위트와 코믹 간의 복잡한 관계에 대한 보다 상세한 논의는 졸고, < 웃음의 해석학, 화용론적 수사학, 행복의 정치학 >, ≪ 현대와 탈현대 ≫, 문화와 사회 연구회 편, 서울: 사회 문화 연구소 출판부, 1993 참조.

것이다. 논란이 있기는 하지만 만화는 19세기의 산물이다. 그렇다면 어린이의 놀이인 만화가 그 이전에는 존재하지 않고 왜 비교적 최근의 역사 속에서 등장하는 것일까? 이 질문은 확실히 만화가 어린이의 오락이라는 주장을 위협하는 것처럼 보인다. 그러나 우리는 그 질문에 대해서 다시 질문해 볼 수 있다. 왜냐하면 그 질문 안에 어린이는 언제나 있어 온 것으로 가정되기 때문이다. 과연 어린이는 언제나 있어 왔는가? 이 질문과 더불어 우리는 대단히 새로운 사실에 접근하게 된다. 그것은 '어린이' 자체가 지난 몇백 년 동안의 산물이지 인류의 초역사적 경험은 아니라는 것이다. 물론 이 말은 '어린이에 해당하는 인간의 존재'가 최근 역사의 산물이라는 의미는 아니다. 그런 존재는 언제나 있어 왔다. 그러나 어린 시절이 인간 삶의 특수한 생애 주기의 하나로서 의미 있게 인식되고, 그것을 둘러싼 사회적 담론이 형성된 것은 적어도 서구의 경우 중세에는 없었던 현대의 경험이다. 사람들의 평균 연령이 35세 주변을 맴돌고, 영아 사망률이 대단히 높았던 중세에는 인간의 죽음이 지금보다는 훨씬 더 익숙한 체험이었다. 사람들은 오랫동안 너무 쉽게 죽는 자녀의 이름을 출생 직후에 지을 필요가 없었으며, 자신의 죽은 자녀을 포함한 자녀의 총수도 잘 몰랐다. 산초 판자는 딸의 이름을 몰랐으며, 자녀가 어린 나이에 죽으면 오늘날 우리가 애완 동물을 묻듯이 비석도 없이 집 마당 구석에 묻곤 하였다. 살아 남은 어린이들도 그리 긴 어린 시절을 경험할 수 없었다. 그들은 금세 작은 어른으로서 집안 일을 돕거나 도제 수업을 위해 집을 떠나야 했다. 우리의 경우 방정환 이전에는 '어린이'라는 단어가 없었듯이, 서구에서 어린이를 가리키는 단어인 *enfant* 나 *child* 가 오늘날의 의미를 획득한 것도 17세기에 와서이다. 이런 어린이에 대한 관념의 형성은 그래도 제너 E. Jenner 의 종두법이 야기한 인구학적인 변동보다는 빨리 발전한 것이며, 어쩌면 제너의 종두법의 발명(1791년)이야말로 "내 손녀를 죽게 내버려 둘 수는 없어!"라고 절규한 마담 세비뉴에(17세기 귀족)의 절규의 반향일 것이다. 어린이는 17세기 이래 종두법과 위생학과 강화된 핵가족, 맬더스적 인구 조절과 피임 체제와 결합하면서 가족 생활의 중심 인물로 등장하였던 것이다. 사람들은 서서히 아이들의 사망률이 줄어들게 되자 적게 낳았고, 적게 낳자 아이들은 소중히 여기게 되는 순환 안으로 들어가게 된 것이다. 루소의 ≪ 에밀 *Émile* ≫은 자신의 사생아 다섯을 고아원에 보낸 어떤 천재의 교육에 대한 역설적인 관심이 아니라, 어린이에 대한 관심과 무관심이 공존하던 시대의 특성이 한 인물 속에서 역설적으로 통일되어 나타난 저작인 것이다. 어린이와 핵가족의 승리는 헤겔에서도 나타난다. ≪ 법 철학 *Grundlinien der Philosophie des Rechts* ≫에서 그는 가족을 시민 사회의 기초로 보았는데, 그것은 시대의 정확한 반영 이상도 이하도 아닌 것이다.

만일 어린이의 관념이 최근 역사의 산물이라면 어린이의 놀이와 장난감도 최근 역사의 산물일 것이다. 루이 Louis 13세의 주치의인 에로아르 J. Heroard 가 남긴 비망록에 의하면, 루이 13세는 어린이 관념이 없던 시대에서부터 어린이가 가족 생활의 핵심으로 이행하던 시기의 어린이 유희의 모습을 잘 보여 준다. 그는 한편으로 인형 *doll* 을 가지고 놀았는데, 이는 중세를 통해서 마녀나 주술의 수단으로 위험시되던 꼭두각시 *poppet* 가 이제는 어린이의 놀이 기구로 변형되었음을 이야기해 준다. 그러나 이 시기 성별을 갖춘 독일식 인형은 반드시 어린이들의 놀이 기구만은 아니었고, 어른들도 애호하던 물건이었다. 루이 13세는 이미 5~6세에 인형과 더불어 카드놀이와 체스, 그리고 도박을 하였다. 그 때까지 어른의 놀이와 어린이의 놀이 간에는 아무런 구별이 없었던 것이다. 어린이가 어른의 놀이를 하였듯이, 어른은 어린이의 놀이를 하였다. 놀이의 사회적 문맥도 바뀐다. 중세의 공동체적 축제의 형식 안에 있던 놀이는 축제 자체의 가족화에 따라 어린이화한다. 축제의 가족화 현상을 우리는 19세기 이래 서구 최대의 축제가 된 크리스마스의 성 니콜라스(산타 클로스 Santa Claus) 숭배에서 발견할 수 있다. 가장은 집으로 돌아가 집안 곳곳에(이 중 가장 대표적인 것이 양말이다) 선물을 숨기고, 어린이들은 그것을 찾는 놀이를 한다. 축제의 가족화란 바로 축제의 어린이화였던 것이다.

우리는 이런 어린이 관념의 발전과 그에 따른 어린이 유희의 발전의 역사 어디쯤엔가 만화의 위치를 설정할 수 있을 것이다. 물론 아직 이 주장은 대단히 가설적인 것이다. 그러나 어린이와 안데르센 Andersen 과 월트 디즈니 W. Disney 의 내적인 연관을 찾는 가설적인 모험은 흥미 있는 시대의 징후에 대한 우리의 감각을 일깨워 줄 수도 있다. 디즈니를 생각해 보자. 앞에서도 말했듯이 귀여운 생쥐 한 마리와 시끄러운 오리 한 마리로 디즈니는 세계적인 기업이 되었다. 그런 현상을 두고 우리는 디즈니가 우리 나라에서 노른자위 빼먹듯이 벌어들이고 있는 돈에 대해서만 걱정한다면 그것은 피상적인 것이다. 더 심층에 놓여 있는 문제는 그것의 가능성 기반이다. 디즈니의 성공이 어린이가 아니고서 가능한 일이었을까? 디즈니는 만화 영화만을 만든 사람이 아니다. 그는 모든 만화의 주인공을 장난감으로 만들었으며, 모든 일상의 물건 안에 만화를 새겨 놓은 사람이다. 그는 우리의 일상을 만화로 채우고자 한 사람이다. 동시에 그는 어린이를 위한 축제의 공간도 만들었다. 디즈니랜드에 가 본 사람이면, 그 곳이 아니라면 롯데월드나, 일요일이면 줄지어 선 차량에 묻혀 남태령을 넘어 과천 어린이 대공원에 가 본 사람이라면 알 것이다. 그 곳이 바로 가족화된 축제의 장소이며, 동시에 만화 왕국임을.

어린이 관념의 발전과 그를 둘러싼 각종 담론은 우리 세기를 통하여 계속해서 발전하고 있다. 각종 지각 심리적인 이론과 교육학적 장치뿐 아니라, 아동 학대를 금지하는 법령에 이르기까지. 가족의 미래로서의 어린이는 사회의 미래로서도 숭배되고 있다. 그것은 동시에 어린이에 대한 끊임없는 감시와 통제의 증가이자 증가하는 이혼율로 인한 어린이의 사회적 소외의 역설적 과정이다. 어린이는 중심 인물이 되었고, 모든 스타가 그렇듯이 영광과 고통을 동시에 경험하고 있다. 만화는 그런 감시와 소외의 보완물이다. 나의 어린 시절은 가족과 학교와 만화 가게라는 축을 따라서 움직였다. 왕국을 나오듯이 집을 나와 학교라는 낯선 감옥을 거쳐 환상의 동굴인 만화 가게를 거쳐 왕국으로 돌아오는 오디세이 Odyssey 가 우리의 모습이었다. 어른들은 점점 글이 많아지는 현실적인 책을 골라 주지만, 우리들은 그림으로 가득 찬 공상적인 만화를 원했다. 그런 삶의 틀은 전자 오락과 비디오가 생겨났지만, 지금도 크게 다르지 않다. 오히려 심화되어 가고 있다.

5.

우리는 좀더 비약해 볼 수 있는데, 어린이에 대한 사회적 강조는 동시에 '사회 자체의 어린이화'를 강화하는 것은 아닌가 하는 것이다. 그 증후의 예로 우리는 영화를 생각해 볼 수 있는데, 이미 스필버그 S. Spielberg 이래 영화는 만화와 동화의 세계에 자리를 넘겨 주었다는 점이다. 우리가 스필버그의 영화에서 발견하는 것은 깊은 퇴행에의 충동이다. < 죽어야 사는 여자 Death Becomes Her >가 보여 주는 더 이상 늙지 않기를 바라는 깊은 충동보다 심층적인, 더 이상 어른이 되고 싶지 않다는 충동인 것이다. < 누가 로저 래빗을 모함하였는가 Who Framed Roger Rabbit? >에서는 007이 지구의 평화를 지키듯, 지켜야 할 것은 만화의 세계가 된다. 환상은 더욱 강해져서 세상이 장난감으로 가득 차 있다면, 전쟁도 기아도 사라지라는 소망이 된다. < 토이즈 Toys >의 환상이 우리에게 사회에 대한 알레고리를 넘어서 유토피아로도 느껴지는 것은 그런 이유가 아닐까? 실제로 우리는 모든 것이 만화화되고, 장난감이 되는 세상에 살고 있다. 번창하는 팬시 상점을 기억해 보라. 모든 것은 팬시 fancy(즉 공상, 환상, 상상)가 될 수 있다. 학교와 만화 가게의 대립은 어른이 되어도 사라지지 않는다. 현대성의 저거놋트 juggernaut 위에 올라탄 우리들에게는 위로가 필요하며, 충격 방어를 위하여 우리는 자신의 주변을 친밀한 것으로, 그리고 팬시한 것으로 채우려는 것이다. 생각해 보면 영화와 TV의 스타들 또한 인형과 애완 동물들에 지나지 않는 것이지 않는가? 이제 우리는 처음의 질문으로 돌아갈 수 있다. 아이들에게 < 알라딘 >을 보여 주기 위해서 온 30대 주부는 또는 대학생쯤 보이는 젊은이들은 자녀나 조카를 위해서 만화 영화를 보고 있는 것이라기보다는 사회의 어린이화의 한 증후인 것이다. 그것은 그 자체의 충격 방어 기제이다. 혁명의 꿈이 사라지자 자신의 몸과 머리카락과 옷을 혁명의 대상, 그리고 팬시의 대상으로 삼고 그것을 혁명으로 아는 신세대와 스포츠 신문의 만화로 전철 속을 견디며 혁명 같은 것은 없다고 그러니 내일도 전철을 타야 한다고 생각하는 구세대의 거리는 그리 멀지 않은 것이다. 사라진 것은 변화의 꿈이고, 등장한 것은 현대성의 공포이고, 갖고 싶은 것은 나르시즘의 거울이다. 양자는 모두 사회의 어린화의 양상이며, 그 거울 속에서 마르고 작고 예쁜, 기껏해야 섹시한 자신을 보고 싶어할 뿐이다.

인구에 회자되는 포스트모던의 문화 현상은 거의 다 이런 깊은 퇴행에의 욕구를 간직하고 있다. 핵 공포, 환경 위기, 자원 고갈, 국지전과 기아의 공포에도 불구하고 이 위기의 시대를 견디는, 아니 견디기보다는 그 공포들에 가장 인접한 채 단지 등만 돌리고 있는 놀라운 균형감! 포스트모던의 줄타기는 그 줄에서 떨어져도 혹시 피터 팬처럼 날지 않을까 하는 기대감 때문에 유지되고 있는 것 같다. 모든 진지함의 전멸이다. 우리는 험한 풍랑을 팬시 회사 제품의 장난감 배를 타고 만화를 읽으며 건너려고 하는 것이다.

인류학적 오디세이 또는 단백질의 인류학

1.

먹을 것을 분석하고 반성하기. 식탁에 올라 있는 것과 식탁 예절과 상차림에 대해서 반성하기. 확실히 일상인들이 느끼기에는 소위 학문이라는 것과는 거리가 먼 것들이다. 그러나 가장 일상적인 것, 가장 당연하게 느끼는 것, 사랑, 우정, 예법, 죽음과 장례, 광기, 확실히 푸코가 말했듯이 역사를 발견하기에 거의 가망 없는 영역에서 역사를 발견하려는 시도는 오늘날 가장 매력적인 학문의 과제가 되었다. 이러한 영역에 우리는 먹거리를 추가할 수 있을 것이다. 물론 우리 사회처럼 속도감 있게 변화하는 사회에서는 비역사적으로, 그리고 개인의 개별적 결단의 영역으로 지각되는 역사와 사회의 영역은 그리 많지 않다. 변화는 변화로서 뚜렷이 느껴진다. 사라진 번데기, 사라진 뽑기, 분식집의 패스트 푸드로의 변화, 따라서 떡볶이의 햄버거, 켄터키치킨, 피자에 의한 대치(물론 양편의 투쟁은 끝나지 않았지만), 밀가루 소비의 증대, 돼지고기와 쇠고기 소비량의 증대, 그에 따른 미에로 화이바, 또 '좋은 아침(?) 켈로그,' 포마이카상에서 식탁으로의 변화, 목메는 삶은 달걀과 사이다에서 몸으로 느끼는 포카리로의 변화, 혼식 30%를 검사하는 국민학교 선생님의 소멸, 설거지하는 남편의 등장, 그리고 슬프게도 새로운 자살 수단으로서의 농약…… 제멋대로 주워삼켜 봐도 변화는 상당하다. 그리고 이런 변화는 엄청난 습관과 취향, 사회 관계의 복잡한 변화를 수반하는 것이고, 따라서 분석의 테마가 될 수 있는 것도 대단히 다양하다. 남녀의 가사 분업 체계의 변화, 요리법과 조리 기구와 가옥 구조의 변화, 상차림 유형의 변화를 비롯한 생활 양식의 변화, 그에 따른 질병 유형의 변화, 군것질과 외식 산업의 변화, 수입 농산물, 농약, 비료를 둘러싼 식량의 정치경제학…… 이쯤되면 먹는 것의 문제가 보통 복잡한 문제가 아니라는 것이 드러난다. 그것은 '신토불이 身土不二'라는 구호, 농촌사회학 정도를 훨씬 넘어서는 사회, 경제, 역사적 체계에 대한 연구를 요구한다. 그런데 불행히도 아직 우리 사회는 이런 것에 대한 이러한 연구가 별로 없는 것 같다. 너나없이 큰이야기하기 좋아하는 우리의 대학 풍토 때문인가? 아니면 아직 정치 구조도 경제 구조도 다 분석하지 않았는데 한가롭게 먹는 것이나 연구하는 것은 식품영양학과가 아닌 다음에야 '진지'해야 할 지식인이 '진지'나 진지하게 연구하는 것은 진지하기 못한 일로 여겨져서일까?

　　　　그러나 우리와는 대비되게도 서구에는 정치와 경제에 대한 연구가 끝난 것이 아닐텐데, 먹거리를 연구한 사례들이 있고, 과문한 나도 그 중 몇 가지는 들어서 읽어서 알고 있고, 그 연구의 문맥은 자못 '진지'하다. 예를 들어, 칸트의 ≪ 판단력 비판 *Die Kritik der Urteils-kraft* ≫을 연상시키는 피에르 부르디외 P. Bourdieu 의 저서 ≪ 구별: 취미 판단의 사회적 비판 *Distinction: A Social Critique of the Judgement of Taste* ≫은 프랑스 사람들의 계급별 음식물 소비, 고객의 계급에 따라 다른 카페 구조의 차이, 가사 분업의 차이, 식사 초대 방식의 차이를 분석하면서 그 안에 깃든 계급적 사유 방식의 차이를 분석하고 있다. 그리고 그것이 의미하는 바는 대단히 의미 심장하다. "음식에서의 취향은 각 계급이 육체에 대해서, 그리고 음식이 육체에 미치는 효과, 즉 육체의 힘, 건강, 아름다움에 대해서, 그리고 이러한 효과들을 분석하기 위해서 사용하는 범주들에 대해서 가지고 있는 관념들에 달려 있다. 그 중에 어떤 것은 한 계급에게는 중요하지만, 다른 계급에 의해서는 무시되고, 서로 다른 계급은 매우 다른 방식으로 그것들을 서열화한다. 따라서 노동 계급은 (남성) 육체의 모양보다는 힘에 주의를 기울이고, 싸고 영양가 있는 음식을 찾는 데 반하여, 전문직 종사자는 풍미 있고, 건강에 좋으며, 기름지지 않은 음식을 선호한다. 하나의 계급 문화로서 취향은 자연으로 변화된다. 즉 계급적 육체로 체현되고, 계급적 육체의 모양을 가다듬는 것을 돕는다. [……] 육체는 가장 논박할 수 없는 계급적 취향의 물질화이다." 그 외에도 많은 예가 있겠지만, 하나만 더 든다면, 노버트 엘리아스의 ≪ 문명 과정에 대하여 *The Civilizing Process* ≫를 들 수 있다. 다분히 프로이트의 ≪ 문화 내에서의 불쾌 *Die*

Unbehagen in der Kultur ≫를 연상시키는 억압으로서의 문명, 또는 신경 증으로서의 문명이라는 가설에 힘입고 있는 이 저서는 에라스무스 Erasmus 로 거슬러 올라가는 문명성 *civilité* 개념의 역사적 계보와 형성 을 추적하면서, 서구의 문명화 과정에서 식탁 예절 *table manners* 의 형 성 과정을 분석한다. 닭고기나 생선을 빼고도 하루에 1인당 960g 정도 의 쇠고기를 소비했던 중세 귀족의 식탁은 될 수 있는 한 육류를 통째 로 식탁에 올렸고, 그것을 나이프로 잘라서 나누던 유습에서 오늘날도 나이프를 사용하는 서구의 식탁 예절은 절대주의 국가에 의한 국내 평 정 *internal pacification* 이후 생겨난 나이프에 대한 불쾌감과 더불어 그것 의 사용법에 대한 다양한 금기(나이프를 입에 가져가지 마라, 나이프를 지 팡이처럼 잡지 마라, 나이프로 감자나 사과같이 둥근 것을 자르지 마라 등등) 를 통하여 식탁 예절을 가다듬는다. "나이프 역시 그것의 사용 용도의 성격상 인간의 변화하는 충동, 소망과 더불어 인간의 인성에서의 변화 를 반영한다." 그는 이러한 식탁 예절의 역사를 포크의 사용법, 식탁에 서 코 풀지 않기, 침 뱉지 않기에 이르기까지 그것의 발생의 역사를 더듬는다. 그리고 그것이 의미하는 바는 현대성을 구성하는 인간의 행 위 유형의 순치와 훈육이다. 오늘날 무성한 현대성에 대한 논의는 광 기나 수인(푸코)으로부터만이 아니라, 그렇게 배제된 인간으로부터만이 아니라, 정상인의 밥상에서의 행위 양식으로부터도 시작할 수 있는 것 이다. 아니, 수저를 쓰는 양식, 밥상 앞에서 코를 풀지 않는 것이 문명 이고, 현대성인 것이다.

2.

그러나 이러한 먹거리에 대한 사회학적, 역사학적 고찰보다 도 더욱 매력적인 논의는 인류학적 고찰이다. 마빈 해리스 M. Harris 의 ≪ 문화의 수수께끼 *Cows, Pigs, Wars and Witches: The Riddles of Culture* ≫와

≪ 음식 문화의 수수께끼 *The Sacred Cow and the Abominable Pig: The Riddles of Food and Culture* ≫라는 저서가 바로 그것이다. 앞의 책은 내가 확인한 바에 의하면 지금까지 1982년에 초판이 나와 21쇄를 거듭할 만큼 이미 우리 사회에 널리 알려진 저서이다. 사회과학 저서로서 이만한 인기를 누린 책은 별로 많지 않다. 아마 그의 ≪ 음식 문화의 수수께끼 ≫ 역시 번역된 데에는 앞의 책의 인기에 힘입은 바 클 것이다. 전국적으로 인류학과가 많지 않은 것을 고려한다면, 이 책의 인기는 단순히 교재로서가 아니라 대중적인 인기라고 봐도 좋다. (지나는 김에 한 마디 한다면, 그 동안 출판사에 적지 않은 수익을 가져다 주었을 ≪ 문화의 수수께끼 ≫는 최근 새로운 조판에 하드커버로 다시 발간되었다. 값도 대폭 인상되어서. 통상 잘 팔리는 책은 대중적 소비를 위하여 페이퍼백으로 싼값에 재발간하는 외국의 사례에 비추어 본다면, 출판 사정이 그들과 상당히 다르다고는 해도 우리의 출판 문화는 기이하고 얄팍하다는 느낌을 지울 수 없다. 하지만 출판사의 상업적 전략이야 어떻든 책의 내용적 가치는 그것과 무관한 것이긴 하다.)

두 책은 사실 상이한 의도를 지닌 것이고, 앞의 책은 먹거리에 대한 이론적 분석이 목적은 아니다. 그런 의미에서 이 글에서 더 주목하고 싶은 것은 뒤의 책이다. 그러나 뒤의 책을 잘 이해하기 위해서는 앞의 책을 이해하는 것이 큰 도움이 된다. 그러므로 ≪ 문화의 수수께끼 ≫부터 살펴보자. 이 책은 사실 ≪ 음식 문화의 수수께끼 ≫보다 훨씬 긴밀한 구성과 풍부한 내용을 담은 걸작이다. 자신의 메시지를 전달하기 위해서 신중하게 선택된 도입부로서의 힌두교의 암소 숭배, 그것의 대극점으로서의 돼지 혐오, 돼지 혐오의 역으로서의 돼지 숭배, 돼지 숭배와 관련하여 돼지 사이클과 원시 전쟁, 전쟁을 매개로 한 성차별의 근원사의 설명, 그리고 포틀래치에 대한 검토를 통하여 인정 욕구를 매개로 한 지배의 발생사에 대한 고찰, 인정 욕구와 관련된 선물 경제와 화물 숭배의 관련, 화물 숭배를 매개로 한 식민주의와 국가 없는 원주민의 투쟁 양식에 대한 고찰. 그리고 여기서 그는 마침내 낮선 문화에 대한 몬도가네적 시각의 비판으로부터 낯선 문화를 통한 자기 문화의 비판적 검토로 비약한다. 식민주의와 원주민의 투쟁에 대한 고찰은 메시아 대망과 예수 그리스도의 본질에 대한 해명으로 나아간다. 그리고 메시아 대망의 분석은 다시 1000년을 건너 중세에도 빛을 던져 준다. 중세의 혁명적 천년 왕국 운동과 그것의 대극에 있는 반혁명 기도로서 마녀 사냥의 신비가 벗겨지는 것이다. 이제 마침내 그는 자신이 살고 있는 미국으로 되돌아간다. 그의 저서의 애초의 의도가 드러나는 것이다. 그는 반문화 운동과 사이비 인류학의 대표 주자의 한 사람인 카스타네다 C. Castaneda 의 저서 ≪ 돈 후앙의 가르침 *The Teachings of Don Juan — A Yaqui Way of Know* ≫(청하출판사에 의해 국역되어 우리 나라에서도 헛된 반계몽주의, 신비론적 교육 이론을 전파하고 있는 저서이다)을 마녀의 복귀로서 비판하는 것이다. 실로 치밀하고도 긴 연쇄이고, 세계를 여행하여 먼 곳으로부터 자기로 복귀하는 인류학적 오디세이이며, 왜 힌두교들은 굶어 죽을 지언정 소를 먹지 않는가를 설명하는 단순한 지적 호기심의 자민족 중심주의에 대한 단호한 비판으로의 고양이다. "우리의 애국심의 상징들과 영광에의 꿈, 억누를 수 없는 자만심, 제국의 환상들에 의해 우리의 의식을 신비화하였기 때문에 베트남전은 지속되었던 것이다. [……] 우리는 사팔뜨기 눈의 악마들과 볼품 없는 키 작은 황색인들로부터 협박당하고 있다고만 생각했다. 우리는 우리에게 말로 할 수 없이 거룩한 위엄이 있다는 환상의 노예가 되었다. 간단히 말해서 우리는 제정신이 아니었다."[1]

　　그러므로 이 책의 가치는 단순히 사례의 풍부함과 기발함, 구성의 치밀함을 넘어서는 것이라고 할 수 있다. 이 책의 미덕은 무엇보다 그의 단호한 지성주의이다. "믿는 자유라는 명목 아래에서 범해지고 있는 가장 해로운 거짓말은, 우리는 우리의 생활 양식의 배경에 흐르는 원인들에 대한 '객관적 설명'을 신뢰함으로써 위협을 받고 있

---

1) 마빈 해리스, ≪ 문화의 수수께끼 ≫, 박종열 역, 서울: 한길사, 1982, p.217.

다는 주장이다. [……] 산업 사회의 특징인 특이한 형태의 불평등과 소외는 자연과학과 행동과학의 발전을 가능하게 했던 특수한 도구들과 과학 기술의 산물임에 분명하다. 그러나 현대인의 생활에서 볼 수 있는 병증들 중 생활 양식 현상의 원인들에 관련된 과학적 객관성을 과신하여 생겨난 것은 하나도 없다. 인종 차별주의의 근본 원인에 관한 과학적 객관성은 우리 종족을 착취하게 하고 스쿨 버스를 뒤집게 하고 비특권 계층용 아파트 건설을 방해하는 그런 것이 아니다. [……] 기술주의자들이나 그들을 정치적으로 조종하는 자들이 지닌 도덕적 결점은 생활 양식의 원인들을 과학적으로 객관화하지 못한다는 점이며, 그들의 과학적 객관 능력이 남아돌고 있기 때문은 아니다"(p.215~6). 이러한 그의 단호한 지성주의는 그에게 두 가지의 미덕을 더 가져다 준다. 그 중 하나는 사태를 가능한 한 지적으로 이해하고자 하는 지적인 모험 정신이다. 이러한 정신은 그에게서 지식인적 조심스러움과 우유 부단(이렇기도 하고 저렇기도 하다거나 그렇게만 보기에는 이런 점도 고려되어야 한다는 등 하면서 사태의 복합성 앞에서 쩔쩔매거나, 심오한 중용을 취하고 있는 듯이 가장하는)을 제거한다. 그의 책에서 우리는 "또 한번 나는 이 모든 것에 답을 제공하고 싶은 유혹에 빠져 있다"라든지 "바로 이것이 마녀 광란의 감추어진 비밀이었던 것이다" 같은 단호한 문장을 발견한다. 그의 이런 태도는 확실히 그의 책 전체에 생기와 박진감을 불어넣는 것이다. 다른 하나는 지적인 낙관주의이다. "나는 원시 전쟁을 생태학적 적응으로 보는 나의 견해가 요새 유행하는 공격적인 본능 이론들보다는 현대 전쟁을 종식시키려는 여러 전망들에 대해 보다 낙관적인 근거들을 제공할 수 있으리라고 생각한다. 전쟁이 인간의 선천적인 살해 본능 때문이라면, 전쟁 방지를 위해 우리가 할 수 있는 일은 그리 많지 않다. 반면 전쟁이 인간의 삶의 실제적 조건들과 이해 관계들 때문에 일어나는 것이라면, 우리는 그런 생존 조건들과 이해 관계를 변화시킴으로써 전쟁의 위협을 줄일 수 있다"(p.66).

그러나 그의 이 건전한 낙관론, 즉 "우리의 일상의 의식을 비신화화하려고 애씀으로써 평화, 정치 경제적 정의를 실현할 수 있는 전망을 개선시킬 수 있을 것이라는 가정에 대한 흔들리지 않는 신념"(p.217)이 그렇게 튼튼한 이론적 거멀못에 의해 지지되고 있는 것은 아니다. 그의 분석 논리는 그의 논지에 대해서 위험한(필연적 귀결은 아니다) 함축을 가지고 있다. 그는 자신의 논지를 문화생태학이라고 파악하는데, 그것이 함의하는 바는 인간의 생활 양식과 문화가 환경에 적응하는 진화론적 과정의 인간적 산물로 보는 것이다. 이 진화론적 시각은 두 가지 위험을 지니고 있다. 하나는 그것이 올바르게 목적론을 회피하는 대신, 즉 문화의 진화 방향을 설정하고 원시적인 것과 문명적인 것을 구분함으로써 강화되는 문화적 편견을 회피하는 대신 그 대가로서 빠지기 쉬운 허무주의이다. 진화론은 변화의 예정된 방향을 상실하며, 그에 따라 우리가 무엇인가를 향해 나아가기 위해서 노력해야 할 이유가 이론 내적으로 확보하지 못한다. 선택은 생존이냐 사멸이냐일 뿐이다. 사멸을 선택하지 않을 이유가 없으며, 생존을 위해서라면 전쟁을 마다할 이유가 없고, 그것은 곧 사멸을 택하는 것일 뿐이다. 진화론은 또 다른 위험을 안고 있는데(이 역시 필연적 귀결은 아니다), 그것은 보수주의와 전통주의이다. 적응 논리로서의 생활 양식과 문화는 모두 환경에 의한 선택의 산물이며, 그런 만큼 그것들은 간단히 넘어설 수 없는 깊은 합리성을 가진 것으로 나타난다. 그러나 그것은 과연 모든 사람을 위한 적응이며, 가능한 최선인가? 그의 새 저서는 확실히 이런 문제들에 대한 답변으로 쓰여진 것이다.

3.

　　마빈 해리스의 새 저서 ≪음식 문화의 수수께끼≫는 이전 저서와 동일한 문제 의식 아래에서 쓰여진 것은 아니다. 이 책의 과제는 이전보다 훨씬 한정된 것으로 그것은 '단백질의 인류학'이다. 왜 이런 한정이 일어난 것일까? 그의 이전 저서의 대중적 성공이 암소 숭배와 돼지고기 혐오에 대한 그의 설명에 있었기 때문일까? 그도 한 이유일지 모른다. 그러나 그렇기만 하다면, 그의 새 저서는 이전에 했던 이야기에 몇 가지 새로운 사례를 보충한 것에 지나지 않을 것이고, 그것의 교훈 또한 서구인들의 문화적 조상인 로마인들도 썩은 생선 소스를 좋아하였다는 식의 문화적 상대성에 대한 관용의 제고에 지나지 않을 것이다. 따라서 이미 한 번 상식을 뒤엎는 그의 설명에 익숙해진 대중들로부터(대중들은 싫증을 잘 내는 식도락가들이니까) 외면받을 것이다. 확실히 그렇게 보이기도 할 것이다. 그러나 좀더 꼼꼼히 들여다보면 똑같은 암소 숭배에 대한 설명도 상당히 달라진 것임을 알 수 있다. 그는 이전과 달리 암소 숭배가 자연 선택된 발생의 시점으로 나아간다.

거기서 그는 "기원 전 600년경 (인도) 농민들의 생활 수준이 하락하고 전쟁과 가뭄, 기근이 엄청난 피해를 가져왔"던, 따라서 "옛날의 베다 신들은 실패하는 것 같았"던 시기에 발생한 카스트 제도의 불평등의 물질적 표현으로서 지배층의 육식에 대한 피지배층의 혐오와 이로 인한 계급 갈등으로 발견한다. 그리고 새로운 문화적 선택지로서, 문화적 혁신으로서 육식을 금하는 불교와 자이나교의 탄생, 그리고 이들 종교의 육식으로 인한 대중적 고통과 생태적 고갈에 대한 감수성으로 인한 대중적 성공을 발견한다. 힌두교의 암소 숭배와 쇠고기 금지는 이러한 과정에서 발생한 브라만의 '수동 혁명'인 것이다. 확실히 이러한 설명은 대단히 진일보한 것이다. 그의 진화론은 대안적 문화 체계 사이의 경합과 선택의 맥락을 밝히며, 환경과 문화 간의 진화론적 과정도 생물 진화와는 다른 특수한 선택 논리를 드러내며, 기능주의적 설명의 문제점도 사라진다. 그리고 더불어 계급 갈등이 문화 진화의 매개 개념으로 등장함으로써 보수주의적 함의도 제거된다. 이 점은 '더욱 나은 음식'이라는 의미 심장한 제목(그렇다, 더욱 나은 음식보다 분명한 문명의 진보가 어디에 있겠는가)의 결론에서 다시 한 번 강조된다. "먹을 것이 너무 없어서가 아니라 너무 많아서 해로운 식생활이 이루어지고 있다. 우리는 이제 인간의 식욕을 살리는 것이 식욕을 죽이는 것보다 훨씬 더 쉽다는 것을 깨닫고 있다. 이러한 유전적인 결함 때문에 우리는 고객을 영양 과다로 만들려는 식품 산업에 끌려가고 있다. 그러나 비만할 경우 심장 혈관 질환의 대가를 치뤄야 한다는 것 때문에 고지방, 고콜레스테롤 동물성 식품을 널리 기피하게 되었다. 그것이 가져온 영양 과다나 그것에 대한 반작용 모두 서로 다른, 그리고 종종 서로 상반되는 소비자, 농민, 정치가, 기업들의 이익의 복합적인 상호 작용과 실제적인 구속과 분리해서는 이해할 수 없다. 이 책의 서두에서 지적했듯이 최적화가 모든 사람을 위한 최적화는 아니다."[2] 따라서 이제 그의 진화론에서 허무주의도 사라진다. 더 많은 사람을 위한 음식물 확보의 최적화가 진보의 기준이자, 우리가 우리의 상태를 변화시켜 가야 할 방향으로 제시될 수 있다.

그의 개선된 이론적 틀은 이 책 안에서 분명한 실천적 함의를 지니고 나타난다. 그것은 7장 '우유를 좋아하는 사람들과 싫어하는 사람들'에서 단적으로 드러난다. 이 장에서 그는 제3 세계의 식량 부족을 메우기 위해 분유를 원조한 유엔 국제 개발 기구의 행위가 실은 우유는 모든 인류에게 이로운 식품이라는 심각한 자민족 중심주의, 즉 지적 객관성이 결여된 미신적 사유의 산물임을 폭로한다. 인류 중에는 락타아제 없는 인류가 있음을 서구인들은 상상할 수 없었던 것이다. 그의 공격 목표는 분명하다. 그것은 유엔이고, 객관적 지식 없는 인도주의이다. 이 점은 마지막 장에서 비타민 A 부족에도 불구하고 더 많은 야채를 먹지 않아 안구 건조증에 걸리는 제3 세계 어린아이들의 모습에서 비합리적 행위만을 발견하는 서구인들에 대한 비판에서도 잘 나타난다. "안구 건조증은 사망률이 극히 높다. 그러나 안구 건조증에 걸린 아동들은 안구 건조증으로 죽는 것이 아니라 단백질, 열량 부족

---

2) 마빈 해리스, ≪음식 문화의 수수께끼≫, 서진영 역, 서울: 한길사, 1993, p.294 (강조는 필자).

으로 죽는다. 몇 가지 반대되는 증거가 있기는 하지만 영양 실조에 걸린 아동들에게 비타민 A를 복용하게 하거나 많은 양의 푸른잎 채소를 먹이면 죽는 순간까지 시력을 잃지 않을 수도 있다. 그러나 사망률은 변하지 않는다. [……] 푸른잎 채소에 대한 혐오는 영양이 결핍된 아이들의 가장 긴급한 단백질, 열량 수요를 우선적으로 채워 주려는 시도를 반영하는 것으로 보인다"(p.201~2). 따라서 우리는 그의 분석을 통해 문화적 생활 양식의 밑바닥에 있는 복잡한 결정 요인들에 대한 침착한 이해가 없는 간단한 개선책으로는 사태의 호전을 기대할 수 없다는 지혜를 얻게 된다.

　　마지막으로 ≪음식 문화의 수수께끼≫의 구성이 지닌 미덕에 대해 지적함으로써 글을 맺도록 하자. 그는 이전의 책을 연상시키는 암소 숭배로부터 시작하여 벌레를 먹는 사람들을 거쳐 식인에 대한 분석으로 본론을 가름한다. 이러한 구성은 대단히 교묘한 것으로 이전 저작에서의 구성의 치밀성에 필적한다. 그는 단순히 박물학적 지식을 남발하는 것이 아니라 왜 인간이 벌레를 주식으로 하지 않는가를 통해서 '최적 음식 찾기' 같은 필수적인 분석적 개념을 자연스럽게 도입하기 위한 것이며, 가장 끔찍한 공포의 인류학을 통하여 인간이 인간을 먹지 않게 된 역사 안에 있는 식인보다 끔찍한 지배(먹기보다는 부려'먹는' 것―이 또한 먹는 것이다―이 낫다는)의 인류학을 보여 주는 것이다. 아마 이 대목에서는 ≪도덕의 계보학 *Genealogie der Moral*≫의 니체도 마빈 해리스에게 길을 비켜 줄 것이다. 먹는 것에 얽힌 이야기의 무궁함이란…….

환멸의 도서관

"그제야 나는, 서책이란 드물지 않게 다른 서책 내용도 다룬다는 사실을 안 것이다. 말하자면 서책끼리 대화를 주고받는다는 사실을 안 것이다. 생각이 여기에 이르고 보니 문득 장서관이 몹시 마음에 걸렸다. 그렇다면 장서관이란 수세기에 걸쳐 음울한 속삭임이 들려 오는 곳, 이 양피지와 저 양피지가 해독할 길 없는 대화를 나누는 곳, 인간의 정신에 의해서는 정복되지 않는 막강한 권력자이며 살아 있는 존재, 만든 자, 옮겨 쓴 자가 죽어도 고스란히 살아남은 수많은 비밀의 보고 寶庫 인 셈이었다." ≪ 장미의 이름 *The Name of the Rose* ≫에서 아드소가 한 말이다. 책은 책과 연쇄를 이루고, 기호는 기호로 이어진다. 진리는 이 이어짐의 경로, 음울한 속삭임 어딘가에서 희미하게 빛나는 것이다. 가장 이상적인 도서관, 그것은 세계의 거울인, 세계와 스스로 등가인 도서관이다.

그러나 나는 그런 도서관이 아니라 환멸의 도서관, 세계를 반영하기에는 절망적인 도서관을 이야기하려고 한다. 도서관은 기호의 미로이다. 그래서 현명한 눈매라면 그 이음매를 찾을 수 있고, 미로 속에서 길을 찾을 수 있다. 그러나 미로가 아닌 도서관도 있다. 그것은 완벽한 데이터 베이스의 투명한 도서관이 아니다. 미로가 아닌 도서관이란 오히려 기호 속으로의 모험이 불가능한 곳이다. 왜냐하면 거기에서는 세계의 깊은 본질로 하강하는 길이 뚫려 있는 대신, 들어서자마자 앞이 막혀서 한 걸음도 나아갈 수 없기 때문이다. 그것이 서울대 도서관이다. 서울대 도서관에서 책은 책으로 이어질 수 없다. 책은 책으로 나아갈 수 없다. 그럴리야 하고 의아해하는 사람들이 있을 것이다. 그러나 예를 들어 벤야민의 ≪ 독일 비극의 기원 *The Origin of German Tragic Drama* ≫을 읽고서, 멜랑콜리 *melancholy* 개념에 대한 연구의 필요를 느껴서 파노프스키 E. Panofsky 의 저작으로 나아가려고 한 걸음을 내디디려 하면, 벌써 길은 막히고 만다. 그러니 로버트 버튼 R. Burton 의 ≪ 멜랑콜리의 해부 *The Anatomy of Melancholy* ≫는 꿈도 꿀 수 없다. 왕의 신체와 국왕 살해를 연구하려고 칸토로비츠 E. H. Kantorowicz 의 ≪ 왕의 두 신체 *The King's Two Bodies* ≫를 읽은 다음, 찰스 1세를 처형한 크롬웰 O. Cromwell 을 연구하려고 하면 도서관은 서너 권의 쓸모없는 책만을 앙상하게 드러낼 뿐이다. 엘리아스의 ≪문명 과정에 대하여≫로부터 에라스무스의 ≪소년들을 위한 예법 *On Civility for the School-boy* ≫으로 나아가는 길은 당연히 끊어져 있다. 짐멜 G. Simmel 의 ≪돈의 철학 *Die Philosophie des Geldes* ≫으로부터 ≪렘브란트: 예술 철학적 고찰 *Rembrandt: Ein Kunst Philosopher Versuch* ≫로의 길도 막혀 있기는 마찬가지다. 환멸이다. 서울대 도서관은 기호들의 이음매가 끊어진 기껏해야 기호의 무덤일 뿐이다.

그러나 이런 막힘이야 참아야 하는 것이다. 앞에서 언급한 책들이 희귀한 책들도 아니지만, 개항에서 내전에 이르는 긴 수난의 역사 속에서 프랑스 국립 문헌고 같은 도서관을 원할 수는 없는 것이다. 오히려 서울대 도서관은 국가의 운명을 공유한다. 규장각과 구관 서고가 그것이다. 전자는 서울대가 성균관의 후예라는 것을, 후자는 경성 제대의 후예라는 것을 보여 준다. 서울대 도서관은 이런 책을 끌어안고 실정법적 역사의 비애를 드러내는 것이다. 내가 처음 박사 과정에 들어갔을 때, 그 자격으로 구관 서고에 들어갔을 때, 사람 하나 없는 서고에서 나는 총독부 건물보다 더 생생한 식민지를 보았다. 그 해묵은 먼지 냄새야말로 식민지에 문화를 심은 야만적 과정의 망령 같은 것이었다. 그러나 군데군데 열리지 않는 고장 난 구관 서고 도서 목록함은 그 먼지를 털어 내는 것조차 불가능하게 만들었다. (도대체 도서관 직원들은 뭣하는 것일까?) 이것이야말로 또 다른 환멸이다.

그래도 우리는 도서관에 간다. 예산 제약으로 책이 적은 것을 어떻게 하겠는가? 가난한 것은 도서관만이 아니지 않는가? 누가 도서관의 책 사는 일이 낙도의 보건소 세우는 일보다 중요하다고 주장할 수 있겠는가? (물론 낙도의 보건소보다는 F-16 때문이겠지만, '북괴'가 여전히 우리를 호시 탐탐 노린다는 사람과 논쟁할 생각은 없다.) 그래도 설령 여기저기서 미국이 원조 물자로 준 책이나 만나게 된다고 해도 최소한의 책도 없는 것은 아니지 않는가? 그러나 가지 말았어야 했다. 몇 권의 책을 얻는 것보다 더한 환멸이 또다시 기다리고 있기 때문이다. 요행히 목록함에서 베이컨 Bacon 전집이 있다는 것, 이 최소한의 책을 갖추고 있다는 기쁨으로 나는 도서관 서고로 올라갔다. 베이컨이 누구인가? 현대의 새벽을 연 사람이 아닌가? 그러나 그의 ≪ 신적, 인간적 지식의 숙달과 진보 *Of the Proficiency and Advancement of Learning Divine and Humane* ≫와 ≪ 노보 오르가눔 *Novum Organum* ≫을 읽을 수 있다는 희망은 곧 깨졌다. 왜냐하면 서울대 도서관이 구비하고 있는 베이컨 전집은 놀랍게도 한 권이 빠진 라틴 어 전집이었기 때문이다. 100만 원은 쉽게 넘을 비싼 장서가 라틴 어라니! 물론 라틴 어 전집이 불필요한 것은 아니다. 누군가 어디 한 사람쯤은 필요할 것이다. 그러나 아는 사람은 다 안다. 베이컨이 라틴 어를 할 줄 몰랐다는 것을. 그래서 그의 비서였던 홉스 Hobbes 가 그의 저작을 번역했다는 것을. 오히려 라틴 어 서적이 굳이 필요하다면, 내게는 여전히 소용없는 것이지만 그것은 데카르트의 라틴 어 전집일 것이다. 왜냐하면 데카르트는 라틴 어로 썼고, 불어로는 다른 사람이 번역했기 때문이다. 베이컨은 작은 보기일 뿐이다. 도대체 누가 도서관의 책을 사는가? 왜 셸링 Schelling 의 저작을 문고판으로 된 장식체 독일어로 찍은 책으로 사는가? 콜버그 Kohlberg 의 책은 한 권도 없다. 어찌된 일인가? 뒤르케임 Durkheim 의 전집도 없는 도서관에 스웨덴보리 같은 죽었다가 살아났다는 황당 무계한 심령술사의 책을 전집으로 사다 놓은 사람은 누구인가? 모모 유명한 외국 서적 수입상이 골라 주는 것인가? 예산이 적은 것은 문제가 아니다. 아니, 예산이 적은 것은 차라리 다행이다. 더 많은 예산은 더 많은 쓸모 없는 책을 도서관 안에 쌓아 놓을 테니 말이다.

　　그래도 이 환멸을 곱씹으며 다시 도서관으로 간다. 사막에 있다고 물을 찾기를 아예 포기할 수는 없는 것 아닌가? 그리고 때로는 물을 찾아 낼 때도 있다. 그러나 그렇다고 그것을 언제나 마실 수 있는 것은 아니다. 냉수에도 위아래가 있는 것이다. 예를 들어, 에른스트

블로흐 E. Bloch 의 ≪ 예술과 문학의 유토피아적 기능 The Utopian Function of Art and Literature ≫이라는 책이 그랬다. 청구 기호가 700번대라서 서가 맨 끝에 있는 이 책을 빌리러 나는 네 번쯤 다리품을 팔았다. 번번이 허탕을 치고서야 나는 도서 번호를 장서과에서 조회하여 나를 고생시킨 책을 빌려 간 사람을 알 수 있었다. 인문대 모교수였다. 교수는 대출 기간이 6개월이니 할 수 없이 한 학기를 넘게 기다린 후, 다시 도서관에 갔다. 그러나 책은 돌아오지 않았다. 도서관 직원은 심드렁하게 말했다. "교수한테 빌리는 것이 빠를 거요." 그러나 내가 왜 도서관 책을 교수에게 가서 빌려야 하는가? 그 이후로 다시 1년이 지나도 책은 돌아오지 않았다. 그러나 이런 경우는 사정이 나은 경우이다. 바타이유의 ≪ 저주받은 몫 The Accused Share ≫을 발견했을 때의 환멸은 더욱 큰 것이었다. 비슷한 정도의 다리품을 판 후에야 이 책도 교수가 빌려 갔구나 하는 생각이 들었다. 귀찮아하는 도서관 직원을 다그쳐 대출 여부를 알아보았다. 대출 기록이 남아 있지 않았다. 도서관 직원은 졸린 목소리로 말하였다. "아마 서가에 꽂히기 전에 교수가 빌려 갔는가 본데요." "그런 일도 있습니까? 그렇다고 아무 기록도 남기지 않나요." "종종 그래요. 돌아오겠지요, 뭐." 연말이면 한 달 반씩이나 도서 정리 기간이랍시고 책도 빌려 주지 않으시는 직원(무슨 정리를 그리 오래 하는지. 물론 직원 수가 모자라서 그러시겠지만)의 답변치고는 아연할 뿐이다. 물론 이 책도 1년이 넘게 지났지만 돌아오지 않았다. 내가 든 예는 극히 일부분이다. 대출을 예약하는 합리적인 제도(물론 도서관 직원들에게는 극히 불합리한 제도이겠지만)가 없는 서울대 도서관은 이런 도서관 책의 사사화를 막을 길이 없다. 아마 도서관에서 교수의 서가로 거의 소유권을 이전하다시피 한 책들이 다시 돌아오기만 해도 서울대 도서관은 조금은 덜 삭막할 것이고, 환멸의 쓴맛도 조금은 줄어들 것이다.

　　　그러나 그 책들이 돌아오기까지, 예산이 필요한 책을 도서관이 다 비치하기까지, 연구도 중지하고 논문도 손놓을 수는 없지 않는가? 그래서 우리는 이 환멸의 도서관을 벗어나 교수의 서가를 기웃거리고, 그도 모자라면 외국으로 가기도 한다. 나도 그랬지만, 내 친구나 선배들도 학위 논문 자료도 구할 겸, 여행도 할 겸 외국에 유학간 친구 집으로 놀러 간다. 책 이름을 단말기에 두드리면 척척 청구 기호가 나오고, 서가에 가면 책이 있는 신기한 외국 도서관으로 간다. 새로운 왕오천축국전이 아닌가? 서울대 도서관장을 직무 유기로 고발하자는 이야기가 대학원생들의 술자리에서 나온 지는 오래 되었지만, 우리가 정말 고발하지 않는 탓일까? 서울대 도서관은 여전히 우리의 환멸을 식혀 주지 않는다.

　　물론 서울대 도서관은 최근 몇 년 동안 조금씩 좋아졌다. 내가 박사 과정에 처음 들어와 서고에 들어갔을 때에는 철창 너머에 갇혀 있던 금단의 책도 이제는 철창 밖으로 나왔다. 개가식이 되었고, 전산화가 되었고, CD롬이 들어왔고, 대학원을 수료한 사람들도 책을 대출받을 수 있게 되었다. 그리고 ㅎ 그룹 7 씨의 기부 덕분에 책도 많이 늘었다. (나는 7 씨가 사 준 책 덕분에 좋은 책을 여러 권 읽을 수 있어선지 그가 구설수 많은 혐의로 기소되었을 때도 조금은 안돼 보였다.) 그러나 여전히 도서관은 직원의 관료적 체질과 부족한 도서와 수준 미달의 전산화 상태에 신음하고 있다. 물론 우리는 쉽게 학교 당국과 관료의 반응을 예상할 수 있다. "예산과 인원의 부족에도 불구하고 좋아지고 있지 않느냐. 조급해하지 마라." 그러나 나를 비롯한 많은 대학원생들 중에 조급해하는 사람은 하나도 없다. 환멸에 잠긴 사람이 조급할 이유가 무엇인가? 그러나 이 지긋지긋한 예산과 인원이라는 상투적인 반응에 한 가지만 이의를 제기해 보자. 과연, 서울대 도서관은 전산화되었다. 도서를 데이터 베이스로 구축하는 데 얼마의 예산이 들었는지는 모르겠지만, 상당한 예산이 들었을 것이다. 그런데 아주 우습게도 서울대 도서관 전체에 이렇게 구축된 데이터 베이스로 책을 검색할 수 있는 단말기는 단 한 대뿐이다! 서울대생이 아니면 아마 믿지도 않을 것이다. 단 한 대뿐이다! 당연히 줄을 서거나 아니면 데이터 베이스를 구축하신 당국의 수고에도 불구하고 우리는 구닥다리 도서 목록을 뒤져야 한다. 좋다. 그래도 운 좋게 그 단말기 앞에 앉는 영광을 차지한다면, 그래도 편리하지 않겠는가? 천만의 말씀이다. 도서관 단말기에 얼마나 인색하게 컴퓨터 용량이 할당되어 있는지, 기계를 속아서 샀는지, 단말기와 본부 컴퓨터의 연결은 심심치 않게 끊어져 버린다. 혹시 검색해야 할 것이 많아서 두세 사람을 기다리다가 그 자리에 앉은 사람이라면 말 없는 단말기 앞에서 분을 삭일 곳조차 없이 멀거니 연결이 끊어진 단말기만을 쳐보아야 할 뿐이다.

국제 경쟁력이라는 말이 유행하고 있다. 그 말에 환호 작약하는 자본가의 편을 들 생각은 없지만, 그렇다고 그 말의 위력이 사회 다위니즘이니 신중상주의니 하는 비판의 자곤 *jargon* 으로 쇠퇴할 것으로 보이지도 않는다. 내 말이 냉소적일지 모르지만, 학문 세계도 자본의 국제 경쟁력 없이는 쇠퇴하게 마련이니 더욱 그렇다. 돈이 없으면 검증도 없고, 따라서 진리도 없는 것이다. 그래서 나는 우리 나라가 국제 경쟁력이 있으면 좋겠다는 소박한 소망을 국민학생처럼 품게 된다. 그러나 역으로 자본의 국제 경쟁력이 노동의 국제 경쟁력과 분리될 수 없듯이, 자본의 국제 경쟁력은 독립 변수이고 학문의 국제 경쟁력의 종속 변수이기만 한 것은 아니다. 지금처럼 대기업이 대졸 사원을 싼 값에 골라 쓸 수 있는 상태에서는 자본이 우리의 인내로 돈을 번들 대학을 살찌우고 학문을 발전시킬 이유도 없다.

그렇다면 무엇이 우리가 지닌 학문의 경쟁력인가? 교수도 아니고 학생도 아니다. 도서관도 아니다. 우리가 가진 유일한 국제 경쟁력 있는 학문의 견인차는 복사집이다. 남루한 복사집의 번쩍거리는 복사기의 섬광이 바로 우리 학문의 햇불이다. 이 복사기가 도서관을 대치하였던 것이다. 다니엘 벨 D. Bell 은 한 논문에서 다음과 같이 말하였다. "존스 홉킨스 J. Hopkins 대학은 1900년에 10만 권의 도서를 소장하여 미국의 대학 도서관 중에서 10위를 기록하였다. 연간 3.9%의 증가율이 지속된 결과 1970년에는 1억 5000만 권을 소장하였는데도 20위로 밀려났다. 같은 기간 동안에 미국의 85개 주요 대학들은 연간 4.1%의 도서 증가율을 보였으며, 이는 도서관의 장서 수를 17년마다 두 배로 만드는 수치인 것이다"(3.9%와 4.1% 사이의 차는 근소한 것으로 보이지만 그 차이 때문에 존스 홉킨스 대학 도서관은 20위대의 최하위로 떨어졌다). 0.2%를 두고 벌어지는 이 이야기는 우리에게는 꿈같이 여겨지지만, 이 이야기가 바로 세계 학문의 현주소이다. 이미 과학과 학문의 지수 함수적인 증가는 1950년 이전에 함수의 중간 지대를 통과하였다. 그런데 도 이 절망적 속도와 싸운 것은 우리의 도서관이 아니었다. 그것은 무 엇을 하는지도 모르면서 싸워 온 복사집인 것이다. 그래서 나는 서울 대 총장이 서울대 인근 복사집에 감사패를 증정해야 한다고 생각한다. 그러나 복사집의 이 눈물겨운 투쟁이 전망 있는 미래를 열어 주고 있 는 것은 아니다. 그래서 우리는 다시금 도서관으로 돌아가야 한다. 더 욱 체계적으로 장서를 구입하고, 밤 10시에도 책을 대출할 수 있고, 모 든 정보와 지식이 샘물처럼 흐르는 도서관을, 거대한 기호의 원무를 만들어야 한다. 환멸을 끝내야 한다.

　　도서관에 대한 나의 이러한 글을 읽는다면, 누군가 아직도 도서관에 가는 나를 측은해할지 모른다. 도서관에 책이 없다는 환멸은 도서관이 진리의 거처라는 도서관 환상에서 생긴 것일 뿐이라고. 그렇 다. 한때 "나는 그 때 도서관에 있었다"라는 말은 수치의 나락이었던 적이 있었다. "예언자가 나지 않는 거리로 창이 난 이 도서관은 창설 의 의도부터가 풍자적이었는지도 모른다"는 시인 김수영의 말처럼 우 리는 진리의 거처는 도서관이 아니고 거리라고 믿었다. 황정하 학형이 도서관 앞에 피를 뿌리던 시절, 모든 언어가 침묵하던 죽음의 시대에 책은 진리와 아무 상관도 없었다. 나는 그 귀중한 시대의 가르침을 잊 고 싶지 않다. 그러나 동시에 그 시절 우리가 기껏 도서관을 농성의 장소로 여길 때, 도서관을 찾아왔던 신용하 선생님의 가르침 또한 기 억하고 싶다. 선생님은 우리들이 도서관에서 먹고 자며 도서관 벽에 커다란 구호를 써 놓았을 때 그 곳에 찾아와, "여기 여러분이 농성하는 자리 아래로는 규장각이 있습니다. 거기에는 우리 민족의 중요한 문화 유산들이 가득 차 있습니다. 만에 하나 여러분들이 농성하는 중에 불행한 사태가 생겨 이 유산들이 손상된다면, 우리는 우리의 선조에게 씻을 수 없는 죄를 저지르게 되는 것입니다"라고 말씀하셨다.[1] 그것은 그 시대의 가르침은 아니었지만, 또 하나의 가르침이었다. 그리고 이제 나는 전통의 보존뿐 아니라 미래를 향한 전통의 수립이라는 방향으로 그 가르침이 더 확장되어야 한다고 여긴다. 조선 땅을 뒤지고, 책을 중간하고, 신서를 발간하고, 중국에까지 가서 장서를 가져와 이룩한 규장각의 전통에 대해서 현재의 우리 도서관은 너무 부끄럽기 때문이다.

---

1) 이 당시에는 규장각이 지금처럼 독립적인 건물에 보관되지 않고, 중앙 도서관 1층에 있었다.

제2부 포스트모던 어드밴처

우리 시대의 성(적) 담화: 한희작의 < 서울 손자 병법 >

내가 "괜찮겠어?"라고 눈짓으로 말하니 그녀는 수줍은 듯이 얼굴을 붉히며

나에게 모든것을 다 바치겠다고 대답했어 눈으로.

나는 이런 경험이 처음인데 그녀도 그런가봐.

그런데 이럴때 천천히 아주 부드러워야 한다고 어디서 읽은것 같애.

그래서 나는 그렇게 했어 그녀를 다정히 어루만져 주어 불안감을 해소 시킨뒤 내 손가락을 그녀의 귀속에‥‥

나는 정말 황홀했고 그녀도 떨었어. 정말 영원히 잊지못할 아름다운 순간이었어. 그런데 사람들은 우리보고 정신 병자라고? 내참‥‥

한희작의 < 서울 손자 병법 >.
'누가 우리 보고 정신 병자래?'에서
마지막 장면.

우리는 똥과 오줌 사이에서 태어났다.
— 어거스틴

1.

성 性에 대해서 얘기하는 것은 성을 향유하는 것보다 어렵다, 적어도 우리 사회에서는. 그러나 문득 길거리에 나서 보면, 나는 어젯밤 친구들과 본 포르노 비디오의 하이퍼 리얼리즘의 지시 대상이 증발해 버린 것을 느낀다. 그러나 찬찬히 보면 성은 숨은 그림 찾기 속의 어떤 물건처럼 사람들 사이에 슬며시 끼여 있다. 성은 미만 彌滿해 있는 것처럼 느껴지지 않지만, 성은 손쉽게 가까이 있고 너무 일상적이다. 그렇지만 길거리의 빌딩 사이를 걸어가는 사람들에게 유일한 비일상적 사건을 구성할 수도 있다. 하긴 성이 단일한 얼굴을 가진 적이 있었는가. 시시각각 바뀌고, 각도에 따라 달리 보이는 것이 성이 아니던가. [……] 성에 대해서 말을 하는 것은 어렵다. 물론 언제나 어려운 것은 아니다. 성은 못 견디게 얘기하고 싶은 것 중의 하나여서, 사람들은 프로이트의 숱한 환자처럼 농담, 말실수, 꿈, 백일몽, 신경증 증세 등 갖은 방법으로 성을 얘기하기도 하고, 어느 정도는 뻔뻔한 방식으로 성을 얘기하기도 한다. 때로는 "나는 야한 여자가 좋다"는 식의 누구도 (사실은) 왈가왈부할 수 없는 고백체의 문장을 큰소리로 해대기도 하고, 비밀스런 모임에서, 친구와의 사적인 공간에서도 한다. 그런데도 특정한 방식으로 성을 얘기하는 것은 어렵다. 성을 학문적으로 얘기하는 것은 고사하고라도 체험의 형식을 넘어서 '진지한 발화 serious statement'의 영역으로 끌어들이는 것은 섬세하게 기워진 바늘땀이 촘촘한 담화의 질서 속에서는 불경스럽다. 그래서 체험과 고백이 아닌 성의 얘기는 상대의 얼굴을 파破하는 웃음으로 담화의 그물을 순식간에 파고드는 방법 이외에는 없다. [……] 그러나 나는 성에 대해서 얘기해 보려 한다, '우리 시대의 성적 담화'를. 그렇지만 이렇게 얘기하는 것은 내가 성에 대한, 우리 시대의 성에 대한 명석 판명한 지식에 도달했다거나, 달인적인 체험을 지녔다거나, 이 혼돈스러운 성과 성에 대한 담화의 늪을 혼자서 문득 빠져 왔다는 것은 아니다. 더구나 우리 시대의 성적 담화가 갑자기 우리 눈앞에 파노라마처럼 자신의 현란한 모습을 빼기며 남김없이 펼쳐 보여서, 이제 본 것만 얘기하면 된다는 것도 아니다. (어디서 우리가 그런 모습을 볼 수 있는가? 포르노 비디오 — 혹은 그라피 — 속의 성조차, 더 이상 아무런 숨김 없이 성의 자명한 모습을 보여 준다고 우기는 그 포르노 비디오조차 그렇지 못하다. 포르노 비디오는 그저 끊임없이 성의 자명성만을 외칠 뿐이다. "자! 이것이 성이다. 성을 의심하지 마라. 보라. 이것이 성이다." 그 단일한 지시 대상! 그 지겹기 짝이 없는 끝없는 동어 반복! 그것은 성의 현상학적 환원이고 방부 처리된 미라의 섹스이다.) 그리고 진리와 용기의 모델을 따라 임금님 귀는 당나귀 귀라고 외치는 것도 아니고, 맥락을 모르는 천진함이 진리를 불현듯 밝힌다고 하는 모델에 따라 임금님은 벌거숭이라고 깔깔거리는 것은 더욱 아니다. (그리고 성은 우리에게 침묵을 강요할 수 있는 임금님과 같은 지상권을 가지고 있지도 않다.) 그것은 일종의 불만에서 출발한다. 성은 입과 혀로 자신의 영역을 확장하는데(펠라티오), 왜 우리의 입은 성을 자신의 것으로 할 수 없는가. '말'은 성을 자신의 영토로 차지해 볼 수는 없는가. 이런 불만은 일종의 환유적 사고를 즐기는 지식인의 사고 방식일 수도 있다. 그러나 성 앞에서 갑자기 머뭇거리게 되는 자신의 표정, 입술, 혀는 우리 신체의 유기성이 어떻게 우리의 사회, 역사적 존재 구성에 의해서 침해되고 있는가를 보여 준다. 언론과 출판의 자유를 경찰력 이전에 구속하는 이 경험, 부재하는 감시력이 이미 경찰을 앞질러 우리의 혀를 동여매고 있는 경험. 그러나 거창한 자유의 이름으로 성에 대해 얘기할 필요는 없다. 하나의 내기일 뿐이다. 자신의 경험을 구하고, 하기 힘든 '말'을, 불가능한 '말'을 할 수 있는가 하는 문화와의 내기일 뿐이다.

2.

하기 어려운 말을 하는 사람들은 곧잘 실수를 한다. 하고 싶은 말을 빨리 하려는 성급함과 자기 진실의 노예가 된다. 그러나 그렇게 진술하는 것은, 진술의 진리 가치(아니 진리 가치는 고사하고 의미 가치조차도)를 결정하는 것은 사회적 관계 총체, 그리고 특정하고 직접적으로는 발화자와 발화 간의 상호 예속을 구성하는 담화의 질서임을 모르는 것이다. (금기의 위반은 언제나 신중해야 한다.) 하나의 교훈을 참고하자. 그러면 그 속에서 피해 갈 길을 얻을 수 있을지도 모른다. ≪나는 야한 여자가 좋다≫가 낳은 사회적 결과를 우리는 알고 있다. 이 단순한 고백체의 문장에서 왜 사람들은 공분한 것일까? (저 좋으면 그만 아닌가?) 그것은 성이 우리 시대의 '진지한 발화'의 영역 속에 들어와 있지 않다는 사실과 화자로서의 교수가 차지하는 사회적 존재 방식은 바로 '진지한 발화'를 생산하는 사람이라는 두 가지 사실 사이에서 생기는 마찰음이다. (물론 이 때 야유의 대상이 되는 것 자체가 그의 글이 금단의 땅에 들어섬으로써 얻을 수 있었던 역설적인 위광이며, 야유하는 사람들 자신이 그의 글에 이중으로 포섭된다는 사실은 기억해 둬야 할 것이다.) 사람들의 야유는 바로 이 두 가지 질서의 마찰음에 다름 아니며, 사람들의 분노는 바로 이 두 가지 질서가 얼마나 착오 없이 작동하는가를 보여 준 것이다. (이러한 성에 대한·발화의 가능성 조건이 역사적으로 형성되어 온 과정을 분석하는 것도 흥미로울 것이다. 그러나 이것은 또 다른 연구 주제일 것이다.) 그러나 그러한 기제의 작동에는 착오가 없는 것일까.

성을 진지한 발화의 영역에서 발화하는 데는 몇 가지 통과해야 할 지점들이 있다. 성은 학문의 이름을 빌려서만 진지한 발화의 영역에서 입론이 가능하다. 예컨대 생리학, 약리학, 신경정신학 같은 것이 그런 것이다. 그러나 이러한 발화는 성을 사회적인 관계의 망에서 빼내 '싱싱한 성기 性器'에 대해서만 얘기할 뿐이다. 영혼과 육체의 접이 지대에서 우리를 열락과 고뇌 속에서 방황하게 하고, 숱한 백일몽과 환상의 나락으로 떨어뜨리는 성의 기묘하지만 동시에 범속한 테마들을 문제삼을 수 없다. 그러므로 우리는 보다 범속한 사랑과 성의 테마를 이야기할 필요가 있다. 범속한 혼魂들의 방황을 우리의 역사적 존재론으로 구성할 필요가 있다. 그 때 우리는 우리에게 감히 성인의 도를 설파한답시고 교도성을 곁들여 삶의 지혜인 양 우리에게 성과 사랑을 읊조리는 이야기에서도 벗어나야 한다. 우리에게 필요한 것은 성에 대한 담화를 진지한 발화의 영역에서 추방하고, 범속한 혼들의 방황을 경박한 농담과 우울한 고백의 사적인 영역으로 가두어 버린 과정을 뒤집어 버리는 것이다.

3.

그러나 이런 얘기가 어떻게 가능한가. 먼저 화자와 발화 간의 상호 예속에서 벗어나고, 다음으로 단순히 성기로 축소된 성의 얘기(성기의 얘기는 성의 얘기 중에 하나일 뿐이다)와 점잖게 성을 삶의 지혜와 연결시키는 얘기에서 벗어나 진지하게 성을 얘기하는 것이 어떻게 가능한가? 그리고 단순히 개별자의 체험에서 벗어나 우리 시대의 성적인 담화의 전체적인 양상을 살피는 것은 어떻게 가능한가? [······] 한희작의 만화로, < 서울 손자 병법 >이라는 만화로 나아가는 것이 그렇게 해 줄까? 그렇게 해 주는지의 최종적 판단은 이 글이 끝나는 자리에서 제기될 문제이다. 그러나 출발점에서 몇 가지 이유를 밝혀 보자. 우선 한희작의 만화를 분석함으로써 우리는 이 글의 화자의 존재 방식을 분석자로 변경시킬 수 있다. 1차적 화자를 한희작으로 만들고 분석자는 그것을 경청하고, 재현하는 자가 됨으로써 자신의 알리바이를 구성할 수 있다. 다음으로 한희작의 얘기는 범속한 성의 테마를 다루며, 주로 샐러리 맨의 백일몽과 공포의 위트화이기 때문에 우리가 다루고자 하는 성적 담화에 근접한다. 그 다음으로는 한희작의 만화가 성적인 것 자체를 이슈화하면서, 연재와 인기로 인해서 성에 관한 가능한 모든 담화를 대상으로 삼는다는 점이다. 따라서 한희작의 만화를 분석하는 것이 잠정적이지만, 일단 위에서 제기된 세 가지 문제에 대한 답변이 되는 것으로 보인다. 그러나 세 번째 이유는 좀더 생각해 볼 여지가 있다. 다음과 같은 의문이 즉각 떠오를 수 있는 것이다. 한희작의 만화가 과연 우리 시대의 성적 담화를 재현하는가? 또 모두 재현하는가? 첫번째 질문에 대해서는 긍정적인 답변을 내릴 수 있다. 먼저 한희작이 횡령하여 가공하는 대상으로서 우리 시대의 성적 담화가 있다. 이 성적 담화를 한희작은 만화를 제작하는 작법에 따라 변형하여 만화 텍스트를 만들어 내는 것으로 생각할 수 있는 것이다. 이를 도해하면 이래와 같다.

우리 시대의 성적 담화 ·················→ 서울 손자 병법

재현 / 변형

　여기서 우리가 문제삼는 것은 우선 '재현'의 측면이다. 이 '재현'의 측면에 착목 着目 한다면, 우리는 우리 시대의 성적 담화에 대한 증거 자료로 한희작의 만화를 제출할 수 있다는 주장이 정당화될 수 있다. 그러나 두 번째의 질문, 즉 우리 시대의 성적 담화 모두를 재현하는가라는 의문에 대해서는 긍정적인 답변을 하기 어렵다고 할 수 있다. 거기에는 몇 가지 제한이 가해진다. 즉 그의 만화가 인기를 얻음에 따라 오랫동안 연재됨으로써 계속해서 우리 시대의 성적 담화에 대한 그의 포섭 범위가 확장되는 것은 사실이나, 만화로 처리 가능한 성적 담화만을 다룰 수밖에 없다는 제한이 가해진다. 그 제한은 한편으로는 외설에 대한 검열로부터, 다른 한편으로는 작가 자신의 만화의 독자로 예상하는 사람들 *target population* 인 샐러리 맨, 대학생 등으로부터 온다. 따라서 그의 만화는 경계를 가지고 있다. 그 경계는 성적 담

화에서 웃을 수 있는 것과 그렇지 못한 것 사이의 경계이다. 그러나 그의 만화에서 그 경계선의 존재 방식은 사회 생활에서의 경계와는 다르다. 그가 만화를 그린다는 작업부터가 사회 생활 속에서의 경계에 도전하는 작업이다. 그의 작업은 성의 위트화이며, 이러한 웃음을 유발할 수 있는 예술적 처리는 일반적으로 말할 수 있는 것의 영역을 확장하는 경향이 있기 때문이다.

4.

우리의 분석 대상이 어떻게 분석될 수 있는가를 생각해 보자. 만화라는 텍스트는 몹시 분석하기 어려운 요소들을 많이 지니고 있다. 예컨대 영화와 비교해 보면, 프레임 *frame* 의 크기와 배열에 있어서 거의 무한대의 자유가 있고, 회화와 비교하면 그림 자체가 회화와는 달리 간략한 선과 색채로 구성되어 있으며, 반드시 내러티브 *narrative* 를 가진다(이 점은 단컷 만화라도 마찬가지이며, 내러티브는 만화의 필수 조건이다). 그리고 반드시 그림의 수준에서는 특정한 생김새의 주인공이 수만 가지 내러티브에 반복해서 등장한다(이것의 의미는 생각해 볼 여지가 있는 문제이다. 동일한 얼굴의 그리고 유사한 성격의 주인공의 끊임없는 등장을 왜 사람들이 반복해서 소비하는 것일까, 이러한 만화의 소비가 우리의 생활을 탈역사화시키는 경향을 갖는 부르주아 이데올로기와 공모 관계에 있는 것은 아닌가, 주기적으로 만화 대본소에 가서 우리는 주기적으로 영구 회귀의 신화를 향유, 유지하는 것은 아닌가. 그러나 이러한 만화 소비 행위와 관련된 주기성이 어떤 의미를 갖는지 하는 것은 또 다른 연구를 필요로 하는 것으로 보인다). 그러나 우리의 분석 목적은 만화 자체의 미학적 구성의 분석과 그것의 평가는 아니다. 우리의 만화 분석은 포괄적인 '대중 미학'(자율화된 고급 예술에 대한 미학과 대비되는)의 기획의 일환은 아니기 때문이다(물론 이것은 흥미 있는 기획이다). 우리의 분석 목적은 한희작의 만화가 우리 시대의 성적 담화의 재현 / 변형의 산물이라는 점에 착목하는 것이다. 이 때 보다 우선하는 것은 '재현'의 측면이고, '변형'의 측면은 부차적이다. 언어학적으로 유비하면, 재현은 계열체 *paradigm* 적인 것이라고 할 수 있고, 변형은 통합체 *syntagm* 적이라고 할 수 있다. 계열체적인 것에서 우리는 우리 시대의 성적 담화의 테마들을 발견할 수 있다. 그러므로 < 서울 손자 병법 >의 계열체를 먼저 분석하고, 그리고 난 후 통합체를 분석하는 것이 좋을 것이다.

그러나 계열체는 다양한 수준을 지닌다. 성 자체에 대한 담화가 우선 1차적이지만, 거기에는 성적 주체(=성적 고뇌를 지닌 자, 성을 희구하는 자, 성적 담화를 발화하는 자 등)가 반드시 결부되어 있고, 성은 성적 주체와 얽혀서만 얘기된다. 이 성적 주체는 내러티브 속에서는 내레이터 *narrator*, 주인공, 주인공이 아닌 성적 행위자(예컨대 강간범)로 나누어진다. 이 때 대개 내레이터는 주인공 중의 하나인데, 여기서 드러나는 성적 주체의 성에 대한 태도는 분명 우리 시대의 성적 담화의 중요 구성 부분이지만, 거기엔 현실을 조작, 가공한 측면이 있다. 그런데 내러티브는 바로 통합체의 한 부분이다. 이러한 세 요소가 사실은 정확히 분리되어 분석되지 않는다. 단지 어떤 측면에서 다른 측면을 고려하는 분석의 중점이 문제가 되는 것이다.

5.

< 서울 손자 병법 >의 세계에는 로테나, 베아트리체에 대한 열망을 가진 사람이 없다. 거기엔 사랑 때문에 자살하고 타자의 혼을 열망하는 베르테르는 없다. 그 곳에는 어느 호스테스가 읽은 개구리의 사랑 얘기('Y 개구리 양의 사랑')라는 동화 이외에는, 그 개구리의 지순한 사랑 이외에는 육체 위로 솟아오르는 사랑은 존재하지 못한다. < 서울 손자 병법 >의 세계는 '사랑'이라는 신화가 고사 枯死 한 세계이다. 손

자 병법의 주인공들은 육체와 영혼의 점이 지대에서 조금도 머뭇거리지 않고, 육체와 성의 동맹 관계를 설정하고 그 곳으로 나아간다. 거기서 성은 자신으로부터 자립화하여 자신을 고뇌에 빠뜨리는 것이 된다. 그 고뇌는 욕망이 지칠 줄 모르고 대상을 찾아 헤매는 자위 自慰 의 공간이다. 그림을 자세히 보라. 그들의 한쪽 손은 언제나 자위를 하고 있다, 남자나 여자나('세모 유감,' '재수 없는 날'). 자위에서는 부재하는 대상에의 열망이 너무도 강렬하다. 그래서 자위는 정신의 피로를 가져온다. 자위는 어린아이가 아이스크림을 탐닉하듯 환상을 향해서 입을 벌리고 끊임없이 달싹거린다. 사실 < 서울 손자 병법 >의 세계는 자위가 분명하게 등장하지 않을 때라도 이미 자위의 얘기이며, 샐러리 맨의 백일몽이다. 자위는 그러함의 가장 선명한 지표이다.

이 백일몽의 세계는 세 가지 구성 요소를 가지고 있다. 비일상적인 성적 쾌락, 부 富 와 섹스의 담화(부에 도달하는 매체로서의 섹스), 그리고 성적 공포이다. 이것은 일반적인 환상이지만, 손자 병법의 세계에서 백일몽을 꾸는 사람들은 샐러리 맨들이다. 최종적인 수준에서 < 서울 손자 병법 >은 샐러리 맨의 백일몽이다. 이것은 낯설게 들릴지 모른다. 왜냐하면, 거기엔 다양한 주인공들이 등장하고, 그들은 다양한 환상을 가지기 때문이다. 그러나 내러티브의 밑에는 샐러리 맨들의 백일몽이 있다. (그러나 역으로 환상이 샐러리 맨들을 관류해 간다고 해도 상관없을 것이다.) 밑바닥이 그러한지는 다시 분석될 것이다.

먼저 < 서울 손자 병법 >의 세계 속에서의 성적 주체를 살펴보자. < 서울 손자 병법 > 속에서는 내레이터가 되는 성적 주체가 있고, 그저 주인공이기만 한 성적 주체가 있다. 그리고 내레이터가 되는 주체가 항상 욕망하는 주체가 된다.

다음 도표에서 보듯이 내레이터의 욕망은 이러한 욕망의 수준에서 남녀가 서로에게 대칭적이다. 그래서 일상에서 해방되기 위해서 남자는 늘씬한 여성과의 격렬한 정사를 꿈꾸고, 여자는 지고한 정력을 찾아 헤맨다('불가사의'). 그리고 그들의 섹스는 언제나 돈에 예속

욕망 / 주인공	남자	여자
욕망하는 주체 (내레이터)	샐러리 맨 중국집 배달부 (사환)	O. L. 호스티스 주부
욕망의 대상	의사 회사의 후계자 힘센 남자 (부와 정력)	유한 마담 부잣집 딸 미인 (부와 미)

화살표: 욕망의 방향

되어 있다. 아니 오히려 그들은 섹스를 통해서 돈으로부터 해방되고자 한다. 이 두 가지 수준은 끊임없이 교차하는데, 언제나 서로에게 배리적 背理的 이다. 하나를 얻으면, 그 다음 것에는 실패한다. 이 배리의 과정은 더 상세한 얘기가 필요하다. 우선 즉각 나타나는 것은 **그것** 그리고 **큰 것**(더 큰 것)을 찾아 헤매는 여성과 섹시한 여자(얼굴, 가슴, 엉덩이의 신체의 특화된 부분으로 이행하는 시선과 그것의 묘사가 이루어진다. 물론 이것은 여성의 자기 신체에 대한 의식에서도 그렇다)를 찾아 헤맨다.

두 가지 측면이 드러난다. 하나는 타자에 대한 태도인데, 자명하고도 분명한 열락으로서의 섹스에 대한 신뢰감이라는 남성의 태도와 여자의 현실적 불만에서 솟아나는 더 큰 것을 향한 기대감이다. 남자와 여자는 그러한 섹스를 향해서 나아간다. 이 나아감에는 타자의 욕구에 대한 예감이 자리잡고 있다. 이 예감 역시 자명하다. 그것은 "우리가 하고 싶은 것은 결국 그것이다. 다른 모든 것은 러브 호텔의 네온 사인이 보다 선명하게 빛나는 밤이 오기까지의 기다림의 행위이고, 우회일 뿐이다"는 확신이며, 그것은 언제나 보편적 욕망이고, 자명한 욕망으로 묘사된다('아가페'). 그리고 그 욕망이 도달한 자리는 언제나 바로 그 욕망의 충족되지 않는 참혹한 현실이 아니면, 그 욕망의 대상 바로 옆에 있는 대상만을 얻는 것이다. 남자는 미인이 아니라 그녀의 친구인 추녀, 누구도 거들떠보지 않는 추녀를 대신 얻고('피서지에서 생긴 일'), 여자는 잘생기고 돈 많은 남자가 아니라 넝마주이, 끔찍한 추남, 보잘것 없고 장래성 없는 남자의 품 안에서 덧없이 하룻밤을 가위눌려 버린다('어떤 개인 날,' '건망증,' '합격').

더 큰 것을 향한 회구에는 몇 가지 다른 테마들이 결부되어 있는데, 거기에는 양생의 담화, 여성의 오르가슴에 대한 얘기가 결부된다. 이것은 하나에서 파생적인 것이 아니라, 상이한 기원을 가진 것이 큰 것과 연관되어 얽히는 모습이다. 이 때 < 서울 손자 병법 > 세계에서 양생의 담화는 오르가슴의 담화에 대해서 부차적 계기가 된다. '접이 불루 接而不漏'라는 말로 요약하는 자기 수련 *self dicipline* 과 '영계'로 요약되는 생체약리학은 아직 건강함을 자부하는 젊은 샐러리 맨에게는 부차적이다. 그러나 그것은 언제나 성적으로 만족하지 못하는 여성의 모습으로 인해 되살아온다('병서'). 조루에 대한 (접이 불루에 상극인) 여성의 불만은 사실은 참된 여성의 불만이 아니라, 여성의 불만에 대한 남성의 공포이다. 이 오르가슴에 대한 격렬한 회구가 '가수 탄생'에 잘 드러나 있다. 사랑이 타자의 욕구에 대한 욕구라는 사실은 이 오르가슴을 매개 항으로 해서 그리고 다시 조루에 대한 여성의 불만으로 묘사되는 것이다. 이 지점은 바로 (더) 큰 것에 대한 얘기가 지닌 자립화된 섹스, 즉 그것의 담화에 다시 얽히는 지점이다. 자신의 특화된 육체, 자신의 눈앞에서 자신의 의지와 무관하게 부단히 솟아오르는 자율적인 성기의 모습이 빚어 내는 남근의 신화는 큰 것의 담화에 얽히면서, 여자에 대한 담화를 구성한다. "여성은 그것에 무력하며, (더) 큰 것에 의해서 장악되고, 거기에 예속되는 존재이다"라는 불안한 신념이다. 이 불안은 그것이 승인될 때, 바로 사랑의 신화를 고사시키고, 가정 파괴범과의 섹스에서도 쾌락을 느끼는 아내라는 불신의 극도에 달한다('어젯밤'). (그러므로 사실 남자의 공포임을 알 수 있다. 여성의 불만은 남자의 공포이다.)

이 큰 것의 신화는 돈과 용모의 세계로 확장된다. 돈은 사실은 자본주의 사회의 물신＝연물 戀物 이며, 바로 남근 男根 이다. 남자도 여자도 싱싱하게 일어선 성기를 희구(남자는 불안 속에서, 여자는 희망 속에서)하듯이 돈을 희구한다. 돈은 큰 것보다 더 큰 것이다. 그래서 < 서울 손자 병법 >의 세계에서 돈은 항상 성보다 우월하다('신혼 여행,' '적을 알고 나를 알면'). 이 우월함은 성을 얻은 자가 그것을 통해서 돈도 얻으려는 시도가 좌절됨으로써 나타난다. 그러나 이 때 성을 얻음도 사실은 큰 것과 더 큰 것의 날카로운 대조를 위해서지, 참된 얻음은 아니다.

이 실패의 이야기는 여성을 향해서와 남성을 향해서가 다르다. 여성에게서 실패는 처녀성에서 기인한다. 이 장면은 사실 상이한 기원을 가지고 있는 처녀성이라는 낡고, 수줍고, 공공연한 이야기가 혼인 제도가 갖는 완고성과 대립하는 모습이다('김예수,' '차와 동정,' '여름 바람,' '처녀봉'). 그러나 그 모습은 다양하다. 여성들은 자신이 처녀가 아님에 언제나 관대하고, 남성들은 관대함과 엄격함의 양면성을 지니고 있다. 그러나 사실 거기서도 남성의 관대함은 내러티브의 수준에서 부차적일 때 나타나며, 그것이 남성의 관대함인지 무지인지, 혹은 사랑인지, 고통스러운 인정인지는 전혀 드러나지 않는다. [그러나 한희작은 호스테스의 결혼 생활을 보호해 주는 데서 드러나듯이 이미 존재하는 가족의 보존을 옹호한다는 점은 분명하며('마지막 잎새'), 강간당한 여성에 대해서도 강간이 부에 진입하려는 여성을 방해하는 내러티브상의 장치가 아닌 한 관대하다.] 부와 안락의 안전판인 결혼에 이르는 성취의 코앞에서 여성들은 순식간에 처녀성을 도둑 맞는다('건망증,' '오! 여자'). 여기에서 케케묵은 혼인 제도의 엄격성이 여자들에게 협박을 해대는 모습이 나타나고, 남성들의 이기심이 낡은 방식으로 드러난다. 그러나 이 밑바닥에는 사실 남성의 공포가 깔려 있다. 그 공포는 치한에 대한 공포이며, 강간과 가정 파괴범에 대한 공포이다('쥐구멍에도 볕들 날이'). 자신의 약혼녀, 자신의 신부를 덧없이 빼앗길 수도 있다는 남자의 공포가 숨어 있는 한 요소인 것이다('신혼여행').

< 서울 손자 병법 >의 세계에서 드러나는 공포에 대해 더 생각해 보자. 그것은 앞에서도 얘기했듯이 사실은 남자의 공포이고, 샐러리 맨의 공포이다. 거기에는 여러 가지 수준이 있다. 우선은 앞에서 얘기되었듯이 오르가슴이라는 고뇌의 점 點 이 부과하는 공포도 있고, 가족 제도를 보존하려는 데서 오는 강간과 가정 파괴범에 대한 공포도 있다. 가족 제도와 연관되어 있는 또 하나의 공포는 분방한 여자(아내)에 대한 공포이다. 아내는 남편이 출장간 틈에 자신을 닮은 호스테스에게 자신의 집을 지키게 하고 바람을 피며('촐싹대다가'), 강간범이 되어 아내를 겁탈해 보며('죄와 벌'), 아내의 저항성을 평가해 보는 남편의 편협성('어젯밤')도 아내의 분방성과 관련된 얘기이다. 제비들이 등장하여 유한 마담과 놀아나는 얘기에서도 드러나고 있다('마카로니 웨스턴,' '홍부 놀부'). 이러한 모습 이외에도 극히 배면에 깔려 있지만, 중국집 배달부가 등장하는 얘기는 집에 두고 온 아내에 대한 공포를 반영한다('재수 좋은 날'). 그것은 중국집 배달부와 맺게 되는 우연한 섹스 속에 결코 아내가 등장하지 않을 때도 사실은 정신분석학에서의 부정 否定 의 모델을 따르고 있는 것이다. "나는 꿈 속에서 한 남자를 살해했는데, 그는 결코 내 아버지는 아니었습니다."

가족 제도의 옹호와 다른 수준에서 발생하는 공포가 있는데, 그것은 건강한 섹스, 정상적인 섹스를 보호하려는 데서 오는 공포이다. 여기서 그 적이 되는 것은 성병(특히 AIDS)과 동성애, 외국인과의 섹스에 대한 공포와 혐오이다. 여성들은 성병으로 인해서 남자로부터 버림받고, 남자는 쾌락의 대가로 병을 치르며, 가장 무서운 AIDS는 외국인과의 섹스의 이미지와 얽혀서 들어오며, 동성애에 여성은 기겁한다('이상한 세상,' '그 여자들은 왜 그 남자의 따귀를 때렸는가,' '이상한 셈,' '호랑이 꿈,' '훈장을 받아야 마땅한 사나이,' '간밤에 당신은'). 여기엔 단순하고 쉬운 합의와 사회적 완고함이 깃들어 있어서 단조로운 포맷을 지닌 내러티브가 진행된다.

6.

우리는 위에서 < 서울 손자 병법 >의 세계에서 등장하는 성적 백일몽의 테마들을 살펴보았다. 텍스트를 피상적으로 읽을 때, 표면에 양각되어 있는 측면, '희작 喜作'의 측면, 통합체의 측면이 우선 부각되어, 텍스트에 음각되어 있는 계열체적 소재의 측면은 정확히 부각되지 않는다. 이제 한희작의 희작의 측면이 어떻게 구성되어 있고, 그 희작의 과정에서 어떻게 < 서울 손자 병법 >의 백일몽이 깨지는지 살펴보자.

한희작은 동화, 영화, 우화, 전통적인 이야기 등 몹시 다양한 것을 이용한다. < 서울 손자 병법 >의 남녀는 대머리와 무모증을 착각하고('불모 지대'), 거짓말은 현실이 되고('비극'), 한 달의 기도는 두 달의 기도에('크리스마스 선물'), 5년의 금욕은 10년의 금욕에 몰락하고('재미 교포'), 남성은 수컷 짐승으로 귀결하고('위기의 여자'), 여의봉을 가지리라 생각한 손오공은 머리테를 두른 손오공으로 바뀌고('손오공'), 섹스는 주사와 착각을 일으키고('처녀 시대'), 질과 동굴이 등치되고('죽 쑤어서 개 준 사람'), 동정 同情 은 동정 童貞 과 혼동되고('차와 동정'), 손무와 오자서의 얘기('손자병 군'), 놀부와 흥부의 얘기('흥부 놀부'), 마카로니 웨스턴 영화('마카로니 웨스턴'), 크로코다일 던디의 얘기 등이 착란의 소재가 된다. < 서울 손자 병법 >의 주인공들은 이 언어의 착란 속에 자신의 소망이 무너지는 체험을 한다.

< 서울 손자 병법 >의 제목은 의미 심장하다. (본래의) < 손자 병법 >은 전략적 행위의 세계이다. 타자를 대상화하고, 타자의 행위를 예측하고, 법칙화하고, 그에 따라 최대의 영토를 얻으려는 전쟁의 기술이다. 그 원리는 사람의 정서까지 전략적으로 고려하는 간교한 지혜라고 할 수 있다. 그러나 < 서울 손자 병법 >의 세계에서는 계속해서 이 탁월한 전쟁의 지혜를 모범으로 한 행위가 착란에 의해서 조롱받는다. 이 착란은 사실 백일몽의 속성이며, 이 착란으로 인해서 전략

적 지침은 무효가 된다. 광기와 착란이 합리적 기획, 첫째로는 황홀한 성교를 얻으려는 시도를, 둘째로는 부를 얻으려는 합리적 기획을 무너뜨리고, 착란과 근린 관계에 있는 웃음을 끌어들이는 것이다.

이 좌절의 양식은 < 서울 손자 병법 >이 시대의 인륜성으로 회귀하는 모습이다. 외설을 벗어나지만 동시에 '성인의 도'를 가르치지도 않으면서, 인륜의 모습으로 회귀한다. 남성의 불안, '시든 성기'는 현실화된다. 그것이 현실이기 때문이고, 잘 정돈된 자본제 기업 속의 샐러리 맨의 생애는 포악하고 나른한 백일몽을 가져오지만 그들은 시종 일관 조롱받으며 현실로 되돌려 보내진다. 여기서 우리가 완고한 현실 순응주의를 재발견하고, < 서울 손자 병법 >의 세계의 보수성을 비난해서는 안 된다. < 서울 손자 병법 >의 백일몽 자체가 보수적이지 않는가. 그러므로 혁명적이지도 않는 욕망을 좌절시키는 것에 보수성은 없다.

단지 < 서울 손자 병법 >의 주인공들은 처음으로 돌아갈 뿐이다. < 서울 손자 병법 >에 드러나는 남자 샐러리 맨의 공포는 한 희작에 의해서 언제나 완화된다. 이 완화의 기제를 통해서 공포는 웃음으로 바뀐다. (사실, 보들레르가 얘기했듯이 웃음에는 언제나 공포와 죽음이 스며 있게 마련이다.) 이 완화를 위해서 남자와 여자 사이의 역할 전도가 일어나, 여자 가정 파괴범에게 남성이 강간당하고, 강간당한 여자를 호스테스로 변모시킨다. 정력에 대한 공포는 언제나 여자의 불만으로만 나타나고, 남성의 자기 공포는 직접 드러나지 않는다. 웃음이 공포를 완화하고, 상처를 치유하고 있지만, 그러나 언제나 역설적으로 그 공포는 조롱받는다. "왜 너는 두려워하느냐?"라고 되묻고 있는 것이다. 여성의 자신에 대한 관대함 속에서 남성들은 범속한 관용을 다짐하도록 순치된다. 또 다른 공포의 요소, 즉 건강하고 정상적인 성에 위협적인 것에 대한 공포도 남성과 여성의 역할 전도, 외국인에 대한 국수주의의 기제 속에서 완화되는 경향을 보인다. 요약하건대, < 서울 손자 병법 >은 샐러리 맨의 나른한 백일몽을 비웃고 깨뜨려서, 성적 공포를 완화한다. 쉴새없는 웃음 속에서 꿈은 깨지고, 공포는 멀리 뒤로 밀려난다.

7.

< 서울 손자 병법 >의 세계는 착란과 도착의 세계이다. 거기에선 언제나 주인공의 합리적 기획은 실패한다. 거기엔 만족과 행복이 증발해 버리고, '중심화된 성기'인 남근의 커다란 그림자만이 드리워져 있다. 그들은 사랑과 우회를 모르기 때문에 오히려 욕망의 대상, 바로 그 옆의 대상으로 귀착되고 만다.

그러나 성감대란 무엇인가? 대상을 열망하는 신체가 아닌가? 세계를 향해 열려 있고, 행복의 기억이 보존되어 있는, 육체 위에 산포되어 있는 지점들이 아닌? 성감대와 사회적으로 고착된 성기의 존재와는 다르다. 성욕과 에로스에는 간극이 있다. 사랑이 되살아나는 것은 바로 거기, 성욕에서 에로스로의 이행에 있다.

< 서울 손자 병법 >은 모든 우울한 섹스 속에서도 사회의 외부에 보존된 행복의 기억을 놀랍게 현시한다. < 서울 손자 병법 >의 세계에서 유일하게 가능했던 행복, 행복한 섹스는 정신 병자의 세계에서였다. '누가 우리 보고 정신 병자래?'의 두 정신 병자는 착란을 모르며, 합리적 기획이 없다. 그들은 욕망이 직접 대상으로 향하고, 성기에 고착되어 있지 않다. 그들은 남자가 여자의 귓속에 손가락을 넣고 간질이는 조용한 율동 속에서 갈등 없는 열반으로 곱게 들리워진다. 참다운 행복의 이 유일한 이미지가 < 서울 손자 병법 >의 세계에서는 정신 병자라고 조롱당하지만, 그들은 다시 세상을 착란이 들끓고 있는 정신 병원으로 고발한다. 이 사회의 외부에서 행복이 가능하다. 성감대는 신체의 모든 부분에서 일어나 입을 열고 아름다운 화음을 이루는 것이다. 그들은 공포를 모르고, 꿈을 꾸지도 않는다. 따라서 공포

의 완화를 필요치 않고, 꿈이 깨질 필요도 없다. < 서울 손자 병법 >
의 탁월함은 자신의 외부를 알고 있는 텍스트의 성숙성이다.

8.

얼마나 하고 싶은 얘기를 한 것인가. 한희작을 들먹이며 슬
며시 뒤로 물러선 '나'라는 화자, 이 도피할 수 없는 연동자 *shifter* 는
욕망하는 것을 이루었는가. 범속한 성의 얘기를, 그 난잡하고 불경스러
운 성의 얘기를 글쓰기의 평면으로, '진지한 발화'의 영역으로 이행시
켰고, 한 텍스트의 분석을 우리 문화의 한 단면에 대한 증거 자료로
온전히 '진지한 발화'의 법정에 올려놓았는가.

물어 보자. "독자 여러분, 그런 것 같습니까?"

대중 문화에서의 반복: 이현세와 허영만의 만화에 나타난

죽음과 사랑의 두 가지 양상

이현세의 < 공포의 외인 구단 >에서 마지막 장면.

나의 여자는 죽음 반 사랑 반이다.
나의 남자도 사랑 반 죽음 반이다.
죽음이 없으면 사랑이 없고,
사랑이 없으면 죽음이 없다.
― 김수영

1.

움베르토 에코 U. Eco 는 지금까지의 대중 문화 연구 중에서 대중 문화에서 반복이 차지하는 역할을 가장 잘 분석하고 있는 자신의 < 혁신과 반복 ― 대중 문화의 미학 Innovation and Repetition: Between Modern and Postmodern Aesthetics >이라는 글에서, 아직도 우리가 예술과 대중 문화의 매체에서 반복이 차지하는 역할에 대해 아는 것이 별로 없음을 역설적으로 지적하고 있다. 그는 자신의 논문의 끝 부분에서, 고급 예술을 대중 예술과 구별해 주는 '정보의 잉여성 배제'와 '혁신'이라는 두 가지 기준을 단지 퍼스적인 '명상의 유희'를 통해 전복시켜 버린다. "아리스토텔레스 Aristoteles 의 ≪ 시학 Poetica ≫을 재검토해 보면 희랍의 비극의 모형이 하나의 연속성을 띤다고 말할 수 있다. 스타지리트[1]의 인용구에서, 우리는 그가 알고 있던 비극이 지금까지 전해 오는 것보다 더 많은 숫자였고 그들은 한결같이 하나의 고정된 틀을 (변형시킴으로써) 따랐다는 것을 알게 된다. [……] 우리가 알고 있는 것보다 많은 숫자의 비극이 있었다면, 이들이 고정된 틀을 (변형을 곁들이면서) 따랐다면, 오늘날 우리가 그 작품을 한꺼번에 읽을 수 있다면, 무슨 일이 벌어질까? [……] 아마도 우리가 절대적인 창안물이라고 생각하는 작품에서 희랍인들은 하나의 틀 위에서의 정확한 '변형'만을

---

1) Stagirite, 아리스토텔레스의 별명. ― 옮긴이

보았을 것이다. [······] A. D. 3000년의 한 사회에서, 우리의 문화적 산물 전체에서 90%가 파괴되고 TV 시리즈 중에서 콜롬보 형사 시리즈 중에서 1회분만 남았다고 상상해 보자. 어떻게 우리가 이 작품을 '읽을' 것인가? 보잘것 없는 한 인간이 악한 권력과 자본의 폭력과 WASP[2]에 의해 지배되고 있는, 부유하지만 인종 차별이 심한 사회와 투쟁하는 독창적인 모습에 감동받을 것인가? 산업화된 미국의 도시 풍경을 이렇게 효과적으로 강렬하게, 강하게 표현한 것에 놀랄 것인가?"[3]

물론 에코의 질문은 답변이 불가능하다. 역사는 동일한 실험을 불가능하게 한다. 그것은 쓰러진 레닌 N. Lenin 의 동상에서뿐만 아니라, 미학적인 사건에서도 그러하다. 다만 우리는, 최초의(물론 남아 있는 것 중에서) 미학적 기획인 아리스토텔레스의 ≪시학≫이 대중 미학이라는 에코의 주장 속에서, 대중 예술의 미학을 써 나간 에코 자신과 아리스토텔레스 간의 심원한 동일시의 흔적이 어른거리고 있음을 느낄 뿐이다. 우리는 이러한 동일시를 좀 덜 가지고 우리 문화에서 이러한 반복의 현상을 추적해 보자. 반복은 일어나고 있는가? 무엇이 반복되고 있는가? 그 반복된 것의 의미는 무엇인가? 반복 자체의 의미는 무엇인가? 이 글에서 우리는 대중 문화에서의 반복을 이현세와 허영만의 만화를 통해서 살펴보고자 한다. 물론 이러한 작업은 대중 문화 전체에서의 반복을 고찰하는 필요 조건일지언정 충분 조건은 아니다. 다만 이들의 만화를 살펴봄으로써 에코의 논의의 적실성을 검토하고, 거기에 몇 가지 가설을 첨가해 보려고 하는 것이다. 이러한 작업이 다른 대중 문화의 연구를 향한 상상력을 자극한다면 그것은 더할 나위 없는 일일 것이다.

---

2) White Anglo Saxon Protestant. ― 옮긴이
3) 에코, <혁신과 반복―대중 문화의 미학>, <예술 비평> 가을호, 서울: 서울신문사, 1987, pp.286~7.

2.

반복과 관련하여 우리는 몇 가지를 더 분명히 해야 할 필요가 있다. 우선 반복은 반복되지 않는 한 알 수 없는 현상이다. 이 점은 의도된 반복이든 의도되지 않은 반복이든, 은밀한 반복이든 명시적인 반복이든 마찬가지다. 이 점은 두 번째 장면이 없는 한 원초 장면을 이해할 수 없다는 정신분석학의 논의를 통해서 잘 알려져 있는 사실이다. 뒤팽이 잃어버린 편지를 찾기 위해서는 왕비와 왕의 관계 말고도 장관과 경찰의 관계에 대한 이해가 필요한 것과 마찬가지로,[4] 이현세의 < 공포의 외인 구단 >의 구조를 이해하기 위해서는 < 까치의 둥지 >가 필요하며, 허영만의 < 카멜레온의 시 >를 이해하기 위해서는 < 허슬러 >가 필요한 것이다.

그러나 대중 문화에서의 반복은 성찬식처럼 반드시 동일한 것의 강박적 반복으로 이루어지는 것은 아니다. 대중 문화에서 반복은 반복의 흔적을 지우고자 한다. 부분을 변화시킴으로써 전체를 변화시키는 것(평범한 블라우스에 새로운 브로치를 다는 것)은 패션의 원칙만은 아니다. 새롭지 않는 한, 새로운 것으로 자신을 현시하지 않는 한, 반복은 소비되지 않는다. 그러므로 대중 문화에서의 반복은 곧 변형이라고 할 수 있다. 그렇지만 대중 문화에서 변형 자체는 반복에 의존하지 않고는 불가능하며, 인식의 수준에서도 < 공포의 외인 구단 >의 까치와 동탁 같은 인물에 대한 사전적인 이해 없이 < 제왕 >의 까치와 동탁의 기능 변화는 변형으로 인식되지 않는다. 대중 문화에서의 반복은 자신이 반복하고 있는 것을 이용한다.

이러한 고찰은 곧바로 생산에서의 반복이 반복적 소비와 관련되는 지점을 보여 준다. 변형을 통한 반복은 일정한 소비 형태를 전제하는 것이다. 문화 생산물이 상품이 되는 사회에서는 문화 생산물

---

4) J. Lacan, "Seminar on the Purloined Letter," Yale French Studies vol. 48, 1972.

역시 번번이 자신을 갱신해야 할 필요를 구매자와의 관련 속에서 느끼기 때문이다. 상품의 '목숨을 건 공중 제비'는 반복이 반복의 흔적을 지우거나, 그것을 패러디화하는 능력, 자신이 반복하는 것을 착취하는 능력에 기반한다. 그리고 이러한 공중 제비는 다른 한쪽 끝에서 손을 건네 맞잡아 주는 반복적 소비를 전제한다. 우리는 지하철이나 만화 가게에서 이러한 반복적 소비의 양상을 쉽게 관찰할 수 있다. 이러한 반복적 소비는 통근이라는 반복적 생활 구조와 연관되어 있거나, 더 깊게는 학교 교문 앞에서 팔던 < 소년조선일보 >, 또는 떡볶이와 오뎅을 팔던 어린 시절 학교 근처나 동네 만화 가게에서의 체험과 관련을 맺고 있다. 그리고 < 각시탈 >이 < 무당 거미 >의 강토를 거쳐 < 벽 >의 신석기가 되고, < 푸른 능금 >의 까치가 < 공포의 외인구단 >을 지나 < 일리아드, 오딧세이 >의 청년으로 성장하는 체험, 그리고 그들과 더불어 나이를 먹어 가는 체험과 관련되어 있다.

　　　　이러한 반복적 소비가 향유하는 것은 무엇인가? 즉각적인 답변은 이런 것이 될 것이다. 만화는 꿈이다. 그것은 무한히 공상적일 수 있으며, 그런 까닭에 우리는 만화의 거짓된 초월 속에서 삶의 고통을 쉽사리 넘어서는 대리 충족과 카타르시스를 향유하는 것이다. 만화가 그나마 현실과의 거짓된 화해에 빠지지 않을 때 그것은 '소설적 진실'을 유지하는 긍정성을 확보하는 것이고, 거짓된 화해에 빠지게 될 때 만화는 '낭만적 허위'에 빠지는 것이다. 그러나 이러한 답변에는 약간 의심스러운 측면이 있다. 그것은 만화가 가진 매체적인 특성이 매우 약한 동일시만을 가능하게 한다는 점과 관련된 것이다. 만화의 이러한 성격은 만화를 영화와 비교해 보면 금세 드러난다. 만화는 (물론 영화의 모든 프레임을 펼쳐 놓은 것은 아니지만) 마치 영화를 구성하는 여러 개의 화면을 하나의 평면 위에 펼쳐 놓은 것과 같은 양상을 지닌다. 이러한 전달 방식은 두 가지를 의미한다. 하나는 만화가 영화와는 달리 인간의 시선을 화면 안으로 흡수할 수 없고, 따라서 만화는 자체의 픽션적인 성격을 항상 노출시키고 있다는 점이다. 달리 말하면 만화는 자신이 픽션임을 거의 불가피하게 자각하고 있는 장르라고 할 수 있다. 그렇기 때문에 만화는 어떤 다른 문화 생산물보다도 쉽게 비사실적인 것, 공상적인 것으로 이해되는 것이다. 다른 하나는 만화의 이러한 성격이 소비자의 능동적 참여를 요구한다는 점이다. 즉 만화를 통하여 독자에게는 "그 그림이 지닌 움직임의 장까지를 같이 포괄하여 알 수 있을 것이 요구"[5]된다는 것이다. 그러나 여기서 '요구'라는 말은 대단히 모호한 말이다. 컷과 컷 사이의 간극을 메우고, 말 풍선을 환청으로 자각하는 독해 관행을 형성할 수 있는 능력이 만화 내부에 내면화되어 있는지, 아니면 그것이 시지각의 작동 방식과 관련하여 인간학적으로 확보되는 것인지를 우리는 아직 잘 모르고 있으며, 만화의 컷이 지니고 있는 시간성의 (한 만화 내에서, 각 만화에서, 그리고 만화가 간의) 다양한 차원을 고려할 때, 그러한 다양성에 직면하여 이러한 독자의 수용이 어떤 약호 체계를 근거로 하여 가능해지는지도 우리는 잘 모르고 있다. 만화의 영역에는 아직도 해명되지 않는 것이 너무나 많다. 그리고 이런 문제에 대한 추가적인 설명이 제시되지 않는 한 반복적 소비의 근거가 만화라는, 황홀한 꿈의 매력이라는 주장은 유보되어야 한다.

그러나 이와는 달리 즉각적으로 우리가 승인할 수 있는 다른 반복적 소비의 근거가 있다. 그것은 현대 사회의 시간 체험으로부터 나오는 것이다. 엘리아데 Eliade 에 의해 이미 명료하게 밝혀진 바 있듯이, 인간의 삶은 한때 신화의 지평 안에서 구성되었고, 그것의 가장 두드러진 체험 구조는 신화적 시간과 공간이 주기적으로 생의 구조 안으로 관입해 들어온다는 점이다. 달력 안에 지금도 구조화되어 있는 시작과 종말, 그리고 갱신은 절대적 새로움이 없는 동일한 것의 반복 속에서의 새로움이다. 이러한 새로움 속에서 우리는 삶의 치욕과 과오

---

5) 정준영, < 시대와 꿈꾸기 >, < 사상 문예 운동 > 가을호, 서울: 풀빛, 1991, p.176.

를 씻고 죄 없는 어린 시절을 회복하였으며, 전범을 모방하며 살 수 있었다. 그러나 시공간의 체험은 우리 시대의 경우 급진적으로 변혁되었다. 경험 공간과 기대 지평은 분화되고, 절대적인 새로움의 경험만이 우리 앞에 놓여 있다. 이러한 체험 구조의 변동은 급속한 사회 변동이 야기하는 새로운 시간 리듬으로부터 나온다. 현대의 허무한 시간 속에서 우리가 처하는 고통은 우리의 정체성 자체가 항상 새로운 상황 속에서 위협받게 된다는 것이다. 정체성 자체가 시간적인 계기 속에서도 유지되는 동일성이라는 점에서, 거기에는 일종의 반복의 계기가 들어 있다. 그러므로 계속적인 충격을 생산하는 현대성은 자아에 위협적이라고 할 수 있다. 자아는 충격과 대응하며 힘겹게 자신을 방어하고 재규정해야 한다. 이러한 충격에 대한 방어 기제의 일종이 대중 문화의 반복 구조이다. 만화 역시 이러한 반복의 리듬 안에 있다. 에코가 말한 것을 다시 한 번 옮긴다면, 우리는 항상 (탐정 소설 속의) 새로운 죽음 앞에서도 에큐르 포와로의 콧수염과 그의 초콜릿차를 마시는 습관을 향유함으로써, 시간을 길들이고 충격을 방어하는 것이다. 즉 반복된 잉여 정보를 향유하는 것이다. 반복적인 아가다 크리스티 A. Christie 의 소설 읽기는 우리에게 추리 소설의 묘미 말고도 포와로라는 친구를 제공해 주는 것이다. 친구, 낯익음, 이것이야말로 반복이고 충격 방어인 것이다. 우리가 만화 속에서 소비하는 것도 이와 같은 측면을 가지고 있다. 언제나 이야기는 다르다. 그러나 까치와 엄지, 그리고 이강토는 그런 다른 이야기 속에서도 동일한 얼굴, 비교적 동일한 성격으로 우리에게 다가오는 것이다. 우리의 반복적 소비는 이러한 동일한 것에 대한 요구라고 할 수 있다. 그러나 그것이 시간의 가속화가 열어 놓은 텅 빈 영토에 과거의 잔해를 끌어당기려는 노력은 아닐까?

3.

그러나 대중 문화에서의 반복은 반복 자체가 지닌 기능, 즉 현대 사회의 체험 구조에 대한 기능적 보완물의 소비와 연관되어 있는 것만은 아닐 것이다. 거기에는 또 다른 형태의 반복이 들어 있을 것이다. 반복은 이야기의 구조라는 수준에서도 작용하는 것이다. 이야기의 구조 안에 내면화되어 있는, 이야기의 특정한 분할과 접합 구조 속에서도 동일하게 유지되고 반복되는 테마들이다. 여기서 우리의 관심을 끄는 것은 이현세와 허영만의 만화를 통해서 드러나는 사랑과 죽음의 특수한 양상, 사랑과 사랑의 내면에서 일렁거리고 있는 죽음의 문제이다. 이 테마의 반복적 출현에 대해서 우리가 관심을 갖는 이유는 이 테마가 그들의 모든 작품에서 항상 등장하는 것은 아니지만, 상당히 많은 작품을 통해서 등장하는 테마이며, 이 테마가 이야기 공간 전체의 윤곽을 형성하는 힘으로 작용하기 때문이다. 사랑은 일종의 광기여서, 그것이 주체의 내면에서 흘러 넘치는 샘인지, 대상으로부터 뿜어 나오는 빛인지, 그도 저도 아니고 주체와 대상 사이에 펼쳐진 긴장감 넘치는 공간인지 알 수 없는 것이다. 사랑이 지닌 속성, 무엇보다 사랑이 주체에게 일종의 인식 불가능한 영토에 속한다는 사실이 우리의 사랑에 대한 끝없는 탐색의 이유가 된다. 사랑이 내포하고 있는 과잉과 탕진, 위험이 상징적 질서 안에서 정지되는 순간까지, 아니면 죽음을 통해 정지되는 순간까지 사랑은 주체들 사이를 우연성이라는 유령이 되어 빙빙 돈다. 대중 문화는 이렇게 실체 없이 휘적거리며 우리들 사이를 지나가고 우리에게 예리한 상처를 남기는 사랑을 자신 안에서 다시 다뤄 본다. 훨씬 더 강렬하고 순도 높게.

먼저 이현세의 사랑, 강하고 여린 사랑을 살펴보자. 이현세의 작품을 통해서 일관되게 나타나는 사랑과 관련된 테마는 적어도 세가지가 있다. 종말론적 사랑, 사랑의 신화와 힘의 신화 간의 길항, 화해에의 희망 / 좌절. 이현세에게 있어서 사랑은 신화적인 모습을 지닌

다. 물론 사랑은 신화이다. 사막을 걸어가는 것과 같은 지리멸렬한 일상 속에서 그래도 사랑은 우리 모두에게 일종의 만나와 같은 것이다. 그러나 이현세의 만화에서 사랑은 그 말의 '강한 의미에서' 신화적이다. 그것은 우리를 살게 하는 것 자체가 된다. < 공포의 외인 구단 >의 까치가 살아 나가는 이유는 무엇인가? 그가 왜 야구를 하는가? 그것은 엄지가 원하기 때문이다. 왜 엄지가 원하는 대로 하는가? 엄지가 기뻐하기 때문이다. 사랑은 욕구를 욕구하는 것이다. 사랑이 행복한 것이기 위해서는 사랑하는 사람이 자신을 사랑해 주어야 한다. 그럴 때만 사랑은 환한 원환이 된다. 그런 원환 속에서만 사랑은 '문갑을 닫을 때 뚜껑이 딱 들어맞는 딸각 소리'와 같은 상징적 교환일 수 있으며, 그 교환을 통해 나선형으로 상승해 갈 수 있는 것이다. 이러한 나선형의 상승을 위해서는 사랑하는 사람에게 사랑스러워 보이기 위한 노력이 요구된다. "난 네가 기뻐하는 일이라면 무엇이든지 할 수 있어"라는 말 가운데 들어 있는 것은 죽음만이 휴식을 가져다 줄 수 있는, 사랑에 대한 끊임없는 탐욕, 죽음도 불사할 수 있게 하는 사랑의 매혹이다. 누구나 사랑이 이러한 위험을 가지고 있다는 것을 안다. 그리고 죽음을 피하기 위해서 사랑도 피한다. 그러나 까치에게는 왜 이런 기이하고 맹목적인 사랑, 종말론적인 사랑이 가능한가? 그것이 가능한 조건, 아주 은밀하게만 드러나는 조건은 바로 모성 부재라는 사건이다. 이모성 부재가 까치의 영혼에 추정할 수 없는 구멍을 뚫어 놓은 것이며, 그 곳을 불어 가는 바람이 현실과 심한 기압 차이를 유발하는 것이다. 이 모성의 모습은 < 까치 독사 >, < 까치 살모사 >에 이르러서만 뚜렷하게 주제화될 뿐, 늘 불분명한 모습으로 드러난다. 까치가 번번이 처하게 되는 고아라는 상황(< 지옥의 링 >), 어머니 없는 결손 가정의 아이라는 상황, 무능하고 포악하고 주정뱅이지만 순박한 아버지, 아버지를 버린 어머니의 상황은 단순히 가족사적인 불운, 어두운 과거에서 그치는 사건이 아니다. 그것은 작품 전체를 구조화하는 힘으로 작용한다. 물론 여러 작품을 통해 까치가 처해 있는 이러한 상황은 언뜻 보기에는 대단히 다양한 상황으로 보인다. 그러나 그것은 주어진 현실, 또는 실제적인 다양성이 아니라 특정한 심적 구조가 생산해 내는 환상 *fantasy* 이라고 할 수 있다. 어머니에 대한 미움(아버지를 버린 어머니)과 어머니에 대한 향수, 그리고 어머니에 대한 죄의식(< 까치 살모사 >), 아버지가 되지 못하는 좌절은 모두 동일한 기원을 가진 것이며, 동일한 기원의 운동인 것이다. 그레마스 Greimas 적인 의미에서 사랑의 기호학적 사변형은 사랑, 냉담(사랑의 부정), 증오(사랑의 역), 혐오(사랑의 부정의 역)라고 할 수 있다. 프로이트의 < 본능과 그것의 운명 Instincts and Their Vicissitudes >의 설명에 따르자면, 사랑은 본능의 우회와 반대물로의 역전을 통해 나머지 세 가지 모두로 변형할 수 있다.[6] 어머니의 상실은 어머니에 대한 다양한 이미지를 불러들인다. 어머니의 대치물을 찾으려는 노력, 자신의 상실에 대한 부끄러움이 낳은 은폐, 자신을 버린 어머니에 대한 증오, 어머니를 떠나게(혹은 죽게) 만든 자신에 대한 미움, 부성에 대한 혐오, 아버지에 대한 연민, 자신을 부성으로 고양하는 것에 대한 두려움과 갈망……. 사랑의 변형은 네 가지 축을 중심으로 상이한 대상을 포섭함에 따라, 무한히 변형한다. 전 前 오이디푸스 Oedipus 적인 이 결핍은 상징적인 질서를 통해 안정화되어야 할 내용을 가지고 있지 않다. 그는 상징적인 질서에 진입하기 위해서도 사랑을 찾아 헤맨다. 어머니의 부재가 야기하는 어머니에 대한 환상은 파편적이고 은밀한 것이 되지만, 그것은 한 여성에 대한 미칠 것 같은 사랑으로 양각되고, 동시에 여성 일반에 대한 혐오로 음각된다. 그리고 세계에 대한 냉담함으로 전형된다. 엄지가 지닌 절대적인 의미는 엄지가 까치에게 보여 주는 작은 친절과 따스함이 정신적 식욕 부진 속에서 말라 죽어 갈 인간을 삶으로 옮겨 놓았기 때문이다. 사랑 없음이 죽음이다. 그래서 사랑은 죽음에서 인간을 건지지만, 사랑의 상실은 인

---

6) S. Freud, "Instinct and Their Vicissitude," The Standard Edition of the Complete Psychological Works of Sigmund Freud, London: The Hogarth Press, 1960.

간을 보다 힘차게 죽음으로 밀어붙이는 것이다. 따라서 사랑을 죽음과 맞바꾸는 것은 이상할 것이 없다.

그러나 무엇이 우리의 사랑을 가로막고, 우리를 죽음 가까이 끌고 가는가? 현실이다. 현실이 사랑에 방해받는 것과 마찬가지로 현실은 사랑을 방해한다. 두 가지 길이 있다. 사랑이 현실 — 그것이 지리멸렬한 일상이든, 강한 외적 방해이든 — 에 의해서 훼손받는 것을 두려워하여 함께 정사 情死 하는 것이다. 그러나 이현세는 이러한 해결책을 찾지 않는다. 사랑의 신화, 지순하고 상처받고 외로워짐에도 불구하고 집요하게 유지되는 사랑을 가능하게 하기 위해, 그는 힘의 신화를 끌어들인다. 강해지는 것, 이기는 것, "네가 원하는 것이면 무엇이든지 할 수 있는 힘"을 가지는 것, 이것만이 사랑을 유지할 수 있는 힘이 된다. 그것은 이현세의 사랑이 비대칭적이기 때문이다. 한편은 대상을 더할 나위 없이 사랑하지만, 그 대상은 미친 듯이 사랑을 하기에 너무 범속한 인간이거나, 이미 다른 사람을 사랑하고 있거나, 여러 가지 면모에서 자신보다 나은 남자로부터 구애를 받고 있는 여성이기 때문이다. 때로 민족주의 같은 허황한 이데올로기로까지 고양되고, 관용까지 갖춘 힘의 윤리까지 설파되지만, 힘에 대한 지향은 사랑이 차단되고 어려워질수록 신화의 수준으로까지 솟아오른다. 물론 이현세의 주인공은 이러한 힘의 신화를 이룩할 수 있는 선천적 자질을 상당한 정도로 이미 가지고 있지만, 그럼에도 불구하고 그것은 상당히 고통스러운 대가를 필요로 하는 것이다. 때로는 일시적이지만, 사랑을 포기해야 할 정도의 대가를 말이다. 지옥도의 훈련을 받는 < 공포의 외인 구단 >의 까치나, < 제왕 >의 마동탁이나, 온갖 배신의 추악함 속에서도 챔피언이 되려다 링에서 죽어 가는 < 지옥의 링 >의 까치나 모두 이러한 모습을 보여 준다. 때로 이현세는 이러한 힘의 신화를 사랑과의 연관에서 벗어나 자립적으로 추구하고 형상화하는 경우도 있다. 그러나 어떤 경우이든지 힘의 신화는 패배한다. 힘의 신화를 가능하게 하는 기반이 되는 것은 엄밀한 계산과 자기 관리, 때로는 사랑조차 외면해

야 하는 힘 자체의 철저함이다. 이 힘의 논리는 사랑 역시 대결해야
할 현실의 일부로 삼게 되며, 그래도 모자라 죽음을 감행하는 데 이르
게 된다. 사랑은 힘을 통해서도 죽음을 다시 불러들이는 것이다. 힘이
스스로를 성취하는 경우에도, 사랑은 자신의 상실을 통해 힘을 패배시
킨다. 힘의 신화는 사랑의 신화에 의해서 패배당하는 것이다. "전승 좋
아하네, 엄지를 얻을 수 없다면, 그까짓 게 무슨 소용이 있어"라는 까
치의 말에서 범례적으로 드러나는 것은 사랑을 얻기 위해 신화로까지
고양된 힘이 사랑을 얻을 수 없게 만들며, 힘과 사랑이 배리 관계에
놓이는 한 힘은 무의미의 나락으로 떨어져 버린다는 것을 의미한다.

　　　그러나 힘이 무의미해지고, 사랑의 상실이 죽음을 불러들인
순간에 이르러 사랑은 성취된다. 화해에의 비전은 결코 이현세에게서
포기되지 않는다. 죽은 까치와 엄지의 사랑(< 까치의 둥지 >), 죽음에
이르러 잠시 빛을 얻은 사랑(< 지옥의 링 >), 미친 엄지와 눈먼 까치의
만남(< 공포의 외인 구단 >), 정신 병원의 담벼락을 한없이 엄지라는 이
름으로 메우는 까치(< 선착순 >)……. 비록 세속적인 행복은 아니지만,
화해는 이루어진다. 사랑의 그 집요함으로 인해, 그것이 불가능해지고
완전히 절망적으로 되는 순간에 사랑은 다시 획득된다. 그러나 그것은
진정한 의미에서 화해가 아니다. 그 이유는 화해의 지평이 피안이나
죽음의 문턱이라는 이유에서가 아니라 맹목적인 욕망의 자기 함몰에
대한 연민에 지나지 않기 때문이고, 잘못된 출발, 불안정하고 병리적으
로 시작된 욕망의 폐쇄적인 자기 회로에서는 전혀 벗어나 있지 않기
때문이다. 진정한 화해란 무엇인가? 그것은 욕망에 대한 자기 이해와
순화와 승화, 욕망 자체의 화해가 아닌가? 그러나 이러한 화해는 주체
의 고양된 자기 능력만으로는 성취되기 어려운 것이다. 주체는 처음부
터 그런 능력의 결여체로 주어져 있기 때문이다. 거기에는 사회적 원
조가 필요하다. 그 이유는 주체의 능력 결여가 사회적 결핍으로부터
생겨나기 때문이다. 이현세는 사회를 주체에 대한 일종의 근본적인 장
애로 설정한다. 주체는 죽음을 피할 수 없다. 주체는 때로 사회에의 적

응을 시도하지만, 그것은 항상 거절된다(< 지옥의 링 >의 까치는 서울에 오자마자 사회 내의 행복의 기반인 돈을 모두 소매치기당하고 만다). 다만 < 외토리 >와 같은 어린이 만화에서만, 그리고 반복적인 작품 생산에서의 파격과 변형을 위해서만(< 거인 >) 주체를, 결핍이 야기하는 사랑의 소용돌이 안에서 죽음에 이르지 않도록 도와 주는 사회적 원조를 설정해 주는 것이다.

4.

허영만의 만화는 이현세와는 전혀 다른 사랑의 모습을 보여 준다. 따라서 죽음도 다른 양상을 보여 준다. < 카멜레온의 시 >를 분기점으로 성인 만화로 진입하는 허영만의 만화는 이 만화를 통하여, 그리고 그 이후의 여러 작품을 통하여 사랑의 문제를 그의 만화의 본격적인 주제로 삼는다. 사랑을 결여의 문제와 연관 짓고, 한 주체의 영혼에서 울렁거리는 모습으로 다루는 이현세와는 달리, 허영만은 사랑을 일종의 상호 주관적인 유희로 다룬다. 그 이유는 허영만이 사랑의 문제를 어머니의 부재로부터 다루지 않고, 순수하게 여성 그 자체를 문제삼기 때문이다. 자신이 누구를 사랑하고 있는가, 그 대상이 자신을 사랑하고 있는가 하는 문제에 대해 이현세 만화의 주인공들은 깊은 회의를 기울이지 않는다. 그러나 허영만의 주인공들에게는 이런 문제들부터가 혼동스러운 것이다. 이현세의 여성이나 허영만의 여성이나 범속한 가치들인 부와 명성과 안락을 추구하기는 마찬가지다. 그러나 이현세의 여성은 이러한 가치를 하나의 성격으로 육화하는 반면, 허영만의 여성은 본질이나 성격을 가지고 있지 않다. 허영만의 여성은 남성에게 일종의 '재현 불가능'의 존재로 나타난다. 허영만의 여성은 아무런 따뜻함도 보여 주지 않지만 독한 향기로 우리를 휩싼다. 허영만의 '장미'는 아름답고 얇은 피부 껍질일 뿐, 그 아래에는 아무것도 없는 존재이다. 그녀는 순수한 내면이 아니라, 순수한 내면이 없음이다(< 장미 하나 사랑 둘 >). 그녀는 강토가 거의 손에 넣었다고 여길 때, 덧없이 손가락 사이를 빠져 나가는 존재이다. 그녀는 날 사랑하는가? (보들레르의 < 악의 꽃 *La Fleur du Mal* > 중의 하나인) < 금간 종 *La Cloche fêlé* > 의 강토는 그것이 늘 의심스럽고, 그런 의심으로부터 끝내 벗어나지 못한다.

그러나 이러한 재현 불가능성, 순수한 불투명성으로서의 여성의 체험의 반대쪽에는 항상 여자를 우습게 여기면서 여성을 다루는 강토의 모습이 있다. 예를 들어 < 벽 >의 신석기는 한번의 눈길, 한 마디의 말로 여성의 사랑을 손쉽게 얻고, 그들의 옷을 손쉽게 벗겨 버린다. 이러한 모습은 < 허슬러 대 허슬러 >에서도 나타난다. 그는 여성을 쉽게 유혹하고, 몸 달게 하고, 이윽고 그녀를 가진다. 여성은 순수한 투명성으로 나타나는 것이다. 허영만의 만화에서의 섹스는 열렬한 온도가 아니라 가려진 것 없는 몸, 벗겨진 대상의 투과, 더 이상의 비밀 없음에 대한 지표인 것이다.

이러한 대칭성이 의미하는 것은 무엇일까? 그것은 두 개의 내면 없음과 투명성 / 불투명성의 동시성이다. 사랑은 내면 없는 두 주체와 그들의 투명성과 불투명성의 상호 교차이다. 다시 말해 그것은 상호 주관적인 유희인 것이다. 타자의 혼이 유리 속처럼 맑고 분명해질수록 자신의 내면은 무한한 불투명성으로 변화되고, 자신의 내면이 분명한 욕망으로 넘실거릴 때, 타자의 혼은 어두운 장막 너머로 숨어 버린다. 이러한 상호 주관성의 미망은 프로이트가 ≪ 농담과 그것의 무의식과의 관계 *The Jokes and Their Relation to the Unconscious* ≫라는 책에서 회의적 농담 *spkeptical joke* 이라고 명명한 농담의 예와 같은 것이다. "두 명의 유태인이 갈리시아에 있는 역의 기차 안에서 만났다. '당신은 어디로 가는 중입니까?' 하고 한 유태인이 물었다. '크라카우로 갑니다' 하고 다른 한 사람이 대답을 하였다. 그러나 질문을 했던 유태인은 '이런 거짓말쟁이!' 하고 소리를 지르며, '당신은 크라카우로 간다고 말하지만, 당신은 내가 당신이 렘베르크로 간다고 믿기를 바라고 있습니다. 그러나 나는 당신이 정말로 크라카우로 간다는 것을 알고 있습니다. 당신은 왜 나에게 거짓말을 하십니까?' 하고 말했다."[7] 이러한 농담을 극히 짤막하게, 마치 다루고 싶지만 다룰 수 없는 불편한 심정인 양 다루고 있는 프로이트는 다음과 같은 의미 심장한 질문을 덧붙이는 정도에서 분석을 마무리한다. "우리의 말을 듣는 사람이 우리가 하는 말을 어떻게 이해할지 심각하게 고려하지 않는다면, 사물을 있는 그대로 묘사한다고 해서 그것이 진실일까?"[8] 비록 프로이트의 분석은 간략하고 모호하지만, 이러한 프로이트의 말을 통해서 우리는 진실이 상호 주관성의 그물망 외부에서 존립할 수 없다는 점을 알 수 있다. 진실이 상호 주관성의 그물망 안에 의존한다는 것은 상호 주관성의 그물망이 진실과 허위 모두를 생산한다는 것을 의미한다. 허영만의 주인공들은 이러한 상황에 처해 있는 것이다. 그리고 이러한 상황 속에서 진실을 갈망하는 주체와 상호 주관성 자체에 착목하는 주체로의 양분이 나타난다. 전자는 타자의 불투명성 앞에서 신음하는 주체이다. 그것은 마치 눈동자 앞에 선 체험이다. 사랑하는 대상이 무엇을 바라보는지를 알기 위해 그(녀)의 눈동자를 들여다볼 때, 우리가 발견하는 것은 들여다보는 우리 자신이다. 그럴 때, 즉 사랑이 마치 눈동자처럼 반사하는 깊은 어둠이 되는 순간, 무엇이 사랑을 얻을 수 있게 하는가? 무엇이 그녀의 몸 깊숙이 자신을 밀어넣는 것, 미칠 것 같은 목마름으로 자신의 시선과 몸짓을 해독해야 하는 해석학의 악무한 속에 상대를 가두는 것을 가능하게 하는가? 해결책은 분명하다. 매혹으로 자신을 유지하는, 조장된 자기 불투명성을 형성하는 것(선글라스를 쓴 허영만의 주인공은 이러한 불투명성의 형상화이다), 상대의 주관적 상태와 자신을 일치시켜

---

7) S. Freud, *The Jokes and Their Relation to the Unconscious*, The Standard Edition of the Complete Psychological Works of Sigmund Freud vol. 8, London: The Hogarth Press, 1960, p.115.

8) 같은 책.

보는 것이다(< 카멜레온의 시 >). 이러한 사실을 깨달은 후자는 상호 주관성을 유희의 대상으로 삼는다. 이 때 사랑은 자아 내부의 욕망이기를 그치고, 욕망은 상호 주관성 자체를 지향한다. 우리는 어린 시절 홀짝 게임을 통해 이미 이러한 사실을 알고 있다. 주먹으로 감싸여 은폐되어 있는 구슬알의 홀 / 짝을 알아맞히기 위해서는 그 불투명성을 응시하는 것이 아니라, 타자를 예측하는 나를 예측하는 타자의 주관성에 자신을 일치시켜 내야 한다는 것을!

　　　사랑은 이제 게임이 된다. 게임이 된다는 것은 상호 주관성의 일치가 화해와 행복의 수레로 사용되지 않고, 상호 주관성의 비대칭성(투명성과 불투명성의 비대칭)을 형성하는 수단으로 이용된다는 것을 의미한다. 남는 것은 자신이 이러한 상호 주관적인 유희에서 항상 이길 수 있는가 하는 반복적인 실험뿐이다. 이 유희는 확실히 즐거운 것이다. 그러나 더 능란한 주관성을 만나지 않는 한, 이 유희의 효용은 한계 효용 체감의 법칙을 따른다. 기껏해야 이러한 도박의 판돈이 불투명하지 않고, 따라서 아무런 비밀이 없는 밋밋한 육체에 지나지 않는다면, 유희는 다만 권태로울 뿐이다. 권태 속의 인간이 바랄 수 있는 것은 그 권태에서 벗어날 수 있는 새로운 충격 체험뿐이다. 허영만의 만화 속에서 이러한 게임의 모티브는 사랑과 연관 아래에 있을 뿐 아니라 자립적인 형태로 확대된다. 게임 자체에의 몰두, 게임이 빚어 내는 비애에의 탐사가 이뤄진다. 당구(< 허슬러 >), 화투(< 48+1 >), 신석기의 사랑과 사업(< 벽 >) 등 게임의 모티브는 다양한 방식으로 확장된다. 그러나 이것들은 모두 게임이라는 동일한 모형을 따르고 있다. 그리고 어느 경우에도 이러한 게임은 다른 것의 수단이 되지 않는다. 게임에서의 승리가 가져다 주는 것, 설령 그것이 일생을 먹고 살 수 있는 돈이라고 하더라도 게임 자체에 비하면 부차적인 것일 뿐이다. (신석기의 주색 행각 끝의 사업에의 몰두는 사업에서의 성공이 사랑을 얻기 위한 수단이 되는 이현세와는 사뭇 다르다. 그는 단지 족벌로 운영되는 재벌 기업 내의 가족 관계를 게임의 장으로 삼을 뿐이다. 이런 점은 첩의 자식인 그가 원한의 심리를 가지고 있지 않다는 점에서 박봉성의 최강타와도 다르다.) 그러나 예측 불능의 승부가 주는 긴장이 사라지게 되면, 그것은 권태로운 것이다. 이 권태는 죽음을 끌어들인다. 죽음은 최후의 재현 불가능성, 마지막 불투명성으로 등장한다. 그리하여 권태는 죽음을 도박의 판돈으로 끌어들인다. 게임에 이기는 것이 가져다 주는 수익의 전부는 죽지 않고 새로운 게임으로 나아갈 수 있는 기회가 주어진다는 것뿐이다. < 허슬러 >의 겐지가 보여 주는 극도의 허무와 공포는 권태를 넘어서기 위해서 죽음을 판돈으로 삼는 자의 심리이다. 텅 빈 자아의 공허, 게임 없이는 완전히 무의미해지고 무관심해지는 삶 앞에서 허영만의 주인공은 보들레르적인 절규에 빠진다. "눈 사태여! 나도 또한 너와 함께 휩쓸어 가지 않으려나."

5.

지금까지 우리는 이현세와 허영만의 만화를 형성하는(물론 필자가 생각하기에) 중요한 테마인 사랑과 죽음의 구조화된 양상, 그리고 이 두 사람 사이의 차이를 살펴보았다. 즉각 이 불충분한 분석에 대해 많은 이의가 제기될 수 있을 것이다. 먼저 분석이 이들의 모든 작품을 대상으로 삼고 있지 않다는 사실이 문제시될 것이다. 이현세의 비교적 최근 작품인 < 아마겟돈 >이나 < 일리아드, 오딧세이 >, < 며느리밥풀꽃에 대한 보고서 >, < 블루 엔젤 >, < 두목 >, < 픽치기 > 같은 작품들, 그리고 허영만의 < 블랙홀 >, < 초감각 전쟁 >, < 벌레구멍 >, < 라틴 아메리카 1990 > 같은 작품과 특히 그의 대표작 < 오! 한강 > 같은 것은 분석의 시야에서 은밀히 제거되었다. 물론 이러한 작품을 구조화하고 있는 사타니즘, 묵시론적 공포, SF적인 측면, 마약과 범죄 문제, 한 마디로 우리의 주변에서 우리를 죄어들어오는 공포, 위험에 대한 만화적 형상화는 매우 홍미로운 요소들이다. 서로 상이한 방식이지만, 이러한 테마를 우리 시대의 정상급 만화가 두 사람이 모두 자신의 만화에서 다루고 있다는 점은 몹시 흥미로운 점이다. 그러나 이를 위해서는 또 다른 분석이 필요할 것이다. 다음으로 테마 비평적인 방법이 늘 그렇듯이 이 글의 분석 역시 개별적인 작품의 특수성에 충분히 주목하지 못한 것이 문제점으로 제기될 수 있다. 그러나 만화 비평의 영역에도 작품론의 등장은 그리 멀지 않는 일이라 여겨지며, 이 글은 그런 보다 정치한 분석을 위한 예비 고찰의 수준으로서만 의의를 가질 것이다. 그럼에도 불구하고 이 글에서 이뤄진 분석의 제한성이 분명하다는 것은 두말 할 필요가 없다.

그러나 이것을 기초로 최초의 테마, '반복'으로 돌아가 보자. 우리는 반복의 문제를 반복의 다양한 유형들, 예컨대 상호 텍스트성, 재촬영, 시리즈 따위를 추적하는 에코의 논의와는 달리 '동일한 테마의 변형된 반복적 출현'이라는 반복의 또 다른 수준을 고찰하고자 하였다. 이러한 이유에서 우리는 이현세와 허영만의 만화에 나타난 사랑과 죽음의 반복적 출현을 살펴본 것이다. 그리고 우리는 거기서 사랑과 죽음의 상이한 양상, 즉 결핍의 테마와 재현 불가능의 테마, 그리고 그러한 테마를 구성하는 하위 테마의 상호 연관을 살펴보았다. 이러한 테마의 반복은 거의 무의식적인 반복 강박의 형태로 출현하고 있는 것처럼 보인다. 왜일까? 그리고 이러한 테마의 반복에 대한 반복적 소비의 사용 가치는 무엇일까? 죽음을 야기할 만큼 위험한 사랑, 그리고 죽음으로 인도하는 주관성 사이에 놓인 심연에 대한 반복적 소비는 무엇을 의미하는 것일까? 그리고 이 상이한 죽음과 사랑에 대한 형상화가 모두 동일한 소비자에게 소비될 수 있는 것일까? 왜 이런 주제가 약속과 약속 사이의 공백, 목적지에 이르는 것이 확보되어 있는, 그래서 하릴없는 지하철과 기차와 시외 버스 속의 사람을 사로잡는 것일까? 그것은 물론 물어 보기 전에는, 아니 물어 봐도 알 수 없는 것이다. 단지 지금 가능한 것은 생산자의 분석과 소비자의 분석의 간극을 상품 자체에 대한 분석으로 일부 메워 보는 것이다. 그것은 위험의 소비로 명명

될 수 있다. 그것은 일종의 비대칭적인 소비이다. 다시 말해 죽지 않고 사랑할 수 있는 사람들, 그리고 죽음을 비켜 가기 위해서 사랑을 버린 사람들, 그래서 만화를 볼 수 있는 사람들, 상호 주관성의 늪에 빠지지 않는 사람들이 농도 깊은 욕망의 운명을 만화 속에서 살피는 것이다. 만화는 사회의 경계 너머로 추방된 위험을, 그 뇌관을 제거하여 삶 속으로 반송해 오는 장치인 것이다. 그래서 위험의 소비는 오히려 안도일 수 있다.

< 드라큘라 >와 현대의 집합적 무의식

1.

< 드라큘라 *Dracula* >는 흥행에 실패하였다. 우리 나라에서의 흥행의 실패는 차치하고라도 미국에서조차 흥행에 실패하였다. 영화의 제작 단계에서는 아마도 프랜시스 코폴라에 대한 사라지지 않은 신뢰나 영화사의 홍보 등의 영향이겠지만, 상당한 기대를 모았던 < 드라큘라 >는 막상 극장에서 상연되자 실망으로 바뀌었다. 왜일까? 이 흥미로운 비대칭성의 원인은 무엇일까? 우리는 이러한 영화의 흥행 자체를 설명해 볼 수는 없는 것일까? 어떤 영화는 상업적으로 성공하고, 어떤 영화는 실패하는 것일까? 영화 제작자에게나 초미의 관심사일 이런 질문을 굳이 우리가 던져 볼 필요가 있는 것일까? 대중의 변덕에 대해 설명을 시도하는 것은 어리석은 것은 아닐까? 아니, 영화의 상업적 성공과 실패는 대중의 변덕의 소산일 뿐이라고 하면서 질문 자체를 폐기하는 것이 오히려 대중에 대한 무지를 대중에 대한 경멸로 바꿈으로써 자신을 위로하려는 태도는 아닐까? 나는 흥행에 대해서 생각해 보는 것이 뜻하지 않게 대중의 집합적 무의식에 대한 통찰을 제공해 줄 수 있다고 생각한다. 이런 가설이 옳다면 그것은 던져 볼 만한 질문일 수 있을 것이다.

흥행의 실패 이전에 그것이 제작 단계에서 주목받게 된 이유에 대해서 다시 한 번 질문을 던져 보자. < 드라큘라 >가 1990년대에 코폴라라는 이미 영화사에서 한자리를 굳힌 감독에 의해서 제작된 이유는 무엇일까? 왜 코폴라가 < 드라큘라 >를 제작한다는 것이 대중의 흥미를 끌었던 것일까? 코폴라가 공포 영화라는 마이너 장르에 손을 댔다는 사실 자체가 흥미를 유발한 것일까? 그래서 그에 의해 공포 영화가 새로운 수준에 이르게 되지 않을까 하는 기대감이 생겨난 것일까? 이런 추측은 그리 설득력 있는 견해가 아니다. 이미 스탠리 큐브릭 S. Kubrick 같은 감독이 < 샤이닝 *The Shining* >을 제작한 것에서 보듯이 대가급 감독에 의한 공포 영화의 제작이 새로운 사실도 아니며,

← < 드라큘라 >

< 양들의 침묵 *Silence of the Lambs* >이 끌어안은 여러 개의 아카데미 상에서 보듯이 할리우드가 공포 영화를 더 이상 마이너 장르로 생각하고 있지도 않다. 우리는 다소 우회를 하더라도 보다 나은 설명을 추구할 필요가 있다. 이 우회의 과정은 공포 영화 일반의 이해에도 나름대로 도움이 될 것이다. 나는 먼저 (1) 왜 공포 영화가 대중의 소비 대상이 되는 것일까에 대해서, 다음으로는 (2) 공포의 대상이 역사적으로 보편적인 것이 아니라 문화적 문맥 안에서 형성된다는 것에 대해서 논의하고 싶다. 이런 기초적인 논의가 코폴라의 < 드라큘라 >가 처한 문화적 문맥을 드러내 줄 것이다.

2.

공포 영화는 대표적인 대중 오락 영화이다. 이 말은 생각하기에 따라서는 당혹스러운 측면이 있다. 왜냐하면 우리의 상식에 의하면 우리는 불쾌한 것을 피하고 유쾌한 것을 추구하며, 공포는 불쾌한 것이기 때문이다. 그렇다면 공포 영화가 대중적일 가능성은 전혀 없는 것이다. 그런데도 공포 영화가 대중을 끌어들인다면, 설명은 먼저 우리가 꼭 유쾌한 것만을 추구하는 것은 아니라고 봐야 하거나, 공포물이 실은 공포스럽지 않고 유쾌하다고 볼 수 있다는 전제를 필요로 한다. 사지가 난자당하는 장면을 본다거나 썩은 시체가 일어서는 것을 보는 것이 우리에게 유쾌하거나 그러한 것의 등장이 실은 최종적인 괴물과 공포의 추방을 위한 과정적인 것에 지나지 않는 것으로 여겨져야 한다. 후자의 설명은 한계가 있는데, 괴물과 공포의 소멸이라는 최종적 결론으로 나아가는 길 자체는 언제나 공포스럽기 때문이다. 사람들이 공포의 종언을 위해서 공포를 감내한다는 것은 수상쩍은 설명이다. 우리는 오히려 사람들이 기꺼이 공포를 감내하고자 한다는 것에 대해서 생각해 봐야 한다. 설명은 공포의 종언이 아니라 오히려 공포의 감내라는 단어에 주어져야 한다. 공포의 감내 속에서 우리는 자신에게 소원한 것들을 견뎌 내는 자기 확증의 도상에 있는 것이며, 공포의 종언은 우리가 공포에 끝없이 함몰되지 않는다는 사실의 최종적 귀결일 뿐이다. 공포 영화의 대중성은 안전한 공포에서 온다. 그 모든 공포가 영상일 뿐이라는 최종적 안도 속에서만 사람들은 공포의 감내에 들어서기 때문이다. 현실적 공포는 감내가 유지될 수 있는 가능성 자체가 불확실하다. 현실 안에서는 우리가 죽을 수도 있으며, 그런 경우에는 공포도 공포의 감내도 불가능하다. 이것은 우리가 공포 영화 이전에 우리가 일상적 경험 속에서 수행하고 있는 것이며, 모든 유희의 출발점이라고 볼 수 있다. 유희는 단순히 비트겐슈타인적 언어 게임을 화용론적으로 학습하는 과정만은 아니다. 아니, 그 학습이 이해되지 않는 경험의 쇄도를 방어하는 반복적 학습인 한, 그 내부에는 공포의 극복이라는 동기가 들어 있다.

그렇다면 우리는 어떤 공포를 극복하고자 하는 것일까? 여기에서 우리는 공포가 역사적으로 특수한 문화적 문맥 안에서 구조화된 것이라는 점에 접근할 필요가 있다. 이 말의 의미를 이해하기 위해서 나는 공포를 구성하는 경험을 둘로 나누고 싶다. 하나는 상황의 공포이고, 다른 하나는 소재의 공포이다.

1) **상황의 공포**. 상황의 공포는 공포 영화의 기본 문법에 속하는 것이다. 그것은 잘 해명되어 있지만 조금은 복잡한 영화의 시각 구조와 관련된 것으로 영화가 강요하는 관객의 특수한 시각 구조와 그것에서 비롯하는 동일시 구조에서 비롯되는 것이다. 영화는 몇 가지 시선이 교차하는 장이며, 그 교차가 특수한 동일시의 효과를 낳는다. 영화를 구성하는 시선은 카메라의 시선, 관객의 시선, 영화 내의 인물의 시선이다. 카메라의 시선은 영화의 서사적 진행을 주도하는 시선이다. 영화 내의 인물의 시선은 일반적으로 자유롭게 이동한다. 그는 영화 내의 다른 사람을 쳐다볼 수도 있고, 영화를 보는 우리를 바라볼 수도 있다. 관객의 시선은 등 뒤에서 영사되고 있는 카메라의 시선과

동일한 곳, 즉 스크린을 바라보는 시선이다. 여기서 우리는 영화가 카메라의 눈과 관객의 눈의 일치를 강요한다는 점을 알 수 있다. 이 강요로 인해 사람들은 영화의 서사적 구조를 쉽게 흡수할 수 있다. 즉 카메라와 관객 간에 시각적 동일시가 구조적으로 발생하는 것이다. 그런데 카메라는 서사적 시각뿐 아니라 영화 내의 인물의 시각도 취할수 있다. 이 경우에 우리는 카메라의 시점 선택으로 인해 주인공과 시각적 동일시에 빠진다. 그런데 관객의 이런 시각적 동일시는 심리적 동일시와는 다른 것이다. 관객은 영상이 제시하는 인물 속에서 자신의 이중체 double, 이상적 자아 ideal-ego 를 발견하고, 그것에 현혹된다. 즉 상상적 동일시에 빠지는 것이다. 물론 그러한 현혹 역시 영화의 시각적 서사적 운동과 관련된 것이지만, 단순한 시각적 동일시와는 다르다. 쉽게 말해서, 관객은 영화가 제시하는 이상적 존재, 어떤 주인공을 좋아하고 자신과 동일시한다. 공포의 발생은 이런 상황의 특수한 조합에서 얻어진다. 카메라가 괴물의 시선을 선택하고, 따라서 관객이 자신의 시각을 괴물의 시선과 일치시킨 상태에서 관객이 희생자 victim 와 심리적 동일시에 있을 때 공포감이 생기는 것이다. 상황의 공포의 핵심은 관객이 괴물의 시선을 취함으로써 괴물의 공격 목표를 인지하는데, 관객이 상상적으로 동일시하는 희생자는 그 상황을 알지 못한다는 점이다. 즉 시각적 동일시와 상상적 동일시의 비대칭성이라는 구조가 공포를 형성하는 것이다. 관객은 이 비대칭성 속에서 자신의 지와 이중체의 무지라는 혼동 속에 들어가는 것이다. 공포는 이 혼동 자체인 것이다. 그런데 우리는 이러한 공포 영화의 일반적 문법에서 공포의 역사적 문화적 문맥을 읽을 수는 없다. 공포의 문화적 문맥은 소재의 공포로부터 주어진다.

2) 소재의 공포. 무엇이 무서운 것이 되는가? 시각의 복합적 구조 이외의 무엇이 우리에게 무서운 것이 되는가? 우리는 이런 문제에 대한 고전적 설명을 알고 있는데, 그것은 프로이트가 "무시무시한 것(the uncanny; das Unheimliche)"이라는 논술에서 전개한 것이다.[1] 프로이트

의 논술은 대단히 복합적인 것이지만, 그 핵심은 '무시무시한 것'이라는 뜻의 *das Unheimliche* 라는 독일어가 가진 특수한 성격에 대한 해석이다. *das Unheimliche* 는 '익숙한'을 의미하는 *heimlich* 라는 말에 *un* 이라는 부정어가 붙어서 이뤄진 것이다. 프로이트에 의하면 이 때 *un* 은 억압을 의미한다. 따라서 무시무시한 것이란 익숙한 것 *das heimliche* 이 억압을 거쳐 재등장한다는 것이다. 우리는 너무 정교한 자동 인형에 갑자기 놀랄 때가 있는데, 그것은 인형이 갑자기 우리가 인형과는 무관한 것으로 억압한 간질 같은 동작, 광인의 몸짓 같은 것을 상기시키기 때문이다. 영화를 예로 든다면 < 요람을 흔드는 손 *The Hand that Rocks the Cradle* >이나 < 퍼시픽 하이츠 *Pacific Heights* >를 들 수 있다. 보모와 세든 사람은 모두 친밀한 존재여야 한다는 것이 문화적 문맥이다. 그러나 그 친밀함은 사실 그렇지 않을 수 있다는 것을 억압함으로써 구성된다. 그들은 아이를 담보로 우리를 공격하거나, 집을 빼앗으려는 자일 수도 있다. 그러므로 무시무시한 것은 익숙함에서 억압했던 것이 귀환해 오는 것이라고 할 수 있다. 그런데 우리는 여기서 프로이트가 그리 주목하고 있지 않는 중요한 사실 하나를 주목할 필요가 있다. 그것은 그 억압된 익숙함의 상태는 불안으로서 존재하며, 그것의 귀환이 불안을 공포로 전환시킨다는 것이다. 불안의 공포로의 전환은 불안을 극복하는 중요한 기제 중의 하나이다. 앞에서 이야기했던 대중의 공포의 감내 밑에 놓여 있는 핵심적인 기제는 이러한 불안의 공포로의 전환이다. 불안은 이겨 낼 수 없는 것이다. 그것은 부재하는 힘이기 때문이다. 따라서 우리는 공포 영화가 이미 존재하는 불안을 공포로 전환시키는 기제라는 점, 그러한 전환 때문에 사람들이 공포 영화를 보는 것이라는 점, 그리고 그러한 불안의 역사적 문화적 문맥의 변

---

1) S. Freud, "The Uncanny," in The Standard Edition of the Complete Psychological Works of Sigmund Freud vol. 17, tr. under the General Editorship of J. Strachey, London: The Hogarth Press, 1957.

형을 통해서 공포 영화의 역사적 문화적 문맥에 접근할 수 있다는 점을 알 수 있다. 그렇게 볼 때 우리는 < 미스터 굿바를 찾아서 *Looking for Mr. Goodbar* >의 다이안 키튼 D. Keaton 의 갑작스런 살해의 밑에서 여성의 성적 해방에 대한 불안을 읽을 수 있고, < 오멘 *The Omen* >이나 < 엑소시스트 *The Exorcist* >의 어린 괴물이 거둔 성공과 낙태 논쟁의 동시성에 착목할 수 있고, < 캐리 *Carrie* >에서 청소년의 비행과 약물 중독이라는 사회 문제의 반향을 감지할 수 있는 것이다.

3.

그렇다면 1990년대에 < 드라큘라 >를 제작하는 코폴라와 그런 사실에 대해서 흥분하는 대중의 기대에는 ≪ 드라큘라 ≫의 의미론적 장이 코폴라와 대중 모두를 관류하는 역사적으로 특정한 집합적 무의식에 닿아 있기 때문이라고 봐야 할 것이다. 그렇다면 그 무의식은 무엇인가? 드라큘라를 둘러싼 불안은 무엇인가? 단적으로 말해 그것은 AIDS가 분비하는 집합적 불안이다. 아직까지는 AIDS가 별로 창궐하지 않아서 그것에 대한 불안이 만연해 있지 않은 우리에게 확실히 AIDS는 그렇게 큰 공포가 아니다. (아마 이 점이 우리 나라에서 < 드라큘라 >와 < 필라델피아 *Philadelphia* >의 흥행 실패를 설명해 주는 요인일 것이다.) 그러나 미국에서의 AIDS는 그렇지 않다. AIDS가 등장하기 이전에 미국은 기대 수명의 상승으로 인해 죽음이 멀리 뒤로 밀려난 사회여서 삶의 문제는 늙지 않는 것, 주름을 없애는 것, 암과 동맥 경화를 막기 위해서 온갖 다이어트를 하는 것뿐이었다. 죽음은 사회와 가정에서 추방되어 병원 안에 유폐되었으며, 미국인들은 시신을 성형하면서까지 죽음이 상기시키는 부패의 두려움과 혐오를 없애려고 한다. < 죽어야 사는 여자 >는 이런 사회에 대한 날카로운 풍자이다. (그리고 이런 관습이 없는 우리에게 이 영화가 재미 없는 것은 당연하고, 이런 삼류 코미디로 보이는 영화에 그렇게 유명 배우가 많이 출현하는 것조차 이해할 수 없다.) 죽음은 이제 자동차 사고와 총상으로만 등장한다. 이런 폭력적인 죽음만이 젊어서 죽은 죽음인 것이다. 제임스 딘 J. Dean 이 문화적 상징이 되는 것은 가장 아름다운 젊은이의 덧없는 죽음을 상징하는 것이 바로 자동차 사고이기 때문이다. AIDS의 등장은 이러한 한 사회의 죽음에 대한 표상의 근본적 변형이다. "내 친구 폴이 어제 죽었어. 벌써 올해 들어 다섯 명째야." 또는 "내 친구 마이클이 죽었어. 그의 애인은 지난 가을에 AIDS로 죽었지."[2] 이것이 미국인들이 AIDS에서 느끼는 공포이다. 그리고 그것은 요절의 미학과는 무관한 비극, 오명을 뒤집어쓴 죽음이다. AIDS의 공포는 당연히 동성 연애자에 대한 문화적 박해를 야기하며, 섹스 파트너에 대한 의심을 야기한다. 왜냐하면 AIDS는 잠복기가 무척이나 길 수도 있기 때문이다. 그가 7~8년 전에 AIDS 보균자와 섹스를 하지 않았다는 보장을 누가 할 수 있단 말인가? 주삿바늘을 든 강도가 생겨나고, 절망 속에서 다른 사람을 죽음에 동반하려는 환자가 생겨났다. 수혈은 무서운 것이 되었고, 헌혈은 공격적인 행위가 되었으며, 사람들은 자기 자신의 혈액을 병원에 저장하게 되었다. 심지어 다른 사람의 입이 닿은 포도주잔이 두려워 성찬식을 거부하는 신자가 생겨났다. 섹스를 위생 처리함으로써 사람들을 성적으로 해방시켰던 의학은 이제 무력감에 빠졌고, 모든 성적 해방의 슬로건은 침묵하게 되었고, 성적 친밀성은 깨졌으며, 문화적, 정치적 보수주의의 물결을 불러들이고 레이건은 재선을 위해 AIDS를 들먹였다. 88 올림픽 때 무료로 배포된 콘돔을 상기해 보라.

　　이런 불안의 시대에 빅토리아 조 朝 의 성적 억압과 끝끝내 분출되고야 마는 억압된 성의 귀환에 대한 두려움과 매독의 공포에 시달리던 세기 말 영국에서 등장한 ≪ 드라큘라 ≫를 자기 시대의 문화적 대응물로 선택한 코폴라의 감각은 그것이 충분히 의식적인 것이든 아

---

2) D. Altman, *AIDS and The New Puriturnism*, Pluto Press, 1986, p.1.

니든 예리한 문화적 감수성이라고 할 수 있다. 브램 스토커 B. Stoker의 텍스트나 코폴라의 < 드라큘라 >에서 매독과 AIDS의 흔적을 찾는 것은 그리 어려운 일이 아니다. 드라큘라의 피를 먹은 미나의 "더러워, 더러워. 이제 저이(남편 조나단 하커)를 만지거나 키스할 수도 없어"[3]라는 절규에서 간통한(드라큘라에게는 억제할 수 없는 매력이 있으니까) 여인, 그리고 성병 걸린 여인의 절규를 읽는 것은 조금도 이상한 일이 아니다. 반복해서 현미경에 포착된 부글거리는 피가 등장하는 코폴라의 < 드라큘라 >에서 반 헬싱은 계속해서 여러 종류의 '혈액의 질병'에 대해 거론하고, 동물학 강의실에서 문화와 매독의 공존을 논하고, 드라큘라의 피를 마신 미나에게 "부인은 몹쓸 병에 걸렸소"라고 말한다. 거기서 AIDS를 읽는 것은 결코 무리한 상상력이 아니다. 미국인들은 AIDS가 아프리카에서, 즉 반문명의 대륙에서 문명의 미국으로 침투해 왔다고 거짓말을 한다. 스토커의 ≪ 드라큘라 ≫는 먼 유럽의 야만적 오지 트란실바니아로부터 문명 세계 런던으로 침투한다. 정확한 일치가 아닌가? 그러나 코폴라의 < 드라큘라 >는 흥행에 실패하였다. 그의 예리한 감수성은 대중에 의해서 외면당했다. 그렇다면 코폴라의 작가 의식과 대중의 집합적 무의식의 결별은 과연 어느 지점에서 일어난 것일까?

4.

실패의 원인은 우선 AIDS의 의미론적 장과 드라큘라의 의미론적 장 사이의 상위에서 찾을 수 있다. ≪ 드라큘라 ≫ 안에는 동성애의 문제가 등장하지 않는다. ≪ 드라큘라 ≫에서 감염의 경로는 항상 남성 / 여성의 교차를 통해서 발생하지 동성애를 통한 감염의 경로는

---

3) 브램 스토커, ≪ 드라큘라 ≫, 이세욱 역, 서울: 열린책들, p.467.

등장하지 않는다. 물론 희미한 흔적이 없는 것은 아니다. 스토커의 소설에서 감염된 반 헬싱과 그의 피를 빨아 준 수어드 박사의 관계에서 우리는 아주 희미한 동성애의 흔적을 발견할 수 있다. 그러나 그것은 기사단적 형제애의 두드러진 상징으로 흡수된다. 영화에서도 희미한 동성애가 나타난다. 루시와 미나의 폭풍 치는 밤의 동성애적인 모습이 그것이다. 그러나 그것 역시 드라큘라의 상륙이 야기한 성적 욕망의 분출로 묘사되지 독립적인 상징은 아니다. 드라큘라가 AIDS의 상징으로서 등장하는 데는 의미론적 한계가 있는 것이다. 그러나 이 점은 그리 큰 약점이 아니다. 코폴라가 스토커의 텍스트를 상당히 자유롭게 변형시켰다는 점을 고려한다면, 영화 < 드라큘라 >가 동성애를 포섭하기 위해서 ≪드라큘라≫를 변형시키는 것은 그리 어려운 일은 아니었다고 봐야 할 것이다.

보다 심각한 실패의 원인은 코폴라가 스토커의 탁월한 고딕 소설을 한편으로는 스토커에게는 낯선 20세기적 감수성으로 포르노화하고, 한편으로 스토커보다 더 19세기적인 감수성에 기대어 낭만주의적인 것으로 변형시킨다.

1) 포르노화. 억압된 성의 분출, 여성의 소름 끼치는 관능을 방어하는 데 온 힘을 기울이는 스토커의 소설을 코폴라는 20세기적 감수성으로 변형시킨다. 성을 억압의 전복자로 격상시키는 것이다. 정숙하지는 않아도 순진하고 아름다운 스토커의 루시는 코폴라에게서는 성적인 열정에 사로잡힌 천박한 여자로 격하된다. 그녀는 드라큘라에 사로잡히기 전에도 남자를 유혹하며, 드라큘라에게 사로잡힌 후에는 온통 젖가슴을 드러내며 성적 욕망과 오르가슴에 잠긴다. 그래서 반 헬싱은 "루시는 선의의 피해자가 아니다"라고 선고한다. 그리고 반 헬싱이 찬미한 여성 중의 여성 미나도 조금은 덜해도 마찬가지의 열정에 사로잡힌다. 그녀는 버튼 경의 ≪아라비안 나이트 *Arabian Nights* ≫를 읽으며 성적인 백일몽에 사로잡히고, 최음 효과를 가졌다며 백작이 권하는 쑥술을 마시는 여자로 변형하는 것이다. 드라큘라의 등장이 야기

하는 런던 전체의 홍분 상태에 대한 묘사도 그렇다. 드라큘라의 출현은 모든 억압된 것의 쇄도로 묘사된다. 정신 병원에서는 랜필드뿐 아니라 모든 정신 병자들이 홍분하고, 동물원의 야수들이 울부짖고, 수어드 박사는 루시를 외치며 자신의 팔에 약(아마도 마약)을 주사하며 성적 홍분에 빠지고, 미나와 루시는 동성애적인 열정에 빠진다. 반 헬싱조차 예외는 아니다. 그는 드라큘라의 성에서 미나의 유혹에 빠진다. 성은 모든 사람의 정체성을 갈아엎는 것이다. 그러나 이런 코폴라의 전복적 성은 변형의 다른 한 축인 낭만주의화에 의해서 억압된다.

2) 낭만주의화. 코폴라는 독자적으로 드라큘라의 계보학을 연구한 것일까? 그는 드라큘라의 기원에 대해 새로운 설명을 제시한다. 그리하여 코폴라의 < 드라큘라 >는 문명을 위협하는 위험한 안타고니스트에서 저주를 자청한 사랑의 프로타고니스트가 된다. 자살자를 구원하지 않는 기독교가 아내 엘리자베스에게 내린 저주로 인해 격분하여 신에게 대항한 드라큘라는 '시간의 강'을 건너 환생한 엘리자베스, 미나를 찾아 런던으로 온다. 런던의 거리에서 미나를 만나는 드라큘라의 묘사부터가 그렇다. 그는 싱싱한 피가 차고 넘치는 대도시 런던에 온 것이 아니다. 단지 아름다운 아내에게 전생을 일깨우기 위해서 온다. '여성의 심장에 남성의 지성을 지닌' 모든 여성의 모범 미나는 오지에 간 약혼자를 두고 불륜의 감정에 빠지는 운명적 사랑의 노예가 된다. 따라서 텍스트는 분열된다. 사랑을 찾아오는 드라큘라에게 랜필드가 지배자, 주인님이 영생을 주러 온다고 외치는 것은 자가 당착일 뿐이다. 그는 어둠의 지배자로서 오는 것이 아니니 말이다. 이러한 텍스트의 변형은 스토커보다 더 그리고 스토커와는 다른 의미에서 19세기적이다. 코폴라의 < 드라큘라 >에서 흡혈의 장면은 언제나 가장 에로틱한 것이 되는데, 이 점은 그가 스토커에게서 어느 정도는 억압된 측면을 더욱 강화시키고, 고양시킨 것이다. 그리하여 코폴라에서 섹스는 죽음과 연결된다. 에로스 *eros* 와 타나토스 *thanatos* 가 융합하고 황홀한 정사 속에서 구원에 이르는 길이 된다. 드라큘라의 가슴에 흐르는

피를 미나가 자청해서 마실 때 드라큘라는 황홀한 오르가슴에 빠져든다. 그것이 사랑하는 미나를 죽음의 침침한 지하실, 육체도 영혼도 없는 저주받은 존재로 만드는 길이기에 몇 번씩 머뭇거리던 드라큘라도 성적 황홀경의 매혹에 이끌려 자기 파괴적 사랑에 뛰어든 미나를 수용한다. 가장 무서운 공포와 융합된 간통은 불길 같은 사랑의 제단으로 변화한다.

그러나 코폴라가 장르 영화의 한계를 뛰어넘고, 기존의 모든 드라큘라 해석을 뒤집는 이 변형이 바로 코폴라의 실패의 장면이다. 그의 지나친 작가 의식 때문일까? 그는 20세기의 집합적 무의식으로부터 비켜 가 버리는 것이다. 과연 그는 19세기를 스토커와는 다른 측면에서 정확히 포착하고 있다. 아리에스 Ariès 가 지적하였듯이 19세기는 '아름다운 죽음'의 시대였다. 죽음과 섹스, 타나토스와 에로스가 융합한 19세기를 코폴라는 드라큘라의 재해석을 통하여 훌륭하게 포착하였다. 그러나 그것은 19세기의 무의식이며, 이미 드라큘라가 등장한 19세기 말에는 퇴조하기 시작한 무의식이다. 푸코가 지적하였듯이 서구는 성에 대한 담론을 발전시키며, 성을 지식 / 권력 / 쾌락의 복합체로 재구성하였다. 푸코가 틀린 것이 있다면 이런 경향을 현대 전체의 경향으로 일반화시킨 것이다. 그래서 프로이트의 위치는 푸코가 지적한 것처럼 그렇게 고백의 기술을 통하여 성을 사냥하는 성 – 장치의 형성자로 환원되지 않는다. 오히려 프로이트는 성 / 죽음의 복합체에서 성 / 삶의 복합체로의 이행기를 점유한다. 그는 에로스와 타나토스라는 거인의 투쟁을 천상의 자장가로 달래려는 무력한 시도를 비웃었다는 점에서 철저히 19세기적 형이상학을 유지하지만, 그는 스스로 그 자장가를 통하여 두 거인의 투쟁을 종식시키는 선두 주자에 속한다.

성 / 삶의 복합체 안에 있는 20세기에서 성은 죽음과의 인연을 끊고 삶과 건강의 담지자가 되었다. 성적 쾌락은 사회의 건강을 유지하는 길이며, 우리는 모두 오르가슴을 얻기 위해서 산다. 오르가슴이 삶의 목표가 되었으며, 우리는 끊임없이 섹시하기 위해서 애쓴다. 섹스는 사회의 외부로 뛰쳐나가는 전복의 담지자가 아니라 건강한 일상의 일부이며, 우리는 모두 그것을 좋아한다고 믿는다. 제한된 에너지를 가진 열기관으로 자신의 신체를 표상하고, 따라서 오르가슴을 에너지의 무분별한 방출로 두려워하던 서구의 19세기 남자들이나 오르가슴은 임신을 가져오기에 간통 중에도 오르가슴을 느끼지 않으려고 애썼던 19세기 여자들은 우리들과는 전혀 다른 인간들이다. 섹스가 지고의 복지 *wellfare* 인 20세기의 삶과 건강과 섹스에 대한 태도가 지닌 힘은 설령 AIDS의 등장이 성 / 삶의 결합을 해체하고 성 / 죽음이라는 과거의 유물을 상기시킨다고 해서 깨진 것은 아니다. AIDS는 성병이기에 수치스러운 것이고, 성과 삶을 결합시킨 20세기에는 다만 무서운 것일 따름이지 그것을 미학화하는 것은 근본적으로 불가능하다. 코폴라는 이 불가능을 의식하지 못한 것 같다. 그의 실패는 바로 그의 시대 착오성에서 비롯한 것이다.

5.

코폴라의 실패는 한 영화의 흥행의 실패라는 단순히 상업적인 사건의 저류에 흐르는 대중의 집합적 무의식에 대한 통찰에 이르게 해 준다. 대중이 변덕스러워서 흥행에 실패하는 것이 아니다. 대중에 대한 무지가 흥행의 실패를 낳는 것이다. < 드라큘라 >에도 미치지 못하는 스필버그의 < 쥬라기 공원 *Jurassic Park* >의 세계적 성공을 생각해 보라. 공룡의 운명이 우리의 운명과 메타포적 관계에 있지 않는 한 그런 성공은 불가능한 것이다.

그러나 나는 코폴라의 실패가 그의 무지에서 연원한다고 해서 그를 멍청이로 비난할 생각은 없다. 오히려 나는 그것을 다행스러운 것으로 생각한다. 그가 만일 성공적으로 대중의 AIDS에 대한 공포를 영화 안에 고스란히 흡수하였다면 그는 큰돈을 벌었겠지만, < 드라

쿨라 >가 함의하는 의미론적 장은 그런 성공과 더불어 **AIDS** 환자나 동성 연애자에게 더욱 가혹한 대중의 태도와 마늘을 준비하듯이 자신의 혈액을 예비하는 이기적 태도만을 고무하였을 것이기 때문이다. 그래서 나는 그의 실패를 찬미한다.

< 피아노 >의 페미니즘

OLLY HUNTER · HARVEY KEITEL · SAM NEILL

CIBY 2000 PRÄSENTIERT
EINE JAN CHAPMAN
PRODUKTION

Das PIANO

EIN FILM VON
JANE CAMPION

GOLDENE PALME
CANNES 1

BEST (ACTRESS)
HOLLY HUNTER

1.

　　제인 켐피온 J. Campion 이라는 무명 감독의 영화가 칸느를 휩쓸고, 아카데미에서까지 각본상과 여우 주연, 조연상을 획득하는 개가를 올렸다. 단지 상만 많이 탄 것이 아니라 흥행에서도 세계적인 성공을 거두었다. 아름답지만 난해한 이 영화가 이토록 성공을 거두었다는 것 자체가 흥미로운 것이지만, 페미니즘이라는 시각에서도 이 영화는 새로운 차원을 열고 있는 것처럼 보인다. 그러나 에이다라는 한 여성의 정체성의 시련을 축으로 하는 이 영화는 무수한 모호성, 이데올로기적 모호성을 동반하고 있다. 텍스트 전체는 영화의 첫머리에서 주인공 에이다를 싣고 오는 배를 둘러싼 안개처럼 침침한 이데올로기적 배경 앞에서 진행된다. 그러므로 이 영화의 검토를 통하여, 그 배경의 안개를 헤집어 봄으로써 우리는 페미니즘의 간단하지 않음을, 페미니즘의 영화적 성공과 더불어 그것의 간단하지 않는 난관을 살펴볼 수 있다.

2.

　　이 영화는 제인 켐피온의 오리지널 각본을 기초로 해서 만들어진 영화이다. 이 점이 사실은 경이롭다. 왜냐하면 켐피온은 자신이 경험하는 세계를 영화화한 것이 아니라 페미니즘의 무대를 19세기로 이전시켰기 때문이다. 19세기 사회사에 정통한 역사가의 면모가 그녀의 소재 선택과 잘 짜여진 플롯에서 드러난다. 그는 19세기 소설가가 쓴 어떤 소설을 영화화한 것이 아니다. 19세기에서 우리는 < 피아노 *The Piano* > 같은 페미니즘 소설을 발견할 수는 없다. 그녀는 20세기의 영화 감독이면서 19세기 사람처럼 이야기를 만들어 낸 것이다. 그리고 그녀의 이야기는 여느 역사 소설보다도 뛰어나다. 그 뛰어남을 이해하기 위해서는 19세기 여성의 상황을 이해해야 할 필요가 있다.

19세기 서구는 여성의 역사에서 가장 가혹한 시기였다. 가부장제의 힘은 어떤 시대보다도 강력하였고, 여성들의 가정으로의 유폐 또한 어떤 시대보다도 엄격하였다. 보바리 부인이 그랬듯이 19세기 여성은 독자적으로 은행 거래를 할 수 없었고, 선거권을 갖지도 못했으며, 19세기 후반까지는 이혼도 금지되어 있었다. 여성의 정치적, 사회적 억압뿐 아니라 성적 억압 또한 그러하였다. ≪ 여자의 일생 Une vie ≫은 어떤 불운한 여성에 대한 이야기가 아니라 19세기 부르주아 여성의 일반적인 모습이었다. 그러나 모든 억압된 것이 그렇듯이 억압된 것은 소거되어 사라지는 것이 아니다. 억압된 것은 여러 가지 모습으로 귀환하였다. 부르주아 남성의 목가적 풍경, 즉 "즐거운 곳에서는 날 오라 하여도 내 쉴 곳은 내 집뿐"이라는 부르주아 남성의 스위트 홈을 소란스럽게 한 여성의 모습은 다양하다. 그 소음에는 피아노 소리도 포함시킬 수 있다. 흔히 그러하듯이 르누아르 Renoir 의 < 피아노 치는 여인 >의 그림을 고즈넉한 저녁의 아름다움으로 보는 것은 우리와 19세기의 거리가 얼마나 먼 것인가를 보여 주는 것일 뿐이다. 피아노 소리를 아름답게만 여기는 것은 문화의 역사적 변형의 결과일 뿐이다. 물론 피아노는 바이올린 같은 악기에 비하면 정숙한 것으로 여겨졌고, 부르주아 여성의 미적 지참금이었다. 그러나 저녁이면 담을 넘어서던 피아노 멜로디에는 19세기 여성의 우울한 고독이 서려 있었던 것이다. 그래서 19세기에는 피아노가 여성의 마리화나로 불렸고, 에드몽 드 공쿠르 Edmond de Goncourt 는 피아노를 자위와 연결시켰던 것이다.[1]

부르주아 남성의 목가적 풍경을 망쳐 놓은 소음 중에 아마도 가장 날카로운 소리, 비명은 아마 살페트리에 병원의 여성 히스테

---

1) P. Ariès and G. Duby (eds.), "A History of Private Life: IV," *From the Fires of Revolution to the Great War,* tr. by A. Goldhammer, Massachussetts: Harvard Univ. Press, 1988. 특히 4부.

리 환자의 절규일 것이다. 샤르코 Charcot 에서 프로이트로 이어지는 무의식의 발견의 출발점을 구성하는 것은 바로 히스테리 여성이다. 피아노 소리로 승화되지 못한 고통이 증후적인 발현이 바로 히스테리이며 그것은 고독이 피아노 건반을 두드리는 것이 아니라 바로 여성의 신체를 쿵쿵 두드려 대는 소리인 것이다. 그러므로 우리는 피아노 소리와 히스테리적 비명 사이를 직선으로 연결할 수 있다.

크리스테바 Kristeva 가 설득력 있게 분석한 바 있듯이 19세기의 성모 숭배와 마리아 몽소 승천 신앙에도 여성의 억압이 깊고 은밀하게 반영되어 있다. 마리아가 누구인가? 그녀는 여성 중의 여성이며, 신의 딸, 신의 아내, 신의 어머니, 즉 여성적 삼위 일체가 아닌가? (이 은밀한 근친 상간의 승화된 찬미?) 당연히 그녀는 남성과 연관된 여성의 삶의 드라마를 신화적으로 형상화한다. 그녀는 동정녀이다. 남성 없이 자신의 아이를 갖는 그녀는 여성의 나르시즘을 강화한다. 그녀는 또한 여왕이다. 그래서 그녀는 여성의 권력 편집증을 충족시킨다. 그리고 마리아는 신조차 인간의 구원을 위해서는 겪어야 하는 죽음의 드라마를 건너뛰어, 죽지 않고 최후의 잠을 자며 심판의 날 승천하는 불멸의 존재이다. 마리아는 죽지 않으며 따라서 부활도 필요 없다. 그리고 그 최후의 잠 속에서 마리아는 자신의 아버지가 된 자신의 아들의 품 안에서 잠자는 소녀가 된다. 다른 시기가 아니라 19세기 중반에 숱한 유럽의 여성들이 현신한 마리아를 보는 기적을 경험한 것은 이런 마리아의 의미론적 자장이 억압된 19세기 여성의 욕망과 여성적 삶의 드라마를 흡수함으로써 생긴 거대한 심리적 사건, 종교적으로 발현된 히스테리인 것이다.[2]

우리는 마지막으로 여기에 여성 해방 운동가를 포함시킬 수 있다. 가장 의식적으로 시대의 문제에 도전한 이 부류의 여성들도 고

---

2) J. Kristeva, "Stabat Mater," in Toril Moi (ed.), *Kristeva Reader*, tr. by S. Roudiez Leon, Basil Blackwell, 1986.

독하기는 마찬가지였다. 최초의 애완 동물 협회를 창설한 것이 독신 여성 해방론자들이라는 것은 그들이 경험한 소통의 결핍을 증언한다. 그들에게 강요된 사회적 편견을 우리는 여성 해방 운동가 위베르티느 오클레르 Hubertine Auclert 에 대한 경찰 보고서에서 읽을 수 있다. "위베르티느 오클레르는 광기와 히스테리로 고통받고 있다고 믿어진다. 이런 질병으로 인해 그녀는 남성과 그녀를 동등한 존재로 여기고, 남성과 계약을 맺어야 한다고 믿게 된 것 같다."

캠피온은 19세기 여성의 고통을 표상하는 이 모든 요소를 자신의 텍스트 안으로 흡수하여 하나의 이야기로 엮어 내고 있다. < 피아노 >의 탁월함은 바로 이 점에 있는 것이다.

3.

< 피아노 >는 무엇보다 에이다 맥그라스의 이야기이며, 그녀의 정체성의 모험으로 구성된다. 그러므로 에이다가 어떤 사람인가 그리고 그녀가 겪는 정체성의 변형 과정은 무엇인가를 살펴볼 필요가 있다. 그녀의 정체는 그리 분명하지 않으며, 끝까지 그 불분명함은 사라지지 않는다. 뉴질랜드라는 새로운 정착지 이전의 사건은 그녀가 상륙하는 장면의 배경처럼 희미한 안개에 싸여 있다. 그녀가 여섯살 때부터 말을 하지 못하였다는 최초의 진술은 그녀가 선천적인 벙어리가 아니라는 것을 의미하며, 영화의 끝 부분에서 말을 회복하는 그녀의 모습에서 우리는 그녀가 말을 못 하게 된 것은 어떤(아마도 프로이트의 '어린 한스 little Hans'나 도라 Dora 처럼 성적인) 트라우마의 소산이라고 추정할 수 있다. 그러나 그 점은 끝내 불분명하다. 그녀는 딸을 가진 여성이다. 그녀는 미망인일까? 에이다가 딸에게 수화로 아버지의 이야기를 들려 주는 장면과 에이다의 딸이 아버지를 묘사하는 장면에서 우리는 에이다의 딸이 아버지에 대해서 가지고 있는 이미지와 아버지와 어

머니의 관계에 대해 알고 있는 이야기는 허구이며 에이다의 환상의 산물임을 알 수 있다. 음악가 선생님과의 사랑과 결혼, 폭풍 속의 아리아와 번개가 빼앗아 간 남편. 그녀는 19세기 낭만주의 문학의 환상을 공유한 것일 뿐이며, 그런 로맨스와 로맨스의 여성적 소비 자체가 그 시대 여성들이 억압적인 남성의 세계에서 충족시킬 수 없는 욕망의 환상적 투사였다.[3] 그러므로 우리는 에이다가 미망인이라기보다는 미혼모라고 추정할 수 있다. 그렇다면 그녀는 벙어리 미혼모이다. 그리고 앞에서도 이야기했듯이 피아노 치는 여성은 부르주아 출신이라는 표시이다. 부르주아 가정의 히스테리 미혼모와 그녀의 배경에 드리워진 새침데기 빅토리아 여왕의 이미지. 그것은 그 시대의 사람들로서는 견딜 수 없는 부조화이다. 따라서 그녀는 아버지에 의해서 중매 결혼을 빙자하여 뉴질랜드로 추방된 것이다.

캠피온은 이 추방의 땅에서 에이다에게 뜻하지 않는 해방의 기회를 제공한다. 그러나 그 해방의 길은 간단하지 않다. 로맨스 추구자인 에이다는 낯선 바닷가에서 마중 나온 사람도 없이 밤을 지새워야 하고, 가지고 온 피아노를 두고 남편을 따라서 거주지로 이동하며, 비 오는 날 금세 찢어질 것 같은 낡은 웨딩 드레스를 입고 배경 그림을 가지고 다니는 사진사 앞에서 결혼 사진을 찍는 것만으로 결혼식을 끝낸다. 아마도 몇 달이 걸렸을 고통스러운 항해를 거쳐 뉴질랜드로 온 에이다가 꿈꾼 것을 짐작하기란 어려운 일이 아니다. "이 세상 밖이라면 어디라도 좋다"는 보들레르의 절규가 로맨스의 추구자 에이다에게 낯선 것은 아니었을 것이다. 그러나 억압의 땅 영국을 떠나 다다른 곳에서 만난 스튜어트는 또 다른 영국에 다름 아니다. 다시 한 번 피아노로의 도피가 불가피해진다. 그러나 이 피아노는 곧 마오리족처럼 문신한 영국인 베인즈의 손에 떨어지고 그녀는 피아노를 매개로 베인즈

---

3) A. Giddens, *The Transformation of Intimacy*, Stanford: Stanford Univ. Press, 1992. 제3장 참조.

와 만나게 된다.

베인즈는 처음에 바닷가에 데려다 달라는 에이다의 집요한 요구에 이기지 못해 그녀와 딸을 바닷가로 데려간다. 거기서 그는 벙어리의 공격적이고 고집센 에이다의 또 다른 면모, 피아노를 치면서 행복하게 웃는 모습을 본다. 황혼 녘까지 계속된 피아노 연주 시간 동안 그는 그녀와 딸의 주변을 말 없이 배회한다. 이 장면이 중요하다. 베인즈는 이 경험을 통해서 그녀를 사랑하게 되고, 그녀를 얻기 위해서는 피아노를 얻어야 한다는 사실도 깨닫는다. 스튜어트와의 협상으로 땅과 피아노를 맞바꾼 그는 에이다에게 게임을 제안한다. 피아노 건반과 그녀를 만지는 것을 교환한다. 보는 사람에 따라서는 이 장면에서 경제적 거래와 매춘을 발견할 수도 있다.

그러나 그 교환의 의미는 보다 복잡하다. 우선 피아노의 기능에 대해서 다시 생각해 봐야 한다. 피아노와 에이다의 관계는 이중적이다. 피아노는 에이다의 유폐된 고독을 풀어헤치는 표현 수단이다. 그러나 동시에 그녀에게 피아노는 그 고독을 타자와의 소통 속에서 해소시킬 수 있는 다른 방법의 모색을 방해한다. 그녀는 피아노가 있는 한 일상의 잡사를 운영하기 위한 것을 넘어서는 친밀성의 소통에 들어갈 필요가 없고, 따라서 들어갈 수도 없다. 그러므로 교환의 의미는 경제적 거래나 매춘이 아니라 고독과 에로티즘의 교환으로 이해해야 한다. 베인즈는 빅토리아 조의 겹겹이 둘러싸인 치마를 뚫고 구멍 난 스타킹 사이로 조금 드러난 에이다의 살결을 천천히 계속해서 문지른다. 그는 에로티즘의 의미를 정확히 이해하고 있다. 성적 흥분이란 무엇인가? 그것은 알 수 없는 내적인 힘의 분출이 아니라 대상과의 접촉이 야기하는 소통이다. "이런 과정(성적 흥분의 과정)의 개시는 우선 무엇보다 다소간 직접적인 방식으로 감각적인 표면 — 피부와 감각 기관 — 의 흥분에 의해서 이루어진다."[4] 그런 흥분이 일정한 강도를 넘어설 때

---

4) S. Freud, *Three Essys on the Theory of Sexuality*, in The Standard Edition of the Complete

성적인 체험이 탄생한다. 성은 생물학적 홍분이 아니며 모든 기관이 성적일 수 있는 것이다. 에이다의 단단하게 닫혀 있는 신체는 베인즈에 의해서 조금씩 열리고 끝내 모든 신체는 열리게 된다. 고독의 소통으로의 전환이 일어나는 것이다.

피아노의 의미론적 풍부함은 간통의 대가로 피아노 치는 손가락이 잘리는 장면에서도 드러난다. 영화 속에서 우리는 교회의 축제에서 상연된 연극을 보게 되는데, 그 연극은 남편이 아내의 목을 베는 끔찍한 연극이다. 빅토리아 조의 남성의 여성 억압, 그리고 여성의 욕망에 대한 남성의 은밀한 두려움을 형상화하고 있는 것처럼 보이는 그 연극은 에이다를 도끼로 내려치는 스튜어트를 전조로서 보여 준다. 그러나 스튜어트는 아내의 목을 베는 대신에 손가락을 자른다. 에이다를 억압에서 벗어나게 해 주는 동시에 억압의 은밀한 보완물이었던 피아노와 최종적으로 단절한다. 결혼의 인습적 제약과 피아노의 교환이 이뤄지는 것이다. 스튜어트는 에이다를 포기한다. 피아노를 칠 수 없는 에이다는 목이 잘린 아내이다. 왜냐하면 에로티즘을 대가로 돌려 받지 않은 채 피아노를 상실한다는 것은 완전한 고독으로의 침강이기 때문이다. 완전한 고독. 죽음이 그 이외의 다른 무엇이겠는가? 산송장이 된 에이다를 스튜어트는 베인즈에게 넘겨 준다.

그리고 마지막 장면. 베인즈와 떠나는 에이다는 배에서 피아노를 바다에 던져 버리라고 베인즈에게 말한다. 망설이는 베인즈에게 한 마오리족 남자가 말한다. "그녀가 옳아. 그것은 관이야. 바다에 장사 지내 버려." 그러나 에이다는 순간적으로 피아노와의 단절을 거부하고 피아노를 맨 밧줄에 발을 담근다. 바다로 빠져드는 에이다. 그녀는 삶을 버리고 침강한다. 그리고 다시 한 번 반전. 신발을 벗고 에이다는 솟아오른다. "죽음! 우연! 경이! 나의 의지는 삶을 선택했는가? 그

Psychological Works of Sigmund Freud vol. 7, tr. under the General Editorship of J. Strachey, London: The Hogarth Press, 1953, p.204.

러나 그것은 나를 깜짝 놀라게 했고, 다른 사람들도 놀라게 했다." 영국인지 뉴질랜드의 다른 지역인지는 모호하지만 새로운 정착지에서 에이다는 말을 배우고, 인조 손가락으로 건반을 두드린다. 피아노는 단순한 악기가 된 것이다. 그리고 에이다의 마지막 말. "밤에는 바다 밑 무덤 속의 내 피아노를 생각한다. 그리고 가끔은 내 자신이 그 위에 떠 있는 것을 본다. 그 아래에서는 모든 게 너무도 고요하고 조용해서 나를 잠으로 이끈다. 그것은 미묘한 자장가이다. 그리고 나의 자장가이다. 소리가 존재한 적이 없는 그런 고요가 있다. 차가운 무덤 속 깊고 깊은 바다 아래……."

세계 최초로 여성의 참정권을 허용한 뉴질랜드(1893년)에서 벌어지는 이 여성의 정체성의 모험은 정치적 해방이 아니라 에로티즘의 문제를 다룬다. 남／녀의 억압 없는 에로티즘이 우리 문명의 숙제인 한, 제인 캠피온의 개입 지점은 예리한 것이다. 에이다의 정체성의 변형 과정은 억압적인 남성적 세계에 대해 침묵과 고독으로 대립하던 여성의 소통적 해방으로의 진입을 눈부시게 형상화한다. 물론 에이다의 마지막 말은 해방으로의 진입의 기쁨과 고독／죽음／피아노／잠／여성성 *feminity* 의 세계에 대한 향수가 교차하고 있기에 모호하다. 그러나 문제는 이 모호성이 아니다. ＜피아노＞는 한 여성의 정체성을 형상화하기 위해서 다른 모든 것들을 더 깊은 모호성 안에 가두고 있기 때문이다. 그 더 깊은 모호성에 잠겨 있는 자는 누구인가? 그것은 에이다의 타자인 어린아이, 남자, 마오리이다.

4.

에이다의 딸은 어떤 존재인가? 그녀 역시 어머니 에이다처럼 모호하며 숱한 의미가 교차하는 존재이다. 19세기는 여성의 히스테리 못지않게 어린이의 성을 발견한 시대이다. 그리고 양자는 모두 억압의 귀환을 통하여 발견되었다. 억압은 어린이에게 더욱 가혹했다고 할 수 있는데, 왜냐하면 여성은 리비도 *libido* 가 관리되어야 할 미숙한 존재, 열정에 휩싸이는 위험한 존재이지만, 어린이는 미숙한 존재라는 점 이외에도 프로이트가 지적하였듯이 다형태 도착적 성 *polymorphously perverse sexuality* 을 가지고 있기 때문이다. 어린이의 이런 측면을 기존의 '정상적' 성 전체에 의심의 눈길을 보낸다. 그리고 어린이의 성은 어른의 성숙한 성이 기원의 억압일 뿐임을 항상적으로 주장한다. 켐피온은 너무도 철저히 19세기적인 것일까? 에이다의 딸을 탈성화 *desexualize* 한다는 점에서 켐피온은 부르주아 남성의 담론을 공유한다. 켐피온은 여기서 한 걸음 더 나아간다. 에이다의 딸은 켐피온에게서는 주체가 아닌 것이다. 가부장제의 비판이 어린이의 보호, 양육과 여성의 해방이라는 두 축으로 전개된 것이 프랑스 대혁명 이후의 서구의 역사라는 것을 고려할 때, 켐피온의 문제 의식은 배타적으로 여성의 문제에만 집중하는 편협성을 보여 준다.

그러나 에이다의 딸은 주체가 아님에도 불구하고 대단히 복합적인 역할을 전개한다. 우선 에이다의 딸은 바로 에이다에게 미혼모라는 지위를 부여한 천형이다. 그런 의미에서 딸은 장애이며, 그녀의 질곡의 원인이다. 그러나 동시에 남편 없는 여인과 딸 간에는 깊은 동성애적인 나르시즘이 흐른다. 그러나 이 말이 둘 사이의 자매애 *sisterhood* 를 의미하는 것으로 읽어서는 안 된다. 자매애란 주체 사이의 관계이고 에이다의 딸은 주체가 아니다. 그녀는 자립적인 욕망을 소유하고 있지 않다. 켐피온은 에이다의 딸에게 그런 기능을 부여하지 않았다. 에이다와 딸의 관계는 상상적인 동일시 안에서 떠도는 에이다의 나르시즘이다. 우리는 에이다와 딸의 관계에서 쉽게 동정녀 숭배가 함축하고 있는 여성의 나르시즘을 감지할 수 있다. 그녀는 남성 없이 아이를 가진 것이나 마찬가지이며 전제된 아이의 성적 순결과의 나르시즘적인 동일시는 그런 환상을 충족시킨다. 그래서 스튜어트가 실망스러운 남자, 피아노와의 분리를 강요하는 남자라는 사실이 드러나자 그녀는 스튜어트와의 혼인 이후에도 딸과 함께 잔다.

딸은 교회의 연극 후에도 계속해서 하얀 천사의 날개를 달고 다닌다. 루이 장모 L. Janmot 의 < 처녀들 >이라는 그림의 모습을 닮은 딸은 어린이에게 얌전함을 강요하기보다는 순결성을 강조하던, 어린이의 즉 성적 정체성을 부인하려고 하던 19세기의 태도를 형상화하는 동시에, 성모 숭배가 지닌 여성의 환몽을 구현한다. 그러나 에이다의 딸은 작은 천사일 뿐 아니라, 동시에 어머니의 욕망을 부덕으로 몰아대고 의부에게 일러바치는 작은 악마이기도 하다. 모든 천사가 그렇듯이 딸은 주체가 아니라 사자 使者 이다. 에이다의 딸은 수화를 매개로 어머니와 나르시즘의 원환 안에 있는 동시에 그녀와 현실을 매개하는 사자이다.

잠시 < 피아노 >가 설정하고 있는 소통 매체에 대해서 생각해 보자. 에이다는 현실과 어떻게 소통하며, 소통시키고자 하는 것은 무엇인가? 소통시키고자 하는 것은 두 가지이다. 하나는 표현적인 것, 욕망의 세계이고, 다른 하나는 현실과의 기능적 접촉의 문제이다. 전자를 소통시키는 것은 두 가지이다. 하나는 피아노이고, 다른 하나는 수화이다. 후자를 소통시키는 것은 딸의 말과 에이다의 글이다. 이런 소통 대상과 소통 매체가 < 피아노 > 안에서는 복합적으로 교차한다. 이해를 쉽게 하기 위해서 도표화한다면 다음과 같다.

주체	소통 대상	소통 매체	객체
에이다	주관적 욕망	수화	딸
에이다	주관적 욕망	피아노	베인즈
에이다	기능적 필요	딸의 말	타자(주로 스튜어트)
에이다	기능적 필요	에이다의 글	타자(주로 스튜어트)

영화의 전체적인 흐름은 에이다와 딸 간의 원환적인 나르시즘이 깨지고, 피아노를 통해 베인즈와의 에로티즘으로의 이행이 이뤄지는 것으로 나타난다. 이 과정은 에이다의 딸의 이중적인 의미에서 기능 상실이다. 딸은 에이다의 주관적 욕망, 남성 없는 세계 속으로의 침잠이라는 욕망의 대상의 지위도 상실하고 에이다와 현실의 매개라는 역할도 상실한다. 앞에서 이야기했듯이 에이다의 과제가 성숙한 인간의 에로티즘에 도달하는 것인 한, 딸의 기능 상실은 불가피하다. 아니, 인형이고 피아노의 일종이고 나르시즘적인 이중체이며, 사자인 딸이 말의 고유한 의미에서 딸이 되는 것은 불가피하다. 딸은 한때 에이다에게 미혼모라는 지위를 강요한 질곡이었듯이, 이제 에로티즘을 위해서는 배제되어야 할 3항이다. 당연히 피아노가 특권적인 매체이다. 피아노만이 나르시즘을 벗어난 에로티즘의 소통 매체가 되며, 에로티즘의 성숙으로 인해 배제된 딸은 그것에 도전한다. 딸의 배반에 대해서 그것을 자매애의 파괴로 생각하는 것은 잘못된 해석이다. 앞에서도 말했듯이 딸은 주체가 아니다. 영화 전체를 통해서 딸의 이름은 한 번도 등장하지 않는다. 딸은 이름이 없는 이중체이고 사자일 뿐이다. 딸은 피아노 건반 한쪽에 담긴 에이다의 조지 베인즈에 대한 사랑의 전언을 두 갈래 길에서 잠시 머뭇거리다가 의부에게 전달한다. 이것은 명백히 사자의 배신이다. 편지는 엉뚱한 곳으로 배달된 것이다. 그러나 딸은 사자로서의 사명을 일부 수행한다. 켐피온이 의식했든 의식하지 않았든 베인즈는 글을 읽을 줄 모른다. 그러므로 딸은 글을 읽을 줄 아는 사람에게 전언을 전달한 것이다.

이 복합적인 딸의 기능을 우리는 어떻게 평가해야 하는가? 어린이를 배제한 어른의 에로티즘? 페미니즘이 거절한 어린이의 욕망? 켐피온의 페미니즘의 편협성? 켐피온을 비판하기에는 < 피아노 >가 대단히 모호하지만, 분명한 것은 어린이와 연대하지 않은 페미니즘은 자신이 처한 복합적 상황에 대한 무지일 뿐이라는 것이다. < 에일리언 >을 생각해 보라. 시고니 위버 S. Weaver 는 탐욕적인 남근의 공격에 대항하는 전사로 등장하고 그런 의미에서 타당하게 행동하지만, < 에일리언 3 *Alien 3* >에서는 전편의 고양이와 소녀는 사라지고 그녀는 탐욕적인 남근과 태아를 동일시한다. 누구도 불운한 임신을 긍정해야 한다고 주장하지는 않을 것이다. 임신과 출산이 여성의 정체성의 심층적인 변형 과정임은 분명하다. 자신의 신체 안에 거주하는 자신이 아니면서, 자신이 아니지도 않은 존재, 한 신체 안의 두 개의 심장 박동, 두 개의 사유와 감정, 솟아오르는 배 아니, 나의 배를 내밀며 성장하고 꿈틀거리며 운동하는 나로 비롯한 나의 타자. 그럼에도 불구하고 그런 아이를 공격적 남근과 동일시하고 신체 강탈자로 여기는 것은 아이를 전적으로 자신의 일부로 여기는 나르시즘만큼이나 오류라는 것 또한 분명하다.

5.

< 피아노 >의 남성들, 스튜어트와 베인즈 또한 깊은 모호성에 잠겨 있다. 스튜어트나 베인즈의 영국적 배경은 드러나지 않는다. 스튜어트가 아내감을 영국에서 수입하고 글을 안다는 점에서 베인즈보다는 출신 배경이 상층일 것이라는 짐작만이 가능하다. 글을 모르는 베인즈는 노동 계급 출신일까? 베인즈의 경우 마오리 여인과의 대화에서 아내가 영국의 얼에서 "자기 인생을 살고 있다"는 것이 그에 대한 해명의 전부이다. 그도 에이다처럼 상처 입은 영국인일까? 텍스트는 모호하며 우리는 그 둘이 정체성을 가진 존재로서보다는 차이로서 등장한다는 것을 알 수 있다. 동일성이 차이의 작용이라는 기호학적 상식으로는 두 사람의 모호성을 설명할 수 없다. 왜냐하면 우리들의 개인적 정체성은 하나의 차이만으로 구성되는 것이 아니라 무수한 차이의 복합체이기 때문이다. 자신의 정체성이 하나의 차이로 환원되는 것. 그것이 바로 폭력인 것이다. 차이의 위계, 즉 여자보다는 남자가 우월

하다든가, 백인이 흑인보다 우월하다는 위계만이 폭력적인 것은 아니다. 그리고 그 위계가 폭력적이기 위해서는 차이로의 환원이 먼저 일어나야 한다. KKK 단원이 한 선량한 흑인 중년 의사를 죽인다면, 그는 다만 흑인을 죽일 따름이지 의사를 죽이는 것은 아니다. 만일 누군가가 자신의 생애를 통해 축적된 의미 작용의 총체가 아니라 남자가 아닌 여자, 또는 백인이 아닌 흑인, 자국민이 아닌 외국인, 부르주아가 아닌 노동자라는 사실로 환원된다면 그는 자기 존재의 고유성이 무화됨을 느낄 뿐이다. 환원된 차이. 그것이 인식의 파괴이고 폭력의 근원이다.

그런 의미에서 켐피온의 남성들은 인격과 고뇌와 슬픔과 깊이를 결여한다. 그러나 우선 우리는 두 사람이 어떤 차이를 구조화하고 있는가를 살펴야 한다. 논의의 편의를 위해서 양자의 차이를 도표화해 보자.

스튜어트	베인즈
문명	자연
식자	문맹
땅 소유	피아노 소유
가부장적 지배	에로티즘
식민주의자	비식민주의자
성적 무능력	성적 능력

근본적인 차이, 부재하면서 다른 모든 것을 규정하는 차이는 문명 / 자연의 차이다. 이 차이가 다른 차이를 낳고, 파생된 차이가 서사적으로 교차한다. 스튜어트는 뉴질랜드에서도 영국식 옷을 입은 사람인 데 반해 베인즈는 자유로운 복장을 하고 있다. 스튜어트가 피아노의 가치를 전혀 이해하지 못하고 그것을 가부장적 권리로 땅과 바꾸

는 데 비해 베인즈는 땅을 팔아 피아노를 사는 자이다. 스튜어트는 글을 아는 자이고 따라서 에이다와 기능적으로 소통할 수 있고 그것에 만족하는 사람이며, 베인즈는 글을 모르며 따라서 피아노와 육체를 통해서만 에이다와 소통할 수 있는 사람이다. 스튜어트는 에이다가 엉덩이를 애무할 때 그것을 뿌리치는 사람이지만, 베인즈는 에이다를 만지는 사람이다. 두 사람의 마오리에 대한 태도도 차이가 분명하다. 스튜어트는 하찮은 물건으로 마오리를 속여 땅을 빼앗으려는 자이며, 심지어 "그들이 자기 땅인 줄은 어떻게 아는지"를 불평하는 자이며, 피아노에 대한 호기심으로 그의 집 안에 마오리가 들어오는 경험을 하자 온 집의 창에 판자를 대고 못질을 하는 자이다. 그러나 베인즈는 인류학자처럼 마오리와 랩포 *rapport* 를 형성하고, 스튜어트와 마오리의 거래를 중개하는 것에서 보듯이 마오리 사람들의 기호를 잘 알고 있으며, 마오리 여자와 동침하기도 한다. 캠피온은 분명한 태도로 베인즈에게 우월성을 부여한다. 이러한 베인즈의 우월성은 통상적인 위계의 전복이다. 캠피온은 가장 가부장적인 영화 '007' 시리즈가 항상 자연을 괴물과 연결하고 괴물을 성적 무능력에 연결하는 것과는 달리 자연에 성적인 생산성을 부여한다. 보기에 따라서 로렌스 D. H. Lawrence 적인 이 자연관은 새로운 테마는 아니며, 레비 스트로스의 ≪슬픈 열대 *Tristes Tropiques* ≫의 '글쓰기 학습'에서도 발견할 수 있는 말/글의 위계의 전복이기도 하다. 캠피온의 의도는 분명하다. 에이다의 성적 억압 상태가 문명의 억압인 한, 에로티즘의 회복은 자연의 회복이며, 따라서 에이다는 베인즈라는 자연에 의해 치료된다. 문신한 베인즈는 영국인/마오리의 경계이며 자연의 생산성을 회수하여 에이다를 매개로 문명으로 귀환한다. 그의 문명으로의 귀환은 에이다와 함께 떠나는 장면에서 베인즈가 입고 있는 영국식 정장과 실크 해트에서 잘 드러난다. 그러나 그의 희미한 정체성으로 인해 베인즈는 에로티즘을 통해서 삶의 의미를 재발견한 남자로서 등장하기보다는 에이다의 정체성을 변형하는 매개자로서의 측면이 두드러진다. 이런 남성의 기능적 환원, 정체성의 실추를 이유로 켐피온 페미니즘의 편협성을 비판할 생각은 없다. 그러나 에이다의 에로티즘의 형성 경로가 베인즈에 의한 수동적 경로라는 문제가 생긴다. 에이다의 자기 실현은 베인즈의 에로티즘을 위해 어떤 기여를 하였는가는 드러나지 않는다. 여성은 수동적으로 자기 한계를 극복하는 것인가? 그것은 우리의 일상 경험과도 다르다. 켐피온은 변명할지 모른다. 에이다는 베인즈라는 남성을 통해 에로티즘으로 이행하는 것이 아니라 베인즈를 경유하여 조우하게 된 뉴질랜드의 억압 없는 자연을 통해서 에로티즘에 이른 것이라고. 그러나 켐피온의 < 피아노 >에서 우리는 억압 없는 자연을 조우하는 것일까? 그렇다면 < 피아노 >의 자연은 어떻게 등장하는가?

6.

뉴질랜드의 자연? 바닷가와 풍경들? < 피아노 >의 자연은 그런 것들이 아니다. < 피아노 >의 자연은 바로 마오리이다. 켐피온이 설정한 문명의 억압이 성적인 억압이기에 더욱 그렇다. 그렇다면 마오리족 사람들은 < 피아노 > 안에서 어떻게 드러나는가? 그들은 유감스럽게도 에이다의 딸이나 스튜어트, 베인즈보다 더 모호하게 희미한 배경으로 나타난다. 마오리의 등장은 짐꾼이나 일꾼 또는 뱃사공의 모습으로 등장한다. 그리고 스튜어트의 거래 장면과 교회에서 연극에 뛰어드는 장면과 피아노를 아무렇게나 치는 장면과 베인즈와 성적인 대화를 나누는 장면으로 등장한다. 그런 장면에서 마오리는 어떤 사람들인가? 그것은 순진성이다. 그래서 그들은 값싼 노동력이 되고, 단추나 담요나 총에 땅을 파는 멍청이며, 연극을 현실로 오인하는 바보가 된다. 그러나 무엇보다 흥미로운 것은 베인즈와 성적인 대화를 나누는 마오리의 말이다.

마오리 여인: 당신은 아내가 필요해. 가랑이 사이의 그 보물을 평
생 매달고만 있으면 뭣해.
(다른 마오리 여인과 마오리 소녀의 웃음)
마오리족 동성 연애자: 걱정 마요. 내가 구해 주지.
베인즈: 나는 아내가 있어.
마오리족 동성 연애자: 괜찮아. 그녀도 내가 구해 주겠어.
마오리 여인: 시끄러워. 물건 값도 못 하는 주제에.
마오리족 동성 연애자: 알게 해 줄까?
마오리 여인: 아내는 어디에 있지?
베인즈: 자기 인생을 살고 있죠. 영국의 얼이라는 곳에서.
마오리 여인: 못생겼나 보군. 자네가 버린 것을 보니. 다른 아내가
필요해. 그 보물을 밤새 잠자게 내버려 두면 안 되지.

왜, 이런 장면이 삽입된 것일까? 마오리족 동성 연애자의 출
현은 무엇을 의미하는가? 명확한 해석을 할 수는 없지만, 성에 대한
대단히 거리낌없는 태도를 보이는 마오리 여인과 성적인 대화에도 등
장하는 마오리 소녀의 히죽거리는 모습과 동성 연애자가 함축하는 도
착적 성의 등장은 마오리의 억압 없는 성을 보여 준다. 식민주의자에
게 은밀히 착취되는 마오리의 순진성은 억압 없는 성이라는 순진성이
기도 하다. 베인즈의 성적 능력의 기원은 이 자연으로의 귀환에서 얻
어진 것으로 볼 수 있다. 그는 얼굴에 문신을 할 만큼 마오리족에 가
까운 존재이다. 따라서 에이다를 치료하는 자연의 힘을 베인즈가 소유
하는 것은 그가 마오리의 능산적 자연을 얻어 왔기 때문이다. 그러나
베인즈가 문명으로 귀환한다는 것은 무엇을 의미하는가? 그는 스튜어
트가 마오리에게서 땅을 훔치듯 마오리의 자연적 순진성과 성을 훔친
것은 아닌가? 흔히 알려져 있듯이 가장 온건한 식민 통치 국가로 알려
진 뉴질랜드라고 해서 착취가 없는 것은 아니다. 지금은 인구의 15%
정도로 감소한 마오리는 뉴질랜드의 빈곤층이며 게토를 형성하여 살고
있다. 베인즈는 가장 은밀하게 마오리의 순진성을 훔친 것은 아닐까?
우리는 < 피아노 >에서 자연과의 화해, 자연에 의한 문명 비판과 문

명의 치료를 발견할 수 있는가? 아니다. 베인즈는 문명으로 귀환한다. 자연과 문명을 소통시키는 것이 아니다. 에로티즘을 획득한 베인즈에게 마오리는 모든 의미를 상실하는 것이다. 자연은 문명 앞에서 문명을 자연화하는 힘으로서 등장하지 않는다.

그런데 우리는 다시 물어야 한다. 과연 마오리는 자연인가? 마오리들도 당당한 하나의 문명이 아닌가? 이 사실을 긍정하기 위해서 문화적 상대주의를 지루하게 설명하는 것은 시간 낭비일 뿐이다. 마오리도 문명이라는 사실은 자명하다. 그리고 이 자명한 사실은 켐피온이 설정한 자연 / 문명의 대립은 허구적임을 가르쳐 준다. < 피아노 >를 통하여 왜 줄곧 마오리가 외삽적으로만 등장하는가 하는 이유를 이제 알 수 있다. 그리고 왜 베인즈가 켐피온이 설정한 자연과 문명의 대립에서 양자를 소통시키는 역할을 하지 않는가도 분명하다. 소통을 개시하고 마오리가 테마화되면 될수록 마오리는 사회 조직과 위계 체제와 정치적 종교적 실체를 지닌 문명으로 드러날 것이며, 이질적인 문명과의 강제적 접촉 속에서 파괴되고 착취되고 변형되는 모습을 드러낼 것이기 때문이다. 그리고 그런 순간 켐피온이 설정한 영국 – 문명 – 성적 억압 / 뉴질랜드 – 자연 – 에로티즘의 해방의 대립 구도는 파국에 처하기 때문이다. 과연 에이다에게 뉴질랜드는 새로운 기회의 땅일지도 모른다. 에이다는 베인즈를 매개로 타문명의 에로티즘을 흡수할 수도 있다. 그러나 그것이 마오리에게는 재난일 수도 있는 것이다.

7.

왈러슈타인 Wallerstein 은 그의 주목할 만한 논문, < 현대 세계 체제의 이데올로기적 전투장으로서의 문화 Culture as the Ideological Battle Ground of the Modern World — System >에서 문화의 보편주의 / 특수주의의 이중화와 그것의 교차 사용, 그리고 특수주의 내에서의 성

차별주의 / 인종주의의 결합을 통해 중심부의 주변부에 대한 착취의 논리와 모순의 관리를 설명하고 있다. 우리의 맥락에서 특히 관심을 끄는 것은 후자이다

> 성 차별주의가 인종 차별주의와 중첩되는 두 번째 경우가 있다. 예를 들면, 피지배 집단의 남성은 자제력이 없는 것으로 여겨지기 때문에 성적으로 공격적이라고 주장한다. 따라서 피지배 집단의 남성들은 지배 집단의 여성들에게 위협적인 존재가 된다. 그들은 여성인지라 신체적으로 약하기 때문에 지배 집단의 남성의 적극적인 물리적 보호를 필요하게 된다.
> 더욱이 이 성 차별주의적 주장은 그 방향을 바꿔도 여전히 세계적 위계 서열을 정당화하게 된다. 최근의 정치적 발전의 결과로 서구 여러 나라에서 여성들이 갖가지 권리를 얻어 내게 되면서 예를 들어, 이슬람교의 교세가 강한 제3 세계 나라들에서는 여성들이 정치적으로 그 미숙성을 벗어나지 못했다는 사실만으로도 인종 차별주의 이데올로기가 정당화된다. 이슬람교도들은 서구에서 수용되고 있는 남녀 관계의 보편적 원칙을 문화적으로 분별해 낼 수 없는 것으로 취급하게 된다.[5]

나는 이러한 왈러슈타인의 진술이 그대로 < 피아노 >에도 적용된다는 말을 하려는 것은 아니다. 그러나 우리가 왈러슈타인의 진술을 보다 일반적인 수준에서 받아들인다면 성 / 인종 차별주의의 복합체가 성 / 인종 평등주의의 복합체와 대립되는 것은 아니라는 것을 알 수 있다. 성 차별주의 / 인종 평등주의, 성 평등주의 / 인종 차별주의의 복합체도 얼마든지 가능한 것이다. 그리고 바로 그것이 다른 모든 해방 운동에서와 마찬가지로 페미니즘이 처한 어려움이다. < 피아노 >의 페미니즘. 그것은 충분히 성공적이다. 이 점은 유보 없이 인정할 수 있다. 그러나 < 피아노 >는 페미니즘 / 아동주의 / 해방된 남성의 정체

---

5) I. Wallerstein, *Geopolitics and Geoculture*, Cambridge: Cambridge Univ. Press, 1991, pp.172~3.

성/탈식민주의의 연쇄를 성취하고 있지는 않다. 여성이 해방되어야 한다는 진술에 드러내 놓고 반대하는 사람은 별로 없다. 만약 그런 사람이 있다면 그는 파시스트이다. 그러나 문제는 사태가 항상 복합적이고 불균등하며 다른 쟁점과 엉켜서 진행된다는 점이다. 그래서 전략의 어려움이 발생하고, 당당한 대의가 현실 안에서는 절름거리는 일이 발생한다. 나는 < 피아노 >를 비판하려는 생각은 없다. 페미니즘의 어려움에 대해서 이야기하고자 한 것이다. 단순히 페미니즘이고자 하는 것, 그것의 곤란을 이야기하고자 한 것이다. 앞으로 가려는 자는 도리어 옆을 둘러보아야 한다는 것을.

포스트모던 어드밴처

1.

전자 오락장에 가 본 사람 — 아마 젊은 세대라면 한번쯤은 다 가 보았겠지만 — 이라면 놀라울 정도의 집중력을 가지고, 잔뜩 상기된 얼굴로 미친듯이 조이스틱 *joy stick* 을 흔들며, 버튼을 누르고 있는 사람들을 볼 수 있을 것이다. 그리고 많은 사람들이 스스로 그런 놀이에 빠졌던 경험을 가지고 있을 것이다. (한번도 전자 오락에 대한 경험이 없는 사람이라면, 이 글을 읽기 전에 우리 주위에 담배 가게만큼이나 흔한 전자 오락장에 한번 들어가 전자 오락에 열중한 사람의 눈과 손을 살펴보면 좋을 것이다.) 우리는 이러한 현상 앞에서 일련의 물음의 소용돌이에 빠지게 된다. 무엇이 그러한 고독한 몰두를 가능케 하는 매력일까? 전자 오락은 그것을 하는 사람의 주관성의 형성에 어떤 영향을 미칠까? 같은 전자 오락 게임을 하는 한국의 중학생 꼬마와 미국인 흑인 꼬마 간에는 어떤 주관성의 차이가 존재할까? 생겨나는 질문은 이런 즉각적인 질문만은 아닐 것이다. 전자 오락 산업의 규모는 얼마나 되며,[1] 그

---

1) 전자 오락이 얼마나 우리 사회에 널리 퍼져 있는지, 예컨대 전자 오락장의 수는 얼마나 되고, 그것과 관련된 산업의 규모는 얼마나 되는지 그것에 대한 정확한 통계가 나와 있지 않기 때문에 정확하게 알기 어렵다. 그러나 가정용 게임기에 관한 한, 대략적인 통계가 나와 있다. 그것을 통해서 우리는 전체 전자 오락 산업의 규모를 어림할 수 있을 것이다. 1991년 한 해 동안 국내에서 팔린 게임기 매출액은 대만제와 일본제 수입품을 포함하여 약 962억 8500만 원이고, 수량은 115만 4500대 정도로 집계된다. 이러한 수량은 1990년 이전에 팔린 모든 게임기의 수가 약 86만 7800대라는 점에서, 전자 오락 산업이 얼마나 경이적인 성장을 하고 있는지를 보여 준다. 그러니 냉장고, 세탁기 같은 가전 제품과 더불어 가정용 게임기가 TV에서 광고되는 것이나 삼성, 현대, 해태, 대우 같은 대기업이 주요 가정용 게임기 생산 업체인 것이 전혀 이상한 일이 아니다. 그러나 아직 국내의 전자 오락 산업은 미국과 일본에 비하면, 걸음마 단계에 있다고 한다. 게임 시장은 전세계적으로 연간 300억 달러의 시장에 이르고, 닌텐도라는 일본의 게임 산업 1위 업체의 매출액은 소니사의 매출액을 앞지르고 있다는 사실은 전자 오락 산업이 결코 만만치 않

것이 다른 산업과 맺고 있는 전후방 연계 효과는 어떤 것인가? 전체 반도체 산업에서 그것이 차지하는 산업적 위치는 어떠한가? 대부분의 소프트웨어가 일제와 미제라는 점을 고려할 때, 그것에 문화적 제국주의의 위험은 없는가? 전자 오락이 여타 오락 산업과 맺고 있는 관계는 어떠하며, 멀티미디어 *multi-media* 전략은 어떤 특성을 가지고 있는가? 혹시 전자 오락은 폭력과 외설을 실어나르는 트로이의 목마는 아닌가? 그러나 의문들 각각에 정확하게 답변할 수 있는 자료는 대단히 부족하고, 현상 자체도 몹시 모호하다.[2]

은 산업이라는 것을 보여 준다. 자본은 이제 어린아이들의 코 묻은 돈을 향해, 고무줄놀이와 구슬치기에까지 빠른 속도로 침투해 들어가고 있는 것이다. 그리고 그 어린아이의 돈도 만만치 않은 돈인 것이다. 가정용 게임기에 쓰이는 게임팩 한 개의 가격은 보통 3만 원 정도이고, 신제품의 경우에는 가격이 더 비싸다. 그리고 자신이 가진 프로그램을 업소의 다른 프로그램과 교환하는 데는 보통 5000원 정도가 든다. 그러나 신제품의 경우에는 그런 교환이 잘 되지 않는다. 최근 일본에서 제작된 '드래곤 퀘스트 5'(혼동을 피하기 위해서 이 글에서는 전자 오락 프로그램의 명칭의 경우에는 ' '을, 책 제목의 경우에는 ≪ ≫을, 영화 제목의 경우에는 < >을 사용할 것이다)라는 프로그램은 우리 나라에서 약 8만 원에 거래되고 있는데, 이런 비싼 프로그램을 어린들 여럿이 돈을 모아 사서, 서로 돌려 가며 즐기는 것이 하나의 어린이 문화가 되고 있는 실정이다.

2) 예를 들어, 문화 제국주의의 문제를 생각해 보자. 1991년부터 그 열기가 식을 줄 모르고 전자 오락장을 휩쓸고 있는 '스트리트 파이터 Ⅱ'라는 격투기 게임을 예로 들어 보자. 이 프로그램은 일본의 에닉스사가 제작한 프로그램이다. 따라서 우리는 상식적으로 일본제=왜색의 등식을 떠올리기 쉽다. 그러나 여기에는 가라데 선수 류, 서양인 무예가 켄, 스모 선수 혼다, 중국인 여자 무예가 춘리, 원시림에서 자란 고릴라를 닮은 브랑카, 미군 공수 부대 출신 가일, 미국 레슬러 출신 장기프, 요가를 하는 달심 등 여러 나라의 전형적 격투사가 캐릭터로 등장한다. 그리고 사용자는 이러한 다양한 캐릭터 중의 한 사람을 자신의 주인공으로 선택할 수 있다. 이러한 '사용자 선택'은 조금만 발전된 게임이면 나타난다. 따라서 우리는 자신이 조작하는 캐릭터에 대한 사용자의 동일시도 다양해진다고 가정할 수 있다. 혹자는 그래픽이나 음성에 일본 색채가 많다는 점을 지적할 수도 있다. 그러나 그

이 글에서 나는 전자 오락을 둘러싼 이야기, 그것의 산업적 성격이나 문화 제국주의의 문제는 다루지 않을 것이다. 왜냐하면 그러한 분석보다 훨씬 더 흥미로운 것은 이 전자 오락의 공간 안으로 걸어 들어가 보는 것이고, 그렇게 하는 것이 매체의 특성을 이해하는 지름 길이기 때문이다. 그리고 매체의 특성에 대한 이해야말로 여타 문제에 대한 분석으로 나아가는 기초인 것이다. 그렇다고 해서 전자 오락의 성격을 그 자체로서 기술하는 것으로는 그 특성을 이해하기가 쉽지 않다. 정의를 위해서는 종차를 알아야 하듯이, 전자 오락의 한계와 가능성을 이해하기 위해서는 여타 매체와의 대조가 필요하다. 나는 전자 오락의 공간을 산책하는데, 소설을 그 지팡이로 삼고자 한다. 그것은 소설이 우리에게 아직은 가장 보편성 있는 장르이기 때문이고, 이 논문의 독자가 문학에 대해 흥미와 이해를 가진 독자이리라 예상하기 때문이다. 물론 이러한 소설에의 참조는 엄격한 의미에서 비교가 아니고, '맥락적 대조'일 뿐이다. 매체 사이의 엄격한 비교는 아마도 좀더 발전된 전자 오락에 대한 이해에 근거해서만 가능할 것이다.

그러나 이러한 맥락적 대조의 수준에서도 우리는 본래의 목적인 전자 오락에 대한 이해의 증진 이외에 소설에 대한 새로운 조망이라는 부수 효과도 어느 정도 얻을 수 있는 것 같다. 우리는 이러한 소설과 전자 오락의 대조에서 흥미롭게도 여타 매체의 발전으로 그 지위가 흔들리고 있는 소설의 운명이 더욱 불안해지고 있다는 사실을 발견하게 된다. 수세기를 걸쳐 지배적 장르였던 소설이 겪고 있는 지위 격하의 역사에서, 전자 오락은 또 하나의 지위 격하의 촉매제 역할을 하고 있는 것으로 보인다. 다시 말해 소설은 전자 오락으로 인해 '백조의 노래'를 재촉받고 있는 것이다. 그러므로 전자 오락의 위치를 먼저 이러한 소설의 지위 격하와 관련하여 간단히 살펴보자.

런 점만으로 문화 제국주의의 증거를 삼기에는 부족한 점이 있다. 전자 오락에서의 문화 제국주의는 대단히 중요한 문제지만, 그렇게 단순한 문제는 아니다.

2.

　　미셸 푸코가 "동일성과 차이라는 잔혹한 이성이 기호와 유사성을 쉴새없이 비웃고"[3] 있는 작품이라고 평한, 최초의 현대 소설 ≪ 돈 키호테 *Don Quixote* ≫는 모험의 로맨스의 퇴조와 이 퇴조에도 불구하고 감행되는 모험을 보여 주고 있다. 소설의 역사를 기술하는 관점이 하나가 아니라면, 소설의 시원에 자리잡고 있는 이 모험의 구조 변화로부터 소설의 역사를 검토하는 것도 가능할 것이다. 청년 루카치 G. Lukács 가 ≪ 소설의 이론 *Theorie des Romans* ≫에서 정신과 물질의 대립으로부터 기술하는 소설의 역사는 이러한 관점과 유사하다. 그의 '추상적 이상주의'의 소설, '환멸의 낭만주의' 등은 변화하는 모험의 영역(객관적 세계, 주관적 내면 세계, 기억과 시간의 영역 등)과 그에 따른 서사 구조의 변화를 지칭하는 것으로 볼 수 있다. 흥미로운 것은 이러한 소설의 '모험성'이 소설의 역사의 시원에서부터 모험의 불가능성과의 관계 안에서 정립되었다는 것이다. 왜냐하면 세계 내의 모험의 가능성은 자본주의의 세계적 확장(달리 말한다면 모험의 대상의 더 이상 모험적이지 않는 대상으로의 변화 과정)과 더불어 점점 더 소진되어 가고 있기 때문이다. 풍차를 향한 질주는 그래도 나왔다. ≪ 19세기 베를린에서의 어린 시절 *Berliner Kindheit un Neunzehnhundert* ≫에 대한 벤야민의 단상에서처럼 메트로폴리스라는 제2의 자연 속으로의 우울한 걸음걸이에는 그래도 모험의 요소가 남아 있다. 그러나 우리들은 도시를 지하철과 노선버스로 통과하고, 이웃한 도시와 나라를 자동차와 비행기와 철도로 여행한다. 따라서 그 사이의 공간은 모두 무의미해진다. 점증하는 지구촌화로 인해 세계에는 헤라클레스 Heracles 의 기둥 바깥이 남아 있지 않은 것이다. 미지의 세계, 일상적 삶의 경계 바깥의 바람과 안개 가득한 공간은 이제 사라져 버렸고, 따라서 모험도 존재할 수 없게 되어 버렸

---

3) 미셸 푸코, ≪ 말과 사물 ≫, 이광래 역, 서울: 민음사, 1987, p.78.

다. 가능한 소설은 이제 기껏해야 모험 불가능성의 입증일 것이다.

　　그래서 모험은 과거, 또는 신화적 공간으로 회귀하거나 또는 별들 사이를 날아다니게 된다. 그러나 이러한 모험의 구조 변화로 인해 모험 자체의 허구성은 독자에게 더욱더 날카롭게 의식된다. 현실 감과 허구성이라는 대립과 모험과 모험 상실의 대립을 양축으로 할 때, 우리는 모험을 위하여 현실성을 무시하는 대중 소설과 현실성을 위해 모험을 희생하는 리얼리즘 소설을 생각할 수 있다. (그리고 전자가 비평가들에 의해서 무시되는 것 자체가 이러한 상황에 대한 한 반응이라고 할 수 있을 것이다.) 아마도 이런 상황에서 허구적이지 않은 모험의 유일한 가능성은 ≪톰소여의 모험≫이나 ≪15소년 표류기≫일 것이다. 아직 성인이 되지 못한 인간만이 자신의 세계를 하나의 모험으로 경험하는 것이 가능하기 때문이다. 그도 아니면 남는 것은 모든 합리적 기획을 사정없이 무너뜨리는 경계 체험으로서 섹스와 죽음과 광기 뿐일 것이다.

　　모험이라는 단일한 시각에서 소설의 역사를 평가하는 것은 분명 과도한 단순화이다. 그러나 나는 이러한 모델을 다른 것으로 보충하기보다는 과도하게 단순한 또 다른 모델을 하나 더 생각해 보고 싶다. 그것은 소설의 지위를 계속해서 격하시켜 온 다른 매체의 발전이다. 그러한 매체의 대표 주자는 무엇보다 영화이다. 언어라는 가느다란 선에 의존하고 있는 소설에 비하여, 영화가 지닌 탁월성은 시청각을 통한 묘사 능력의 우월함과 그것이 제공하는 현실감이다. 어두운 방 안에서 1초에 스물네 개의 프레임에 난사당하는 체험이 안락 의자에 길게 누워서 소설을 읽는 느슨한 인지적 유희보다 탁월한 현실감을 제공한다는 것은 두말 할 나위가 없다.

　　매체로서의 책이 지닌 열등성은 비디오나 레이저 디스크에 의해서 더욱 강화된다. 비디오나 레이저 디스크는 영화의 장점을 어느 정도 흡수하는 동시에, 책처럼 가까운 곳에서 구할 수 있고, 책처럼 아무 때나 펴고, 아무 때나 덮고, 또 아무 때나 다시 볼 수 있고, 책처럼 아무 자세로나 볼 수 있는 편리함을 갖추고 있으며, 거기에 책장을 넘길 수고조차 벗어나게 한다. 이러한 매체의 발전 속에서 소설이 살아 남은 공간은 어디일까? 아마 출퇴근의 지하철이 아닐까? 그렇다면 대하 소설은 오히려 부담스럽다. 가장 적합한 지하철의 속의 이야깃거리는 그래서 ≪ 배꼽 ≫, ≪ 서울 복카치오 ≫가 아닐까? 기껏 고급스러워야 그것은 찰스 램 C. Lamb 적인 에세이가 아닐까?

물론 이러한 이야기는 문자 매체의 열등성에 대한 오래 된 담론의 되풀이에 지나지 않는다. 그러나 위에서 언급한 모험의 이야기를 연결해 보면 영화나 비디오는 그것의 강한 현실감으로 인해 모험의 허구성을 지울 수 있는 능력이 훨씬 큰 장르라는 것을 알 수 있다. 별들이 날아다니고, 바다 밑을 헤매는 모험의 세계를 언어라는 하나의 매체에 의존하여 묘사한다는 것은 대단히 어려운 일이지만, 발달된 카메라 기술과 필름에 담긴 빛을 가능케 한 사물의 실존에 대한 '근본적 확신 urdoxa'이 자아내는 지표성 indexicality 은 그것의 허구성을 지울 수 있을 만큼 강력한 것이다. 그래서 < 터미네이터 2 Terminator 2 >를 보면서 우리는 심지어 컴퓨터 그래픽이 만들어 낸 액체 금속에 대해서조차 강력한 현실감을 느끼는 것이다.

그러나 소설을 포함하여 위에서 언급한 어떤 매체도 수행성 performativity 을 가지고 있지는 않다. 물론 어떤 독서이든, 어떤 영화의 관람이든 독해의 행위가 있다. 그리고 그런 한에서 텍스트들은 열려 있고, 수용자의 수행성은 존재한다. 그러나 그것은 제한된 의미에서만 그럴 뿐인 데 비해 전자 오락에서 수행성은 전면적이고, 근본적인 특성으로 나타난다. 전자 오락에서는 사용자(수용자가 아니라) 자신이 놀라울 정도로 발전된 해상도와 오디오를 연결해서 얻는 심도 깊은 음향이 제공하는 현실감과 함께 소설과 영화를 능가하는 모험을 스스로 수행한다. 이러한 수행성이 단순히 감각 조작적 sensory-monitoring 인 것에 지나지 않는 것으로 보일 수 있다. 그러나 이러한 감각 조작적인 수행성은 순수한 의미에서(즉 전자 오락 내의 여러 장르 사이의 장르 복합이 없는) 슈팅 게임[4]이나 액션 게임에 한정된 것이다.[5] 어드밴처 게임이나 롤 플레잉 게임처럼 주인공의 모험과 체험을 중심으로 하는 경우, 수행성은 단순히 감각 조작적인 것을 훨씬 뛰어넘는 매우 지적인 것으로 전개된다. 그리고 전략 시뮬레이션 게임의 경우에 게임은 근본적으로 사용자가 설계할 수 있는 것이 된다.[6] 이렇게 전면적으로 발전된 수행

---

4) 전자 오락의 다양한 장르들에 대한 체계적인 분류는 아직 없다. 게다가 이미 장르들 사이의 복합이 상당히 진척되어 있기 때문에 그러한 분류는 더욱 쉽지 않다. 그러나 이 글의 이해를 돕기 위해 몇 가지 전자 오락의 장르와 그 성격을 소개하고자 한다. ① 어드밴처 *adventure* 게임: 소설과 가장 유사한 장르로 주인공의 모험 (물론 모험의 성격은 다양함)을 중심으로 한 장르로서 이 글에서 가장 중심되는 분석 대상이 될 것이다. ② 롤 플레잉 *role playing* 게임: 언뜻 보아서는 어드밴처 게임과 잘 구별되지 않으나, 주인공이 지적 능력이나 체력을 성장시키고, 특정한 능력(예를 들어 어떤 기술이나 마술 따위)을 학습하여야 문제를 해결할 수 있는 게임의 형태로 '드래곤 퀘스트' 시리즈가 대표적이다. ③ 슈팅 *shooting* 게임: 우리가 전자 오락장에서 흔히 볼 수 있는 것으로 무엇인가를 맞추는 게임이다. '스페이스 인베이더'(우리나라에서는 '갤러그'로 더 잘 알려져 있다)가 대표적이다. ④ 시뮬레이션 *simulation* 게임: 보통 모의 조종 시뮬레이션과 전략 시뮬레이션으로 양분된다. 전자는 비행기 조종을 위한 연습 과정에서 연원한 것으로, 전자 오락장에서는 자동차나 우주선을 운전하는 프로그램으로 많이 나와 있으며, 후자는 도상 훈련 같은 군사 작전에서 연원한 것으로 사용자가 상대편과 대결하기 위해서 물자와 인원 따위를 직접 배치하고, 싸움을 수행하는 게임이 많다. 전자 오락장에서는 보기 힘들며, '삼국지'가 대표적이다. ⑤ 액션 *action* 게임: '스트리트 파이터 II' 같은 격투기 게임을 말한다. ⑥ 스포츠 게임: 야구나 축구 같은 스포츠를 전자 오락으로 만든 게임을 말한다. ⑦ 퍼즐 *puzzle* 게임: '테트리스' 같은 게임을 말한다. ⑧ 테이블 게임: 장기나 바둑, 또는 주사위놀이나 트럼프나 화투 같은 도박을 게임으로 만든 것을 말한다.

5) 박명진, < 청소년과 새로운 미디어 문화 >, < 사상 > 가을호, 서울: 사회과학원, 1991 참조. 필자가 알기로는 전자 오락을 다룬 최초의 논문인 이 글은 주로 슈팅 게임이나 액션 게임에 한정된 분석만을 한다는 약점을 지니고 있다. 따라서 이 논문은 이런 게임에서 주요한 수행성인 감각 조작성을 전자 오락 전체의 속성으로 보는 문제점을 지니고 있다.

성은 분명 주목할 만한 전자 오락 특유의 매체적 속성이며, 여타 매체
에 대해 그것의 가장 도전적인 측면이라고 할 수 있다.

3.

　　전자 오락에 익숙치 않는 독자에게는 아직까지 이러한 나의
이야기가 어떤 실감도 주지 않을 것이다. 그러므로 하나의 게임을 소
개하는 것이 불가피하다. 그러나 달마다 수십여 개씩 쏟아지는 전자
오락 중에 어떤 것을 선택할 것인가, 또 전자 오락 중에서도 어떤 장
르를 택할 것인가 하는 것은 어려운 문제이다. 필자는 다소간 자의성
이 있지만, 몇 가지 이유에서 루카스 필름의 자회사인 전자 오락 제작
회사 루카스 아트사가 1992년도에 출시한 '인디아나 존스 Ⅳ; 아틀란티
스의 운명'(이하 '아틀란티스의 운명'으로 줄임)이라는 어드밴처 게임을 소
개하고자 한다. 전자 오락 전체의 윤곽과 그것의 매체적 특성의 충분
한 규명을 위해서는 어드밴처 게임뿐 아니라 시뮬레이션 게임을 분석
하는 것이 필수적이지만, 그것은 별도의 지면을 필요로 하는 작업으로
보인다. 따라서 여기서는 어드밴처 게임만을 다룰 것이다. 그러나 어드
밴처 게임 내에서도 다른 선택이 가능할 것이다. 화면의 해상도나 음
향의 심도를 고려한다면, 최근의 인기 작품인 '어둠의 씨앗'이 '아틀란
티스의 운명'보다 훨씬 나을 것이고('어둠의 씨앗'의 해상도가 640×480인
데 비해 '아틀란티스의 운명'은 320×200이고, 전자는 캐릭터 사이의 대화가
문자 이외에 음성으로도 주어지는 데 비해, 후자는 문자로만 주어진다), 영화
와의 대비라면 < 인디아나 존스 Ⅲ: 최후의 십자군 >의 전자 오락판

---

6) 그뿐 아니라, 전자 오락은 사용자가 컴퓨터에 능숙한 경우에는 사용자 스스로가
디버그 Debug 프로그램을 이용해서 게임 자체를 일정한 정도 수정할 수도 있을 만
큼, 사용자의 참여도는 심층적이다.

이 나을 것이고, 소설과의 체계적인 대비를 위해서는 스테판 킹 Stephen King 의 ≪ 어두운 반쪽 Dark Half ≫의 전자 오락판이 나을 것이다. 그럼에도 불구하고 '아틀란티스의 운명'을 선택한 것은 그것이 전자 오락의 가능성을 매우 새롭게 발전시킨 작품이기 때문이다. 또한 스토리의 복합성이나 작품의 상징성, 영화 이전에 전자 오락으로 발매가 먼저 이뤄진 사실이 보여 주는 새로운 멀티미디어 전략의 차원, 독자의 인지도 등을 고려할 때도 '아틀란티스의 운명'은 매우 의미 있는 작품인 것이다. 이제 '아틀란티스의 운명' 속으로 들어가 보자.

　　　　'아틀란티스의 운명'을 컴퓨터의 하드 디스크 hard disk 에 설치하고(install) 게임을 실행시키면, 나중에 아틀란티스로 들어가는 장치를 여는 데 쓰이게 될 해의 돌, 달의 돌, 세계의 돌이 등장한다. 이 돌을 게임이 지정하는 매뉴얼의 페이지 모양으로 맞추면(이 모양이 패스워드의 역할을 하는데, 게임을 할 때마다 모양이 바뀐다) 게임이 시작된다. 영화의 첫 장면처럼 제작사의 이름과 제작자의 이름이 소개되면서, 이미 우리들에게 익숙한 < 인디아나 존스 Indiana Jones >의 주제 음악과 함께 바넷 대학의 도서관에서 친구 마르쿠스의 부탁으로 어떤 물건을 찾는 인디아나 존스의 모습이 등장한다. 거기서 그는 기이하게 생긴 조각품을 하나 찾아서, 그것을 가지고 마르쿠스와 스미스라는 방문객이 있는 방으로 간다. 그리고 그 조각품 안에서 조그만 구슬을 발견한다. 이 구슬이 바로 플라톤이 ≪ 크리티아스 Critias ≫에서 크리티아스의 입으로 말하는 아틀란티스의 신비한 금속 오리칼쿰 orichalcum 이다. 스미스는 이 물건을 인디아나 존스와의 격투 끝에 훔쳐서 달아나고, 인디아나 존스는 그 격투 도중에 벗겨진 스미스의 외투에서 발견된 그의 수첩으로부터 그가 독일 첩보원 클라우스 케르너임을 알게 된다. 그리고 그는 이 문제와 관련해서 케르너가 자신의 옛 조수인 소피아 햅굿을 찾아갈 것임을 알게 된다. 그는 소피아의 안전을 위해 뉴욕에 있는 소피아를 만나러 간다. 거기서 그는 소피아를 만나 독일이 아틀란티스의 신비한 에너지원인 오리칼쿰을 전쟁 무기로 쓰기 위해 아틀란티스를 찾고 있음을 알고, 그것을 막기 위해 그들도 아틀란티스를 찾아가기로 한다. 그들은 우선 아틀란티스의 위치가 적혀 있는 ≪ 플라톤의 잃어버린 대화록 *Plato's lost dialogue* ≫을 찾으러 길을 떠난다. 이를 위해 그들은 아이슬란드와 티칼과 아조레스를 헤매어 결국 ≪ 플라톤의 잃어버린 대화록 ≫을 찾는다. ≪ 플라톤의 잃어버린 대화록 ≫인 ≪ 헤르모크라테스 *Hermocrates* ≫는 ≪ 크리티아스 ≫에서 전하는 아틀란티스의 위치가 잘못된 것임을 지적하고, 올바른 위치를 다시 기록해 놓고 있다. 그들은 다음으로 아틀란티스로 들어가는 열쇠인 해의 돌과 달의 돌을 찾아 몬테카를로와 알제리를 돌아다니게 된다. 우여곡절 끝에 그들은 해의 돌을 찾고, 다음으로 달의 돌을 찾기 위해 크레타 섬으로 간다. 거기서 그들은 측량기와 고대의 벽화를 자료로 하여 달의 돌을 찾고, 두 개의 돌을 ≪ 플라톤의 잃어버린 대화록 ≫의 지시대로 주어진 자리에 맞추어 크레타의 미로 안으로 들어가게 된다. 이 크레타의 미로를 통과하여 그들은 여러 가지 사건을 해결하며 아틀란티스로 들어가게 된다. 세 개의 원환으로 되어 있는 미로형의 아틀란티스를 통과해서 들어가게 되면, 오리칼쿰 제작기를 만나게 되고, 중심에 이르러서는 오리칼쿰의 에너지를 인간에게 직접 합체시키는 거대한 장치를 만나게 된다. 여기서 인디아나 존스와 소피아는 독일 첩보원 케르너와 사악한 독일 과학자 우버만 박사에게 잡히게 된다. 그러나 그들의 미숙한 기계 조작으로 인해 아틀란티스의 유적은 무너져 내리고, 인디아나 존스와 소피아는 잠수함으로 탈출하게 된다.

　　　　이것이 '아틀란티스의 운명'의 대략적인 줄거리이다. 우리는 이러한 이야기로부터 몇 가지 흥미로운 모티브를 발견할 수 있다. 예를 들어 ≪ 플라톤의 잃어버린 대화록 ≫ 같은 모티브는 ≪ 장미의 이름 ≫의 아리스토텔레스 ≪ 시학 2권 ≫처럼 매력적인 모티브이다. 그러나 그런 모티브들을 제외하고는 '아틀란티스의 운명'의 스토리는 지극히 통속 소설적인 성격을 드러낸다. 전문적인 비평가가 아니더라도 이런 줄거리에는 과거로의 값싼 회귀, 나치라는 통속적 매개가 보여 주는 낡은 마니즘적 *manichaean* 이데올로기, 모든 것을 허물어뜨림으로써 일상을 회복시키는 것이 함축하고 있는 이데올로기적 안정화 같은 통속 소설의 모티브와 내러티브를 보게 된다.[7]

그러나 이것이 '아틀란티스의 운명'의 전부는 아니다. 왜냐하면 이러한 줄거리는 '아틀란티스의 운명'을 실행하는 사용자가 직면하는 하나의 줄거리일 뿐이기 때문이다. '아틀란티스의 운명'은 이러한 기본 줄거리를 경유하기는 해도, 그것에 이르기 위해서 사용자는 끊임없는 시행 착오를 경험해야 하고, 계속해서 수수께끼를 풀어야 하며, 상이한 선택지를 통해 상이한 출구를 만나게 되며, 상이한 결말에 이를 수도 있다. 예를 들어, 인디아나 존스는 티칼에서 스턴하트 박사가 탐사하는 피라미드 안으로 들어가기 위해서 ≪플라톤의 잃어버린 대화록≫의 이름을 알아맞혀야 하는데, 화면 한 구석을 날아다니며 쓸데없는 소리를 지껄이는 앵무새에 착목하여 스턴하트 박사 몰래 그 앵무새에게 ≪플라톤의 잃어버린 대화록≫의 제목을 물어 보지 않는 한, 그 이름을 알아맞힐 수는 없다. 또 인디아나 존스는 자신에게 정보를 제공해 줄 사람을 만나기 위해서 티칼을 먼저 갈 수도 있고, 아이슬란드를 먼저 갈 수도 있고, 아조레스를 먼저 갈 수도 있다. 바넷 대학의 도서관에서 ≪플라톤의 잃어버린 대화록≫을 찾아야 할 때에도 인디아나 존스는 다양한 방법을 통해서 책을 찾을 수 있을 뿐 아니라, 그 책이 속해 있는 컬렉션을 가르쳐 주는 코스타 교수의 말도 게임을 풀 때마다 스프라그 컬렉션, 던롭 컬렉션, 피어스 컬렉션, 아슈케나지 컬렉션으로 달라진다. 일단 ≪헤르모크라테스≫를 얻게 되면, 그 때부터는 근본적으로 상이한 세 가지 경로를 통해서 아틀란티스의 입구에 도착하게 된다. 소피아가 납치되면, 그녀를 구하느냐의 여부에 따라서 소

---

7) 그러나 '아틀란티스의 운명'의 경우, 아틀란티스는 무너지지만 ≪플라톤의 잃어버린 대화록≫이 인디아나 존스의 수중에 남게 된다는 점에서 일상의 복원이라는 통속 소설의 기본 문법도 충실하게 구현되어 있지 못하다.

피아는 죽기도 하고, 살기도 하며, 마지막 장면의 우버만 박사와의 대화에서 그를 속이지 못하면 인디아나 존스 자신이 죽을 수도 있다.

이러한 '아틀란티스의 운명'의 구조는 보르헤스 J. L. Borges가 꿈꾼 ≪ 두 갈래 오솔길이 있는 정원 *El jardin de senderos que se bifurcau* ≫의 최번 崔番 의 소설과 같은 구조이다. 보르헤스는 ≪ 허구들 *Fictiones* ≫의 서문에서 이렇게 말한다. "방대한 책을 쓴다는 것은 보잘것도 없이 힘만 드는 헛짓거리에 불과하다. 말로 하면 몇 분 내에 완벽하게 설명할 수 있는 생각을 500페이지로 늘리는 것도 그렇다. 이보다는 그런 책이 이미 존재한다고 여기고, 이에 대한 요약과 주석을 제시하는 척하는 편이 더 낫다."[8] 이런 책의 존재가 불가능한 것은 아니다. 아마 에코의 ≪ 장미의 이름 ≫은 보르헤스의 ≪ 죽음과 나침반 *La muerte y la brújula* ≫과 ≪ 바벨의 도서관 *La biblioteca de Babel* ≫의 모티브를 이용하여 그가 언급한 500페이지짜리 책을 쓰면서, 또다시 그 안에 쓰여진 어떤 것으로 여겨지는 책(아리스토텔레스의 ≪ 시학 2권 ≫)에 대한 이야기를 쓴 경우일 것이다. 그러나 그가 짐짓 이미 존재한다고 여기는 ≪ 두 갈래 오솔길이 있는 정원 ≫과 같은 소설은 불가능한 소설이다. "저마다 증식하고 분기하는 다양한 미래를, 다양한 시간을 창조"[9]하는 소설은 일종의 '수행적 열림 *performative openness*'을 전제하는데, 시간적으로 분기하는 소설은 끊임없이 선택해야 하는, 기껏해야 그 선택을 즐거워하거나 후회하는 것만이 가능한 인과성의 사슬로 인해 불가능하다. SF 소설만이 독자와의 공모 아래서 시간의 패러독스를 저지를 수 있을 뿐이다. 그러나 '아틀란티스의 운명'은 끊임없이 분기하고, 다양한 미래를 향해서 열려 있는 미로의 구조를 지니고 있다.

'아틀란티스의 운명'의 매력은 미로화된 이야기 구조와 그것에 수반된 수행적 열림이다. 한번 결말에 도달하는 것으로는 이 텍스

---

8) 보르헤스, ≪ 허구들 ≫, 박병규 역, 서울: 녹진, 1992, p.16.
9) 같은 책, p.111.

트의 1/5도 채 알 수가 없다. 왜냐하면 우리는 일단 어떤 경로를 통해서 결말에 이른다고 해도 그것은 단지 가능한 하나의 경로에 불과하고, 결말에 이르지 않는 잘못된 길에 들어가지 않고, 주어진 사태를 통과하는 것조차 그로부터 얻을 수 있는 멋진 체험을 우연한 성공으로 인해 경험하지 못하는 것에 지나지 않기 때문이다. 예를 들어 크레타의 미로 안에서 우리는 미노타우로스 상이 있는 방을 통과하지 않고도 미로를 벗어날 수 있는데, 그것은 그 상을 볼 수 있는 기회의 상실이라는 측면도 지니고 있다. 이러한 미로화된 이야기 구조와 그것을 통과하는 수행적 열림은 영화도 소설도 해낼 수 없는 전자 오락의 새로운 차원이다.

4.

이제 이러한 수행적 열림을 가능케 하는 '아틀란티스의 운명'의 미로가 어떤 구조인지 좀더 자세히 살펴보자.

에코의 분류를 따르자면 미로에는 세 가지 형태가 있다. 첫째는 크레타적 미로이다. "크레타의 미로에 들어간 테세우스 Theseus 에게는 선택권이 없다. 그는 중심부에 도달할 수밖에 없으며, 그 중심부로부터 출구로 나올 수밖에 없다. [……] 그러한 미로는 맹목적인 필연성에 의해 지배된다. [……] 이런 종류의 미로에서는 우리가 길을 잃을 수가 없음으로, 아리아드네 Ariadne 의 실은 쓸모가 없다." 두 번째 유형은 선택형 미로이다. "선택형 미로는 대체적으로 통로들 사이에서의 선택들을 나타내고 있으며, 어떤 통로들은 막혀 있다. 선택형 미로에서는 실수할 수가 있다. [……] 이런 종류의 미로에서는 아리아드네의 실이 필요하다. 그것이 없으면, 동일한 움직임들을 반복하면서 돌아다니느라 일생을 다 소비해 버릴지도 모른다. [……] 선택형 미로는 미노타우로스를 필요로 하지 않는다. 그것은 그 자체가 미노타우로스이다. 바꿔 말해 미노타우로스는 방문자의 시행 착오 절차이다." 세 번째는 그물형 미로이다. "하나의 그물이란 제한 없는 영역이다. 미국이라는 영역은 어느 누구에게도 뉴욕에서 댈러스로 가는데 미주리 주의 세인트 루이스를 거쳐서 가도록 강요하지 않는다. 또한 뉴올리언스를 통해서 갈 수도 있다. [……] 그물에 대한 가장 좋은 이미지는 들뢰즈 G. Deleuze 와 가타리 F. Guattari 가 제안한 땅속줄기 *rhizome* 에 대한 식물적 은유에서 얻어진다."[10] 이러한 미로에서는 외부와 내부의 구별도 존재하지 않고, 구조 자체가 시간적으로 변형을 겪는다.

　　　　이러한 미로의 양상 중에 '아틀란티스의 운명'은 어떤 미로 구조를 가지고 있을까? 그것은 선택형 미로를 기본형으로 하면서 부분적으로 그물형 미로를 채택하는 형태로 되어 있다. 그것이 단순한 의미에서의 선택형 미로일 수 없는 이유는 이야기의 진행이 막힌 곳과 열린 곳의 이중 구조로 되어 있는 것이 아니라, 다시 말해 막힌 영역이 선적인 구조로 되어 있는 것이 아니라 순환적인 구조로 되어 있다는 점과 다양한 출구를 열어 놓고 있다는 점 때문이다. 실제로 이러한 출구의 다양성은 그것이 모든 경우의 수가 언제나 수행적으로 개방되어 있는 것으로 체험된다. 그러나 실제로 게임이 이상적인 그물의 양상을 띠고 있다는 것을 가정할 수는 없다. 그물의 모든 점이 연결되어 있는 것은 아니기 때문이다. 시퀀스의 진행은 일정한 비가역성을 가지고 있어서 모든 선택지 안에 개방되어 있는 것은 아니다. 미래를 향해 열려 있고, 분기하지만 가역적인 열림은 공간적인 수준이 아닌 한, 불가능하다. 나는 이러한 미로를 '확장된 선택형 미로'라고 부르고 싶다.

　　　　그러나 여기서 하나의 의문이 제기될 수 있다. 미로는 실제로 선택형 미로라는 수준에서도 모험의 주인공을 늙어 죽게 할 수 있

---

10) 움베르토 에코, ≪ 기호학과 언어 철학 ≫, 서우석·전지호 역, 서울: 청하, 1990, pp.131~2.

다. 그렇다면 도대체 어떻게 사용자가 인디아나 존스를 아틀란티스에 도달하게 할 수 있는가 하는 의문이 생기는 것이다. 만일 어디서 우리가 잘못된 길에 접어들었는지 알 수 없다면, 출구를 찾는 일은 무망한 일이다. 여기서 우리는 '아리아드네의 실'을 필요로 하게 된다. 더구나 이 게임에서처럼 그물형 미로까지 일정한 정도로 도입되면, 아리아드네의 실조차 쓸모가 없어진다. 아리아드네의 실 자체가 미로화되어 버리기 때문이다. 그렇다면 그물형 미로까지 통과할 수 있는 전자 오락에서의 아리아드네의 실은 무엇인가? 그것은 프로그램 자체이다. 여기서 우리는 게임이 진행되기 위해서 불가피하게 요구되는 전자 오락의 경계를 보게 된다. 프로그램 자체가 주인공의 방황을 반복해서 일정한 원점으로 되돌려 놓아야 한다는 것이 그것이다. 그렇지 않으면, 주인공의 방황은 무한한 것이 된다. 물론 그런 게임을 만들어 내는 것이 불가능한 것은 아니다. 그러나 그런 경우에는 해결 불가능성을 게임으로 제안하는 역설에 처하게 된다. 외부가 없기 때문에 내부로부터 더듬어 나아가는 것 이외의 방법이 없으며, 근본적으로 해 解 를 가지지 않는 미로가 형성될 것이기 때문이다. 따라서 전자 오락은 스스로 아리아드네의 실의 역할을 수행하여야 한다.

그럼에도 불구하고 게임이 흥미를 더할 수 있는 이유는 게임 안의 막힌 통로가 실제로 막힌 통로인지, 아니면 은폐된 통로인지 판단되어야 하기 때문이다. 이를 위해서 '아틀란티스의 운명'의 모든 화면은 해석학의 대상이 된다. 화면 속에는 문과 열쇠가 숨겨져 있기 때문이다. 따라서 모든 화면은 '숨은 그림 찾기'의 대상이 된다. 게임의 화면에는 항상 문제를 풀 수 있는 단서와 문제를 풀기 위해서 필요한 자원들이 숨겨져 있다. 그것은 320×200의 해상도를 따라 선명한 색상으로 이루어져 있는 공간이지만, 사실 그것의 본질은 인디아나 존스가 사막의 발굴 현장의 구멍에서 마주치게 되는 어두운 화면이다. 항상 사용자는 인디아나 존스를 대신하여 커서 cursor 로 화면 전체를 더듬어 봐야 한다. 소설은 이러한 숨은 그림 찾기를 제공할 수 없다. 주인공은 화면 속의 작은 아이템들과 단서를 무심코 지나칠 경우, 앞으로 나아갈 수 없거나 그 장소로 되돌아와야 한다.

5.

'아틀란티스의 운명'의 또 한 가지 흥미로운 점은 이 미로화된 이야기 안에 세 가지 상이한 미로가 자의식적으로 등장한다는 점이다. 이 미로들은 전형적인 선택형 미로이고, 이 미로들에서만은 프로그램이 아리아드네의 실 역할을 중단한다. 그 세 가지 미로는 크레타 동굴의 미로, 아틀란티스의 외곽원의 미로, 아틀란티스의 중심의 미로이다. 이 세 가지 미로는 화면으로 전달될 수 있는, 즉 미로를 바라볼 수 있는 세 가지 시선에 따라 구성된다. 다시 말해 이 세 가지 미로의 차이를 구성하는 것은 그것의 가시성과 조망 가능성의 차이이다.

첫번째 크레타의 미로는 주인공의 체험 형식으로 구성된 공간이다. 따라서 여기서 우리에게 가시적인 것은 주인공의 행로뿐이다. 어떤 경로로 여기에 도달하느냐에 따라 달라지는 이 미로 안에서 우리는 미노타우로스의 석상과 아틀란티스의 모형 같은 멋진 화면을 접할 수 있다. 이 미로를 우연히 통과하는 것은 불가능하다. 미로에는 은폐된 통로를 개방하기 위한 열쇠들 또한 숨겨져 있기 때문이다. 따라서 사용자는 스스로 아리아드네의 실을 작성해야 한다.

두 번째 미로는 주인공의 체험과 사용자의 조감이 동시에 제시되는 미로이다. 이것은 가장 쉬운 미로이다. 여기서 중요한 것은 결국은 막혀 있는 미로를 뚫고 안으로 진입하는 것이다. 이를 위해서는 오리칼쿰을 이용하여 문을 열어야 한다. 사실 이 두 가지 미로는 나름대로의 흥미를 지니고 있지만, < 인디아나 존스 III: 최후의 십자군 >에서의 등장하는 미로인 베니스의 지하 수로와 구조는 유사해도 매력은 덜한 것 같다.

    세 번째 미로는 가장 환상적인 미로로 커다란 석상의 입으로부터 흘러내린 용암과 이러한 석상들 사이의 벽돌 건조물에 무수히 뚫려 있는 구멍들로 이루어진다. 화면 전체의 화려하고, 신비한 모습뿐 아니라(실제로 '아틀란티스의 운명'이 영화화된다면, 이 장면을 어떻게 영화화할 수 있을지가 의문스러울 정도이다), 인디아나 존스의 위치를 변화시킬 때마다 이동하는 배경의 모습이 몹시 모호하게 이동하기 때문에 언뜻 봐서는 거대한 석상과 거기서 쏟아지는 용암 줄기가 셋인지, 넷인지조차 알기 어렵다. 인디아나 존스가, 이러한 석상들로부터 쏟아지는 용암 줄기들 한가운데 있는 아틀란티스의 중심으로 들어가는 문에 이르기 위해서는 석상들 사이에 있는 입구들을 통과해야 하는데, 사용자가 볼 수 있는 것은 입구와 출구뿐이다. 곧 사용자가 인디아나 존스를 어떤 입구로 가게 하면, 다음으로 우리는 어떤 엉뚱한 출구로 나오는 인디아나 존스를 볼 수 있을 뿐이다. 극히 비가시적인 이 미로가 우연한 해결이 아니라면, 미로의 전체 구조를 이해하기 위해서는 미로 외부로부터 미로의 전체 윤곽에 기초하여 미로의 구조를 추론해야 하는데, 이러기 위해서는 수도원 도서관의 아프리카관으로 들어가기 위해서 탑의 외부로부터 탑 내의 미로를 추론하는 바스커빌의 윌리엄 수도사를 흉내내야 한다.

    이렇게 모든 미로를 해결하면 드디어 우리는 중심에 도달하게 됨으로써, 길고 긴 '중심을 향한 순례'를 끝내게 되는 것이다. 그리고 최후의 수수께끼를 회피함으로써, 곧 인간에게 오리칼쿰의 에너지를 합체시킴으로써, 스스로 신이 되기 위해서는 얼마만큼의 오리칼쿰의 에너지가 필요한가 하는 수수께끼를 회피함으로써 살아남는다. 이 수수께끼야말로 아틀란티스의 멸망의 원인이며, 아틀란티스의 왕 누르압 살조차 풀지 못한 수수께끼인 것이다. 시행 착오가 허락되지 않는 이 치명적 수수께끼(이것이야말로 이 미로의 미노타우어이고, 왕의 목을 베는 신성한 도끼 라비린트이다)는 그것을 감행하는 우버만 박사를 죽게 하고, 그것을 회피한 인디아나 존스를 살아남게 한다.

6.

이제 '아틀란티스의 운명'에 어떤 한계가 있는지를 소설과의 대비 속에서 살펴보자. 우리가 아틀란티스에 대해서 알고 있는 지식들에 의거하면, '아틀란티스의 운명'의 몇 가지 모티브들이 왜 그런 식으로 제시되어 있는지에 대해서 의문이 생기기 때문이다.

사실 '아틀란티스의 운명'은 아틀란티스에 대한 최근의 연구를 충분히 수렴하고, 그것에 의해 이야기를 치밀하게 구성하고 있기는 하다. 아틀란티스의 위치에 대한 최근의 연구는 아틀란티스가 헤라클레스의 기둥 외부에 있다는 플라톤의 이야기와 헤라클레스의 기둥은 지브롤터 해협이라는 전통적 학설에 따라 아틀란티스의 위치가 대서양이라고 보는 기존의 학설에 대해 심각한 의문을 제기하고 있다. 왜냐하면 아틀란티스의 위치를 대서양으로 보는 생각은 플라톤이 묘사한 아틀란티스의 특징을 설명할 수 없기 때문이다. 플라톤은 아틀란티스에는 '뜨거운 샘(즉 온천)'이 솟는다고 묘사하고 있으며, 아틀란티스가 하룻밤 하루 낮만에 멸망해 버렸다고 하는데, 그러기 위해서는 아틀란티스가 지진대와 화산대에 걸쳐 있어서 화산 활동에 의해서 멸망했다고 봐야 한다. 그런데 대서양에서는 그런 곳을 찾기 힘들다. 따라서 대서양이 아닌 어떤 곳이 아틀란티스의 소재지가 될 수 있는가가 문제가 된다. 유력한 가설은 아틀란티스의 위치를 지중해나 에게해로 보는 견해이다. 이러한 가설을 뒷받침해 주는 근거는 다음과 같다. 우선 에게해 연안에는 과거에도 화산 활동이 있었을 뿐 아니라, 크레타 섬 북방의 티라 섬에서는 지금도 화산 활동이 활발하다는 점이다. 다음으로 이런 가설을 지지하기 위해서는 플라톤에 의해 기술된 몇 가지 사실이 정정될 필요가 있는데, 아틀란티스의 연혁과 규모에 대한 수치는 미노아 선문자의 혼동하기 쉬운 형태로 인해 플라톤이 잘못 전달받았을 가능성이 크다는 것과 플라톤 이전의 그리스인들은 헤라클레스의 기둥을 지브롤터 해협이 아니라, 그리스 본토 남단의 말레아 곶과 테나론 곶으로 여겼다는 사실이 밝혀져 이 가설은 더 현실성을 띠게 되었다. 더구나 크레타와 그 인근 섬에서 발굴된 프레스코화는 크레타 문명이 아틀란티스 문명의 일부가 아닐까 하는 추측을 가능케 하고 있다. 그런 점에 '아틀란티스의 운명'에서 아틀란티스의 위치가 크레타 섬 인근으로 설정되는 것은 최근의 학설을 충분히 수렴한 것으로 볼 수 있다. 그리고 ≪ 크리티아스 ≫에 기술되어 있는 아틀란티스의 위치를 수정하기 위해서 ≪ 플라톤의 잃어버린 대화록 ≫을 설정한 것도 매우 재치있는 발상이라고 할 수 있다.

그러나 우리는 이 게임이 이런 문제들을 해결해 나가는 방식에 대해서 몇 가지 문제를 제기할 수 있다. 한 예로 ≪ 플라톤의 잃어버린 대화록 ≫의 제명을 찾는 문제를 생각해 보자.[11] 플라톤이 아틀란티스에 대한 이야기를 나누고 있는 곳은 그의 대화편 중에 ≪ 티마이오스 ≫와 ≪ 크리티아스 ≫ 두 편이다(후자는 앞의 몇 장만이 전수되고 있다). 전자의 경우에는 대화의 참여자가 크리티아스, 소크라테스, 헤르모크라테스, 티마이오스이고, 후자의 경우에는 크리티아스, 소크라테스, 헤르모크라테스이다. 그리고 이 두 편 모두에서 헤르모크라테스는 주요한 화자도 아니고, 플라톤의 전체 대화편에서도 ≪ 티마이오스 ≫와 ≪ 크리티아스 ≫ 이외에는 등장하지 않는다. 그런 점에서 플라톤이 헤르모크라테스를 주요 화자로 하는 대화록을 썼다고 가정하고, 그 잃어버린 대화록의 제명을 ≪ 헤르모크라테스 ≫로 설정한 것은 대단히 치밀한 구성이다. 그러나 역으로 그렇기 때문에 이러한 제목을 앵무새를 통해서 알아 내는 인디아나 존스의 행동은 수수께끼 풀이 방식으로는 그런 대로 매력적이지만, 지나치게 우연적이고 따라서 그리 설득력 있는 해결 방식도 아니게 된다. 왜냐하면 처음부터 ≪ 플라톤의 잃어버린

---

11) 이외에도 우리는 아틀란티스의 중심에 있는 신전에 있다고 전해지는 아틀란티스의 주신인 포세이돈 Poseidon 의 신상이 왜 '아틀란티스의 운명'에서는 등장하지 않는가 하는 따위의 각각의 경로에서 등장하는 여러 에피소드와 아이템의 개연성에 대해서도 의문을 제기할 수 있다.

대화록≫을 찾고자 한다면, ≪티마이오스≫나 ≪크리티아스≫에 주목하는 것이 당연하고, 그것으로부터 제목을 추론하는 것은 이 게임의 프로그램 제작자가 제목의 설정 과정에서 그렇게 했듯이, 게임을 푸는 사람에게도 불가능한 것이 아니기 때문이다. 더구나 인디아나 존스가 고고학자이니 말이다.

발견된 ≪헤르모크라테스≫에서도 의문은 남는다. 그것은 스턴하트 박사의 번역본으로 되어 있는데, 그는 아랍 어로 된 원본을 이탈리아의 수도원에서 발견했다고 한다. 그러나 이러한 설정 자체가 텍스트의 흥미를 떨어뜨린다. 고문서 해독이나 암호 풀이 같은 가장 멋진 모험의 계기가 등장하지 않기 때문이다. 발견된 책의 내용도 다소간 의심스럽다. ≪헤르모크라테스≫는, 헤르모크라테스가 ≪크리티아스≫에서의 이야기가 이집트 어를 희랍어로 번역하는 과정에서 저지른 실수를 바로잡는 형식으로부터 출발한다. 그리고 이 진술을 토대로 해서 인디아나 존스는 크레타 섬으로 가게 되는 것이다. ≪티마이오스≫에서 크리티아스가 말하듯이, 아틀란티스에 대한 이야기가 그리스 칠현 七賢 의 한 사람인 솔론 Solon 이 이집트의 사이스의 신관에서 들은 이야기로 되어 있다는 점에서 그런 번역상의 실수를 문제삼는 것은 그럴 듯하다. 그러나 플라톤이 그런 정정을 위해 기존의 ≪크리티아스≫를 수정하지 않고, 새로 ≪헤르모크라테스≫를 저술해야 할 필요가 있다고 보는 것은 별로 설득력이 없다. 따라서 차라리 ≪크리티아스≫의 수정본을 설정하거나, 전해지지 않은 ≪크리티아스≫의 소실된 뒷부분을 이용하든지, ≪헤르모크라테스≫의 저술 동기가 ≪크리티아스≫의 정정이 아닌 다른 것에 있든가 하는 것이 보다 설득력 있었을 것이다. 또는 아예 아틀란티스의 전설을 근대 초기에 새롭게 갱신한 프랜시스 베이컨의 알려지지 않는 텍스트로 설정하는 것이나, 아니면 베이컨의 비서였던 토마스 홉스가 쓴 베이컨에 대한 알려지지 않는 텍스트로 하는 것이 더 흥미 있는 이야기를 구성할 수 있지 않았을까?

그러나 '아틀란티스의 운명'의 문제 해결 방식의 문제점들은 결코 프로그램 제작자의 실수나 아둔함에서 생기는 문제점으로 보지 않는다. 왜냐하면 필자가 제시한 문제 해결 방식들은 주인공이 상당히 많은 사전 지식을 가질 것을 전제한다. 그러나 이러한 사전 지식을 게임의 주인공이 소유하는 것은 불가능하다. 왜냐하면 수행성을 기반으로 하는 게임은 주인공의 능력과 사용자의 능력의 일치가 필요하기 때문이다. 게임 사용자에게 플라톤의 대화록이나 아틀란티스에 대한 지식을 요구할 수는 없다. 따라서 주인공을, ≪장미의 이름≫의 윌리엄 수도사처럼 라틴 어와 아랍 어를 할 줄 아는 능력 있는 존재로 설정하는 것이 소설에서는 가능하지만, 게임의 경우에서는 주인공의 능력이 사용자의 능력과 등치되어야 하기 때문에 불가능하다. 게임에서는 소설에서처럼 주인공이 독자와는 독립적인 능력을 소유할 수 있는 상황이 허락되지 않는다. 이것은 전자 오락의 수행성이 야기하는 내생적인 한계인 것이다. 따라서 세 개의 돌을 이용한 아틀란티스의 문을 여는 방법도 주인공의 암호 풀이 능력에 의존할 수 없고, 화면 내에서 숨겨진 도면에 의하거나 ≪헤르모크라테스≫ 안에 적혀 있는 방법을 따라야 하며, ≪헤르모크라테스≫도 그리스 어나 아랍 어 텍스트가 아니라, 스턴하트 박사의 번역본이 되는 것이 불가피해진다.

7.

모든 소설이 어드밴처 게임으로 변환할 수 있는 것은 아닐 것이다. 예컨대 시점이 복합적이고, 끊임없이 변환하는 소설이나, 주인공의 내면적인 풍경이 핵심적인 소설은 전자 오락으로 변화하기 어려울 것이다. 그러나 탐정 소설이나 모험 소설의 경우는 어떨까? 혹시 문학 작품의 전자 오락으로의 변환은 통속 소설에서만 가능한 것은 아닐까? 예를 들어 ≪장미의 이름≫을 어드밴처 게임으로 만드는 것은 가능할까? 여기서 문제는 오히려 이 질문 안의 '가능'이라는 말이다. '가능'이라는 말이 한 텍스트의 다른 장르로의 '온전한' 변환을 의미하는 한, 그 대답은 물론 부정적이다. 우리가 위에서 본 것과 같이 소설과 전자 오락이라는 두 장르 사이에는 일정한 구조적 차이가 있다. 그러나 그것은 모든 장르 변환에서 나타나는 문제이다. 적어도 전자 오락이 장 자크 아노 Jean-Jacques Annaud 의 < 장미의 이름 *The Name of the Rose* >에 필적하지 못할 이유는 없는 것으로 보인다.

혹자는 그렇다고 해도 전자 오락이 ≪ 장미의 이름 ≫의 무수한 주제들, 그 작품의 진정한 예술성, 해석적 깊이에는 도달할 수 없을 것이라고 생각할 수 있다. 그러나 문자와 음성 전언을 가진 전자 오락에서 문학적 수사나 위트에 넘친 대화는 전혀 불가능한 것이 아니다.[12] ≪ 장미의 이름 ≫의 매우 깊이 있는 주제들, 예를 들어 그리스도의 웃음, 진리의 위험성, 이단과 정통의 아슬아슬한 경계, 요리 수사 레미지오의 전율스러운 허위 자백, 신이 휘갈겨 쓴 양피지로서의 세계로부터 추리의 오류가 가르쳐 준 오컴 Ockham 의 명목론적 세계로의 이행 등도 전자 오락의 세계에서 불가능한 것은 아니다. 왜 전자 오락의 전언들이 기저 의미와 부가 의미를 갖고, 알레고리적 해석의 대상이 되는 것이 불가능하겠는가? 문제는 단지 위에서 제시했듯이 매체의 구조로부터 나오는 가능성과 한계일 뿐이다.

그런 점에서 볼 때, 전자 오락의 매체적 능력의 확장은 미래를 향해 활짝 열려 있다. 우리는 전자 오락이 고화질 TV와 더불어 오디오와 연결되고, 체감 머신화되고, 게임 자체도 어드밴처와 롤 플레잉과 시뮬레이션과 액션 게임이 장르 복합된 세계로 생각해 볼 수 있다.

---

12) 실제로 우리는 '아틀란티스의 운명' 안에서 무수한 농담과 수사를 발견할 수 있다. 한 가지 예를 들어 본다면, 인디아나 존스는 게임의 첫머리에서 소피아를 찾아 뉴욕으로 떠나며 친구 마르쿠스에게 "마르쿠스, 내가 소피아와 함께 아이슬란드에서 보냈던 시간은 내 인생에서 가장 추운 시절이었어"라고 말함으로써 앞으로 있을 여정의 고난을 암시한다.

체감 머신에 앉아 선명하고 큰 화면 앞에서 스테레오 사운드를 들으며 전략을 짜고, 액션과 슈팅을 하며, 화면 안의 상대와 격투하고, 대화하고, 수수께끼를 풀고 있는 상태를 생각해 볼 수 있다. 거기에 홀로그래피 *holography* 까지 가세한 극사실성 *hyperreality* 의 세계도 가능할 것이다. 이러한 상상은 결코 황당한 것은 아니다. 1962년 **MIT** 연구소에서 극히 초보적인 전자 오락 '스페이스 워'가 만들어진 지 이제 30년밖에 되지 않았다. 그리고 그 이후 1978년 '스페이스 인베이더'가 폭발적인 상업적 성공을 거둔 이후 게임 산업은 가속적으로 발전하고 있으며, 이제 컴퓨터와 반도체 산업에 종속적인 상태에서 벗어나 오히려 그러한 산업의 발전을 유도하고 있는 상황인 것이다.

또한 매체적인 성격뿐 아니라, 게임이 지닌 흡수력과 다양성이 게임의 확장을 가능케 한다. 게임은 연령과 성별과 직업에 따라 다변화될 수 있다. 예를 들어 '공주 만들기'라는 프로그램처럼[13] 처음부터 여 중고생의 취향을 겨냥한 프로그램이 그런 것이다. 주부를 위하여 고부간의 갈등을 해결하는 전자 오락이 불가능할 이유는 없다. 게임의 성격을 지닌 것 중에 원천적으로 게임화될 수 없는 것은 거의 없다. 도박, 장기, 바둑, 스포츠뿐 아니라 개인의 생애사, 전쟁, 혁명도 가능하다. 실제로 우리는 전자 오락 프로그램 매장에서 미국 독립 전쟁을 다룬 시뮬레이션 프로그램이나 한국 전쟁을 다룬 미국산 프로그램을 발견할 수 있다. 따라서 우리는 1987년의 민주 대항쟁이나 1980년 광주 민주화 항쟁이 전자 오락으로 되는 상황도 생각할 수 있다.[14]

이러한 사실로부터 우리는 전자 오락이 새로운 시대의 문화적 우세종으로 부상하고 있음을 알 수 있다. 그리고 이런 전자 오락

---

13) 이 프로그램은 대사가 한글로 변환된 판이 나올 만큼 우리 나라에서 상업적인 성공을 거두고 있다.

14) 모든 역사적 무게와 진지함이 게임의 가벼움 속으로 사라지는 이러한 상황은 악몽이 아닐까? 그러나 설령 그것이 악몽이라고 해도 그것의 객관적인 가능성은 부인될 수 없다.

속의 모험을 그 말의 모호함에 다소간 기대면서, '포스트모던 어드밴처'라고 불러도 좋을 것이다.

'아틀란티스의 운명' 하나를 풀기 위해서는, 제법 능숙한 사용자라 해도 적어도 열흘 정도는 씨름해야 한다. ≪ 장길산 ≫을 읽는 정도의 시간이 필요한 것이다. 그렇다면 정가 2만 5000원의 '아틀란티스의 운명'은 소설에 대해 상업적으로도 경쟁력을 갖추고 있다고 해도 좋을 것이다.[15] 이러한 시대에 소설은 어떤 표정을 지을 수 있을까? 한때 무협지 작가였던 사람들이 무협 만화의 스토리 작가가 되었듯이, 소설가는 전자 오락의 스토리 작가로 변신할까? 혹은 조지 루카스 G. Lucas 가 전자 오락의 세계를 영화에 도입함으로써 < 스타 워즈 Star Wars >를 만들었듯이, 전자 오락을 소재로 하는 소설이 등장하는 것은 아닐까?[16] 아니, 이미 소설은 전자 오락적인 것 같다. (이 글에서 상세하게 분석은 하지 않았지만) 시뮬레이션 게임은 이미 소설 안에 실현되어 있는 것으로 보인다. 복거일의 ≪ 비명을 찾아서 ≫나 고원정의 ≪ 최후의 계엄령 ≫에서 우리는 시뮬레이션 게임을 보게 된다. 물론 이런 사실들이 소설의 종언을 재촉하는 예후들이라고 단정하기는 어려울 것이다. 그러나 성장하고 있는 미래의 소설 독자들의 해독 관행 형성 reading formation 이 전자 오락적이라는 사실은 이런 생각을 성급한 예단으로만 몰아붙일 수 없게 하는 것 같다. 이러한 세대들에게는 이제 ≪ 장미의 이름 ≫의 수도사 아드소가 자신의 발문에 인용했던 아 켐티스의 구절은 다음과 같이 변형할 수도 있을 것이다. "내 모든 것에서 쉴 곳을 찾았으나, 전자 오락이 있는 구석방보다 나은 곳은 없더라."

---

15) 물론 전자 오락을 위한 하드웨어는 소설과 비할 수 없이 비싸다. 적어도 286 AT의 컴퓨터에 칼라 모니터, 사운드 블레스터와 스피커 정도가 필요하니 말이다. 그러나 컴퓨터는 전자 오락만을 위한 것이 아니며, 이미 컴퓨터를 가진 사람이라면 게임 프로그램은 그리 비싼 것이 아니다.

16) 이미 에코는 ≪ 푸코의 추 The Pendulum of Foucault ≫에서 컴퓨터의 패스워드를 소설의 새로운 소재로 삼은 바 있다.

제3부 농담, 유머, 죽음

웃음의 해석학, 화용론적 수사학, 행복의 정치학: 프로이트의

<농담과 그것의 무의식과의 관계>에 대한 고찰

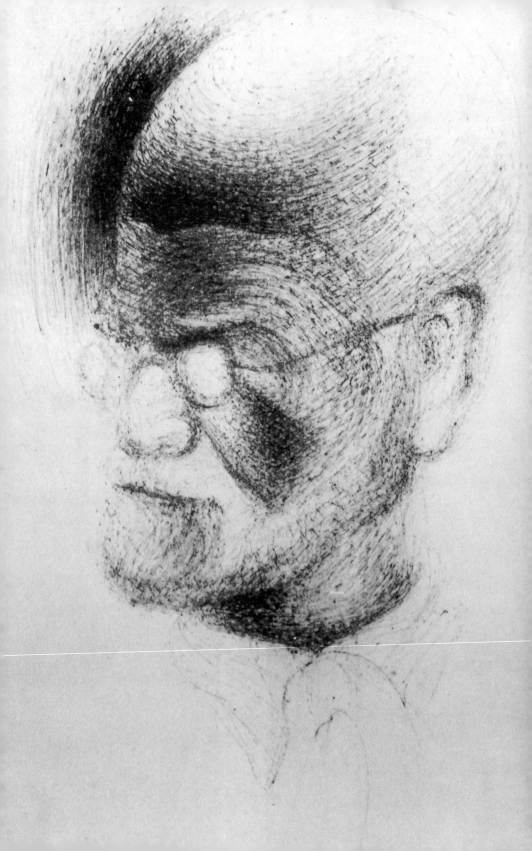

1. 싱크리티즘

내가 잘 아는, 탈춤을 추다가 이제는 학문을 하는 한 학형은 우리의 지적 상황에 대해 약간 자조적인 이야기를 기묘한 자존심과 섞어서 이야기하길 좋아했다. 그런 태도에는 성찰적인 측면과 정직의 측면이 있다. 그러나 무언가 비틀린 상태를 성찰한다는 것은 성찰을 통해 그 비틀림에서 벗어나고자 하는 욕망의 표현이지만, 그 비틀림의 힘은 성찰의 과정을 비틀리게도 할 만큼 심층적인 것이기도 하기 때문이다.

그 학형이 이러한 모순적인 태도로 끌어안아야 했던 우리의 사회과학의 지적 상황은 어떤 처지인가. 따지고 보면, 언제나 외국 이론을 읽으며, 언제나 '새것 콤플렉스'에 시달리며(우리 사회과학에서 우리를 가르친 선생님들은 언제나 바다를 건너온 뱃사공 신드바드였다), 학자의 첫번째 사명인 외국어 능력에 고통받으며, 자신의 역사적 생채기와 오늘의 참담함을 낯선 이방의 언어로 풀어 보고자 하는 것이라고 할 수 있다. 하지만 우리는 그런 시도조차 기약 없는, 어쩌면 가망 없는 시도일지 모른다는 내부의 불안과 외부의 혐의에서 벗어나지 못한다. 이론의 보편성에 대한 신뢰이든[당연히 이런 신뢰 밑에는 인간(이성)의 보편성이라는, 역사적으로 뿌리가 박약하고, 그나마 실천적으로는 빈번히 부인되는 전제, 이론을 정당화하는 메타 이론이 깔려 있을 것이다. 그것이 아니라면 역사의 보편적 전개와 그것을 반영하는 이론의 보편성이라는 역사 이론과 반영론의 결합이 깔려 있을 것이다], 자신이 발생한 현실을 초월하여 다른 현실에도 적용할 수 있는 이론의 유관 적합성(이론이 그렇게 현실들 위를 날아다닐 수 있는 동화 속의 양탄자를 가지고 있는 것일까?)에 대한 믿음이든, 이런 불안과 혐의를 지우지는 못한다.

그러므로 그 학형의 꼬임(콤플렉스)은 오히려 당연한 것이고, 차라리 신념을 가지고 있지 않다는 점에서, 자신의 학문하는 과정을 중심을 향한 순례로 여기지 않았다는 점에서, 그는 길이 끝나도 여행

← 1938년에 살바도르 달리 Salvador Dali 가 프로이트를 만났을 때 그린 그림.

을 계속할 수 있는 이점을 갖고 있는 것이라고 할 수 있을는지 모르겠다. 탈춤을 추는 사람이 읽는 외국책은 그에게 탈과 같은 것이다. 그러나 탈은 춤을 출 수 있게 해 주고, 춤을 추는 것은 자신을 표현하는 것이다. 그 표현의 양상은 탈도 춤도 아닌 '탈춤'이 된다고 할 수 있다. 문제는 오히려 그 말의 적극적인 의미에서 진정으로 그것이 '탈춤'에 이를 수 있는가 하는 것이다. 불안할지라도 고통스럽지 않으려면, 그리고 입에서 단내가 나도록 우리를 옭매는 불안 / 믿음의 뒤엉킴에서 벗어나려는 노력에서 다시금 벗어나려면, 우리는 이 기묘한 싱크리티즘 *syncretism*(제설 혼합주의)과 혼성 모방의 불가피성을 받아들여야 하는 것일까?[1] 이론이 역사를 이해하는 수단이 아니라 역사를 살아가는 수단이 되게 하기 위해서 말이다.

　　웃음을 다루고 있는 이 글도 이런 싱크리티즘 속에서 이루어지는 것이라고 여겨진다. 뿌리 내리고, 기원을 더듬기보다는 표현하려는 것이다. 그러나 그나마 정밀한 컴퍼스가 없기에 엄지와 집게를 이용한 표현에 지나지 않을 것이다.

2. 웃음: 이빨 달린 기쁨

　　인간이 웃을 수 있기 때문에 웃는 것인지, 세상이 너무 웃

---

1) 움베르토 에코, ≪ 푸코의 추 ≫, 홍윤기 역, 서울: 열린책들, 1990. 에코는 ≪ 푸코의 추 ≫에서 이런 싱크리티즘을 몸소 실천함으로써 포스트모더니즘을 내재적으로 비판했다. 그는 서구 세계의 신비학 *occult* 전체를 한 이야기 속에 놀라운 솜씨로 묶어 넣었다. 그리스도의 피와 성배의 전설, 원탁의 기사 로맨스, 십자군 시대의 성당 기사단, 장미 십자회와 프리메이슨, 불사의 생 - 제르맹 남작 전설, 그리고 부두교가 모두 뒤얽히는 것이다. 그는 이런 싱크리티즘의 세계를 포스트모더니즘의 징후로 제시하며, 자동차의 신비학적 해석에서 보듯이 그것을 조롱하고, 거리를 취한다.

기기 때문에 웃는 것인지 모르겠지만, 하여간 우리는 거의 날마다 웃는다. 혼자서도 웃고, 사람들과 어울려서도 웃는다. 아침마다 < 한겨레 신문 >의 박재동의 만화를 보며 웃음으로써 우리의 하루를 시작하고, 어떤 때는 그것이 너무 우스워서 숨조차 제대로 쉬지 못하고 딸꾹거리며 웃음으로써 하루를 시작한다. 이러한 웃음에 대해 생각해 보는 것이 바로 이 글의 주제이다. 그런데 웃음이 우리의 주제라는 이 말은 즉각 '웃음이란 무엇인가'라는 질문을 함축한 듯이 보인다. 그러나 이렇게 질문하는 것, 웃음의 전면적 인식, 본질 인식을 지향하는 이러한 질문은 우리의 방향을 오히려 흩트러 놓는다. 물음의 형식이 대답의 형식을 규정하기 때문에, 그리고 어떤 물음은 대답할 수 없는 것이기 때문에, 어떻게 물을 것이냐 하는 것이야말로 모든 진술, 모든 답변에 공존하고 있는 진실과 기만의 가능 공간를 가로지르는 되물음 형식이다.[2]

우리는 이러한 되물음에 대해 자신을 개방하면서, 이 글의 물음을 이렇게 제기하려고 한다. 무엇이 우리에게 웃음을 불러일으키는 기제인가? 그러나 이렇게 물음의 형식이 이행되는 것이 어느 정도는 불가피하다는 것을 보여 주기 위해서 웃음의 본질을 연구하고자 했던 한 시도로 보들레르의 '웃음의 본질과 조형 예술 내의 희극성의 일반성'이라는 에세이의 한 구절을 살펴보자.[3]

---

2) 졸고, < 문화 연구의 의의: 왜 하필 문화인가? >, < 경제와 사회 > 가을호, 서울: 이론과 실천사, 1990.

3) C. Baudelaire, *Baudelaire: Selected Writings on Art and Artists*, tr. P. E. Charvet, Cambridge University Press, 1972, p.143. 수많은 웃음의 본질에 대한 논의 중에서 보들레르의 에세이를 선택하는 것은 아무런 필연성이 없다. 예를 들어, 창조주의 창조물에 대한 악마의 무시가 웃음이며, 그것의 반향에서 천사의 웃음이 나온다고 얘기하고 있는 밀란 쿤데라 M. Kundera 의 옴니버스식 소설 ≪ 웃음과 망각의 책 *The Book of Laughter and Forgetfulness* ≫은 신화론적 해석이라는 점에서는 보들레르와 동일하지만, 웃음의 성질에 대해서는 전혀 다른 해석을 내리고 있다.

웃음과 슬픔은 선과 악에 대한 통제와 지식을 지니고 있는 눈과 입술이라는 기관을 통해서 스스로를 표현한다. 지상 천국에서는 (우리가 그것을 신학자나 혹은 사회주의자를 따라 과거에 위치시키든 미래에 위치시키든) 즉 모든 창조된 것들이 인간들에게 선하게 보이는 환경 속에서, 기쁨은 웃음 안에 서식하지 않는다. 어떤 슬픔도 인간을 침해하지 못하기에 인간의 용모는 단순하고 짜임새 있으며, 오늘날 여러 민족을 뒤흔드는 웃음이 그의 얼굴 표정을 일그러뜨리지 못한다. 웃음도 눈물도 은총(희열)의 천국에서는 나타날 수 없다. 양자는 모두 슬픔의 아들이며, 쇠약해진 인간이 자신을 통제할 육체적 힘을 잃었을 때 등장한다. 나의 기독교 철학자의 관점에서 보면 그의 입술의 웃음은 그의 눈에 어리는 눈물만큼이나 엄청난 타락 상태의 기호이다. 여러 가지 방식으로 자신의 이미지를 드러내고 싶어했던 신은, 인간의 입 안에 사자의 이빨을 박아 넣지는 않았지만, 인간은 웃음으로 깨문다. 신은 인간의 눈에 악마의 매혹적인 이중성을 불어넣지는 않았지만, 인간은 눈물로 유혹한다.

보들레르는 여기에서 웃음의 본질을 신화론적인 시각에서 해석하고 있다. 웃음은 눈물과 더불어 타락 이후의 인간의 존재 양상이며, 인간의 기쁨과 슬픔은 타락한 육체를 통해, 즉 입술과 눈을 통해 표현되는 것이다. 그리고 웃음 속에 육화되어 있는 인간의 기쁨에는 이빨이 달려 있다는 것이다. 이 짧은 문단 속에서도 웃음에 대한 그의 성찰은 깊은 통찰을 보여 주고 있다. 그러나 보들레르의 웃음의 본질에 대한 논의에서 보듯이, 웃음이 지닌 이 전적으로 정신적이지도, 전적으로 육체적이지도 않는 이 기묘한 성질을 사상 事像 자체에서 철학적으로 성찰하는 것은 그것의 의도와는 달리 그것의 원인(보들레르의 타락의 사건)으로 소급, 이행된다. [그리고 그러한 신화론적 해석은 알려진 기원의 서사(신의 창조라는 기원)를 이용함으로써, 기원의 후퇴를 정지시키고─신화야말로 본질 인식을 기원론으로 변형시키고, 그러한 기원의 후퇴를 정지시키는 전략이다─본질 인식의 외양을 취한다.] 우리의 얼굴 근육을 일그러뜨리는 어떤 강렬한 에너지의 흐름과 유쾌함, 이빨 달린 기쁨에 대

한 우리의 논의도 이러한 이행의 한 철로를 따라 다른 곳으로 이행할
것이다.

3. 프로이트와 《 농담과 그것의 무의식과의 관계 》

우리가 제기하고 있는 질문, 신화론적 해석을 필요로 하지
않는 웃음의 기제를 어떻게 논의할 것인가. 이러한 웃음의 기제에 대
한 연구는 우선 가능한 웃음의 종류와 상황 모두에 대한 귀납적 연구
를 요청하는 것처럼 보인다. 그러나 웃음의 상황은 너무나 다양하고
그것을 모두 고찰한다는 것은 거의 불가능한 것처럼 보인다. 이러한
어려움을 회피하기 위해서 종교와 의사 종교적인 것의 다양성에 침몰
되지 않고 종교를 연구할 수 있기 위해서 '종교 생활의 기본 형태'를
연구한 사회학의 전통을 따라 우리는 '웃음의 기본 형태'를 연구하고
자 한다. 웃음과 관련하여 이러한 작업의 선례를 우리는 프로이트의
《 농담과 그것의 무의식과의 관계 》(이하 《 농담 》으로 줄임)[4]에서
발견한다. 그러나 지성사적으로 낯선 문맥에 위치하고 있는 프로이트
의 논의를 우리의 논의에 끌어들이기 위해서는, 먼저 프로이트의 이론
전개에서 《 농담 》이 차지하는 복합적인 위상을 검토할 필요가 있다.

이른바 프로이트의 무의식 3부작 중의 하나인 《 농담 》은
나머지 두 저작인 《 꿈의 해석 *The Interpretation of Dream* 》과 《 일상
생활의 정신병리학 *The Psychopathology of Everyday Life* 》이 차지한 것과
같은 영광을 거의 얻지 못하였다.[5] 그 이유는 두 가지 정도로 요약될

---

4) S. Freud, *Jokes and Their Relation to the Unconscious*, Standard Edition of the Complete
Psychological Works of Sigmund Freud vol. 8, London: The Hogarth Press, 1960.
5) 프로이트의 무의식 3부작 중에서 《 농담 》이 차지하는 특수한 위상을 정면으
로 문제삼은 사람으로는 페쇠 M. Pêcheux 가 있다. 그에게서 농담의 문제는 세 가지
방향으로 전개된다. 첫번째는 프로이트의 농담 개념에서 등장하는 무의미 *non-sense*

수 있는데, 그 중 하나는 우리가 ≪ 농담 ≫을 읽을 때 느끼는 이론과 심리적 관찰, 그리고 개별 사례에 대한 분석 사이의 부단한 전위 *displacement* 로 인한 혼란이다. 이로 인해 독자는 논의가 움직이고 있는 차원을 추적하는 데 있어서 ≪ 농담 ≫이라는 제목에 걸맞지 않는 체력의 소모를 느끼게 되는 것이다. 만일 독자가 그런 과정을 추적하는 것을 포기하게 되면, 그것은 하나의 오락적인 농담 모음집이자, 그것에 대한 프로이트의 간단한 평 이상은 아닌 것으로 여겨지게끔 된다. 다른 하나는 프로이트가 농담을 연구하는 동기와 그것이 그의 이론 전개에서 차지하는 문제 의식으로 연원하는 것이다. 이 중에서 보다 중요한 이유를 차지하는 것은 두 번째 이유이다. 왜냐하면 두 번째 이유가 첫번째 문제를 야기하는 원인이 되기 때문이다. 따라서 왜 프로이트가 농담에 대해서 연구하고, 그것을 자신의 이론 전개와 관련하여 어떤 위상을 부여하고 있는가를 살펴볼 필요가 있다.

프로이트는 1890년경 신경증 연구에 종사했던 브로이어 Breuer

의 중요성을 부각시키면서, 기존의 의미론이 지닌 문제를 극복하여 이데올로기론으로 흡수하는 것이다. 이 경우 농담은 언어의 의미 구조의 자명성이 가진 비선험성을 폭로하는 역할을 한다(M. Pêcheux, *Language, Semantics and Ideology*, N. Y.: St. Matin's Press, 1982을 참조할 것. 그리고 이런 문제에 대한 국내의 연구 성과로는 김수정, < 알튀세르의 이데올로기론의 성립과 발전 과정에 대한 일고찰— 알튀세르의 이데올로기론에서 페쇠의 담화 이론까지 >, 1991년 서울대 석사 논문을 참조할 것). 두 번째 방향은 그가 피지배 이데올로기의 형성에 있어서 과학의 역할을 과도하게 강조함으로써 과학을 신비화하는 경향이 있는 알튀세르적인 과학관에서 벗어나면서, 농담을 피지배 이데올로기의 실증적 존재의 확인 근거이자, 과학의 원초 형식으로서 자리매김하는 방향이다(M. Pêcheux, 'Ideology: Fortress or Paradoxical Space?' in S. Hännien & L. Palden (ed.), *Rethinking Ideology: Marxist Debate*, International General / IMMRC, 1983 참조). 세 번째 방향은 농담의 구체적 양식이 계급 투쟁의 역사 속에서 구성되는 방식을 연구함으로써, 이데올로기 형성의 역사적 형태를 연구하는 방향이다(M. Pêcheux & F. Gadet, *La Langue Introuvable*, Paris, Maspero, 1981을 참조할 것).

와의 협력 시대를 지나 독자적인 무의식 연구에 돌입한다. 그리고 1897년부터 프로이트는 자기 분석의 필요성을 느끼고, 자신의 어린 시절에 대한 회상과 은폐 기억, 그리고 꿈을 자신의 무의식에 이르는 왕도로 삼아 연구하게 된다. 이 연구 성과가 바로 인간의 정신 생활에서 무의식이 차지하는 보편적 일상성의 입증과 일종의 자기 분석의 서사시로 출현한 ≪ 꿈의 해석 ≫이다.[6] (후에 융 C. G. Jung 과의 교류로 인해 후판으로 갈수록 증대된 꿈에서의 상징적 표현에 대한 논의를 제외하고는[7]) ≪ 꿈의 해석 ≫은 놀랍고도 집요한 분석과 명징성으로 인해 그의 무의식 3부작 중에서 가장 돋보이는 위상을 차지하게 된다. 농담에 대한 논술이 출현하게 되는 계기는 그 당시 프로이트의 절친한 친구였던 플리스 W. Fliess 가 꿈의 해석의 수고를 읽고 한 "꿈꾸는 사람이 너무 위트가 있다"라는 논평[8]에서 연원한다. 프로이트는 이 플리스의 논평을 따라 꿈과 농담 간의 유사성에 착목하고, 정신 생활에서 무의식이 차지하는 영역이 꿈꾸는 시간을 넘어서 낮의 시간에도 존재함을 보여 주고자 한다. 그러나 프로이트는 농담보다는 훨씬 꿈의 논리와 유사한 실착 행위 parapraxis 를 통해서 이러한 낮의 무의식에 대해 연구한다. 실제로

---

6) 1908년에 ≪ 꿈의 해석 ≫의 새판을 내면서, 프로이트는 "나로 보아 이 책은 다른 주관적 의미를 지니고 있다. 나는 그것을 한 편의 내 자신에 대한 분석이었고, 아버지의 죽음에…… 대한 나의 반응이었다"(옥타브 마노니, ≪ 프로이트 ≫, 고영석 역, 서울: 행림출판사, 1981, p.93)라고 덧붙였다.

7) 꿈의 상징적 표현에 대한 이론은 프로이트가 생애 말기까지 버리지 않았던 이론이었다. 아벨 K. Abel 의 언어 이론에 근거한 프로이트의 상징 이론의 문제점에 대한 비판으로는 에밀 방브니스트 E. Benreniste 의 < 프로이트가 밝힌 언어의 기능에 대한 몇 가지 고찰 >(에밀 방브니스트, ≪ 일반언어학의 제문제 ≫, 김현권 역, 서울: 한불문화출판, 1988)을 볼 것.

8) 프로이트, ≪ 꿈의 해석 ≫, 장병길 역, 서울: 을유문화사, 1969 중 '꿈 작업'장의 주석 7번. 이에 대한 프로이트의 답변은 플리스와의 서간 1899. 9. 11에 나타나 있는 것으로 알려져 있음.

프로이트는 농담의 경우에는 무언가 거기에 무의식이 작용하고 있기는 하지만, 꿈과는 중요한 차이점이 있다는 것을 느끼고, 이 연구를 뒤로 미루고 ≪일상 생활의 정신병리학≫을 먼저 저술하였다. 그 후 프로이트는 유아 성욕의 성질을 밝히고자 ≪성에 대한 세 가지 논문 *Three Essays on the Theory of Sexuality*≫을 준비하면서, 마치 ≪성에 대한 세 가지 논문≫의 저술에서 생긴 스트레스를 풀어 주는 취미 생활을 하듯이 ≪농담≫을 일종의 정신분석학의 응용 분야로 여기면서 두 가지 작업을 병행한다. 정신분석학의 여타 응용 분야에 비하면 농담의 차별성은 대단히 희미한 것임에도 불구하고, 프로이트는 농담이 가진 차별성을 인식하고는 주저 없이 그것을 응용 분야로 한정한 것이다. 그로 인해 이 저술은 정신분석학의 한 분야가 아니라 최초의 응용 분야가 된 것이다. (이런 이유로 해서 후에 프로이트가 대중을 위해서 쓴 ≪정신분석학 입문 *Introductory Lectures on Psychoanalysis*≫은 신경증과 광기가 우리의 일상적 실천의 영역 내부에서 일어남을 보여 주려는 예로 실착 행위를 들 뿐, 농담을 그 예로 들지 않는다. 농담은 정신분석학의 영역이 아니라 응용 분야이기 때문이다.) 그의 이러한 신중성은 그가 언제나 정신분석학을 하나의 독립적이고 잘 정의된 학문 체계로 수립하는 것을 자신의 1차적인 과제로 삼은 데서 연유하는 것이다. 그러나 그의 의도와는 관계 없이 이러한 정신분석학의 자기 제한은 유지되지 않고 언제나 다른 영역으로 범람하고 만다. ≪농담과 그것의 무의식과의 관계≫라는 책 제목의 뒷부분은 그의 모든 응용 분야(문화사, 종교론, 미학 등)와는 달리 이러한 이행의 지점을 자기 의식화하고 있다. 따라서 ≪농담≫은 이러한 정신분석학의 응용을 위한 이행점을 마련하고 있다고 할 수 있다. 그러나 이 점은 어느 정도 필연적이다. 왜냐하면 정신분석학의 위상이 정립되기 위해서는 그것의 위상 정립을 가능하게 해 주는 인간의 폭넓은 정신 생활이라는 배경이 밝혀져야 하고, 정신분석학 스스로가 이 일의 일부를 수행하지 않을 수 없기 때문이다. 해명된 것은 하나의 등불로 스스로 타오를 뿐 아니라 주위의 어둠을 어느 정도 뒤로 밀쳐 내

는 법인 것이다. 이 범람의 작은 수로가 열리는 곳이 바로 ≪ 농담 ≫
인 것이다. 그렇다면, 과연 농담은 어떤 특성을 가지고 있으며, 그것의
무의식과의 관계는 여타의 현상과 어떻게 다른가. 그리고 그것이 우리
의 논의에 어떤 도움을 주는가. (프로이트가 '죽은 개' 취급을 받는 우리의
지적 맥락에서는) 우선 프로이트의 ≪ 농담 ≫의 내용을 차례로 살펴 보
는 것이 불가피하다.

4. 농담의 기법

프로이트의 ≪ 농담 ≫은 우선 농담의 기법을 분석하는 것으
로부터 출발한다. 이미 ≪ 꿈의 해석 ≫을 읽어 본 사람은 농담의 기법
이 꿈 작업 *dream work* 의 과정과 유사하다는 것을 즉각 깨달을 수 있
다. ≪ 농담 ≫에 첫번째로 등장하는 잘 알려진 예를 들어 보면, 그것은
쉽게 이해된다. 그것은 하인리히 하이네 H. Heine 에게서 나온 예이다.
티눈을 수술하는 친절한 히르쉬 히야킨트 Hirsch-Hyacinth 는 하이네에게
자기가 어느 날 로스차일드 Rothschlid 남작과 마주앉아 있었다고 이야
기한다. 그리고 그가 자신을 완전히 친절하게 대했다고 말하였다
Rothschlid treated me quite familionär. 이 농담의 기법을 프로이트는

fa mili   är (친절한)

Mili on är (백만 장자)

....

fa **mili** on **är**

로 분석하고 있다. 진한 글씨 부분은 두 단어가 동일하게 가지고 있는
부분이고, 이 동일한 부분에 힘입어 두 단어가 하나로 합성됨으로써,
백만 장자가 자신을 가족처럼 대해 주었다는 히르쉬 히야킨트의 자부

심을 교묘하게 표현해 주는 단어가 되어 버린다. 이 상태의 이 말은 단순한 재담 *jest* 이라고 할 수 있다. 그러나 정작 이 말이 농담이 되어 우리의 웃음을 자아내게 하는 것은 그것을 다시 하이네가 변형하여 Milionär를 [Milionär와 Narr(바보)라는 합성어인] Milionarr라고 함으로써이다. 이러한 과정은 ≪꿈의 해석≫에 나오는 꿈 작업 중 응축과 동일한 과정이다. 프로이트는 이 분석을 시발점으로 여러 형태의 농담을 분석함으로써 농담이 응축과 전치, 암유와 반대물 같은 간접적 표상에 의한 표현 따위를 사용하며(농담은 거의 모든 종류의 수사법을 구사한다), 이러한 농담 작업 *joke work* 이 꿈 작업과 동일한 기법을 채택하고 있음을 밝혀 낸다. 그런데 프로이트의 분석은 보다 성실한 일반화를 지향한다는 점에서는 높이 사 줄 만하지만, 지나칠 정도로 여러 사례에 걸쳐 지루하게 이러한 분석을 계속한다. 그러나 프로이트가 이렇게 한 이유는 자신의 분석이 미리 정해진 결론으로 독자를 이끌기 위해서 자신의 결론에 적합한 예들만을 취사 선택한다는 비난을 회피하고자 하였기 때문이다.

5. 농담의 목적

프로이트는 이렇게 농담의 기법을 분석한 후, 자신이 서론에서 얘기한 바대로 농담의 목적과 동기를 분석한다(그리고 바로 이 장으로부터 농담의 특수성은 서서히 등장하기 시작한다). 여기서 프로이트는 농담을 두 가지로 구분한다. 하나는 순진한 농담 *innocent joke* 으로 이 말은 내용이 없는 것이나 주장할 만한 가치가 없는 농담으로 오해되어서는 안 된다. 프로이트가 대표적인 순진한 농담으로 들고 있는 리히텐베르크 G. C. Lichtenberg 의 경구(누군가의 수염을 그을음 없이 군중 사이로 횃불을 들고 가기란 불가능하다)에서 보듯이, 순진한 농담도 상당한 정도의 지적 노고가 투입된 것이다. 다른 하나는 편향적인 농담 *tendentious joke*(저의 있는 농담)으로 대개 폭로의 목적을 지닌 외설적인 농담이나 공격적인 조롱의 내용을 담은 농담이다. 프로이트는 이 둘 중에서 후자에 보다 더 큰 가치를 부여한다. 왜냐하면 순진한 농담이 약간의 미소만을 우리에게 가져다 주는 데 반하여 편향적인 농담은 보다 큰 즐거움을 우리에게 주며, 따라서 보다 발달된 활동이며, 농담의 '가장 고도의 단계'이기 때문이다.[9]

프로이트가 이러한 구별을 하는 근거는 농담 뒤의 사고, 또는 농담의 실체라고 할 만한 것을 농담의 구성 요소로 생각하지 않기 때문이다. 이러한 프로이트의 생각은 많은 문제를 안고 있는 것으로 보인다. 왜냐하면 프로이트가 농담의 동기에 대한 논의 다음으로 제시하는 '쾌락의 기제와 농담의 심리 발생론 *psychogenesis*'에서는 순진한 농담의 경우에도 단순한 말 유희뿐 아니라 인간이 받은 지적 훈련으로부터, 억압으로부터 무의미를 해방시키고, 이성의 반대로부터 자신의 발화를 보호하려는 동기가 작용한다고 주장하게 되는데, 그렇다면 순진한 농담도 일종의 저의를 가진 것으로 이해할 수 있기 때문이다. 그뿐 아니라, 실제로 순진한 농담이라고 프로이트가 제시하는 예들에 대한 해석을 말 유희의 수준으로 한정하지 않고 확대하게 되면, 언제나 편향적이 농담으로 해석될 수 있는 소지를 가지고 있다.[10] 그렇다고 모

---

9) ≪농담≫, p.96.

10) 리처드 월하임 R. Wolheim 은 이 문제와는 다소 다른 맥락이지만, 관련하여 프로이트가 들고 있는 예를 다시 보기로 들면서, "단명에 그친 오스트리아의 '시민' 내각(1867~9)의 한 사람이 내각의 결속성에 관하여 질문을 받았을 때, '우리가 서로 ausstehen할 수 없는데(참을 수 없는데), 어떻게 서로 einstehen할 수 있겠는가(지지할 수 있겠는가)'라고 답한 것은 이미 우스개가 아니라 농담이다"라고 하면서 농담과 재담의 구분이 야기하는 문제를 제시한다(리처드 월하임, ≪프로이트≫, 조대경 역, 서울: 민음사, 1986, p.103). 그러나 월하임은 이미 은연중에 순진한 농담과 재담을 상당히 동일시하고 있으며, 프로이트 자신도 이미 재담이라는 범주를 등장시키면서는, 순진한 농담 vs. 편향적 농담의 대립 쌍을 재담 vs. 농담의 대립 쌍으로 전위하고 있다. "우리는 엄격히 말해서 재담만이 비편향적이라는 것을 잊지 말

든 농담은 편향적인 농담으로 환원되며, 농담은 그것의 동기와 분리되지 않는다고 주장하는 것 역시 프로이트의 견해와 마찬가지의 위험이 있다. 어느 경우나 프로이트가 부딪친 어려움, 즉 농담의 귀납적 검증의 어려움에 (동시에 반증에 부딪힐 위험에) 부딪히게 되기 때문이다. 그러나 그것이 어려운 진정한 원인은 농담의 성격 자체로부터 발원한다. 농담은 의도적으로 자신의 편향성을 (종국적으로 그것을 감추려는 것은 아니더라도) 감추려는 운동이고, 우리는 그러한 편향성을 해석적 실천을 통해서만 해독해 내기 때문인 것이다. 그러나 이러한 농담과 그것의 향유(그리고 분석)가 지닌 해석학적 연관[11]을 염두에 둘 때, 우리는 농담이 지닌 편향성을 그것의 유기적 부분으로 전제할 수 있고, 따라서 프로이트의 엄격한 자기 제한을 기각할 수 있다. 그렇지 않으면, 농담이 자신의 동기를 해방시키기 위해서는 청자를 끌어들이는 전략적 미끼가 되는 말놀이의 즐거움, 즉 선행 쾌락 *fore-pleasure* 을 가지고 있어야 한다는 프로이트의 '선행 쾌락의 원리'가 농담의 구조로 받아들여질 수 없기 때문이다.

아야 한다. [……] 농담은 사실상 그것에 포함되어 있는 생각이 비편향적이고, 단지 이론적이고 지적인 관심에만 기여할 때조차도, **결코 비편향적이지 않다**"(≪농담≫, p.132, 강조는 인용자).

11) 농담과 해석적 실천의 연관에 대한 극단적인 예는 우리가 이미 앞에서 언급한 바 있는, 하이네의 농담에 대한 프로이트의 보다 심층적인 해석에서 잘 드러난다. 프로이트는 하이네의 생애사를 연구함으로써, 부에 대한 열망과 자기 현시로 가득찬 히르쉬 히야킨트가, 어린 시절 함부르크에 사는 부유한 친척 *milionär* 의 냉대에도 불구하고 그 친척의 딸에 대한 그의 사랑으로 인해 그에게 가족처럼 따뜻하게 *familiär* 대접받고 싶어했던 하인리히 하이네의 자기 풍자임을 분석하고 있다. 이러한 해석은 하이네(농담 제작자)에 대한 농담 외적인 정보를 가지고 있지 않는 한 얻어질 수 없는 해석이다. 프로이트는 이 점이 농담 분석의 한 어려움이라고 지적하고 있다(≪농담≫, p.141).

6. 농담의 과정

그렇다면 농담이 지닌 일반적 편향성(저의, 동기)은 어떤 과정을 통해서 쾌락(웃음)을 산출하는 것일까? 이 문제를 프로이트는 두 가지 측면에서 다룬다. 하나는 농담의 주관적 결정 과정과 쾌락의 기제에 대한 경제적인 설명이고, 다른 하나는 농담이 지닌 사회적인 과정이다. 프로이트는 이러한 두 가지 측면에서의 설명을 두 개의 장에 걸쳐서 하고 있다. 하나는 '쾌락의 기제와 농담의 심리 발생론'(이하 '심리 발생론'으로 줄임)이고, 다른 하나는 '농담의 사회적 과정'(이하 '과정'으로 줄임)이다. 그런데 이 두 장을 읽을 때는 프로이트가 '심리 발생론'장과 '과정'장에서 앞장에서 제시되었어야 할 것을 뒤에서 하고, 뒤에서 서술될 것을 미리 논한다든가, 심지어는 농담과 무의식의 관계를 다루는 장에서 다루거나 농담의 종류를 번잡하게 다루는 1장에서 다루는 것이 적당한 시의성 있는 농담 *topical joke* 따위를 '심리 발생론'에서 다루는 등, 이상하게도 논술의 일관성을 잃고 있다는 점에 주의를 기울여야 한다. 그 이유의 일부는 양자가 서로를 전제하고 있는 측면이 많기 때문이기도 하지만, 프로이트가 이 두 장을 모두 농담이 쾌락을 산출하는 과정에 대한 논술로 인식하지 않고, '과정'을 쾌락의 산출에 외재적인 과정으로 보고 있기 때문이다. 이렇게 프로이트가 농담이 지닌 사회적 과정의 측면을 쾌락의 외재적인 과정으로 보는 이유는 농담의 사회적 과정이 그의 메타심리학에서 쾌락을 설명하는 일반적인 방법인 경제적 설명에 잘 포섭되지 않기 때문인 것으로 보인다. 그러나 사실 농담이 산출하는 쾌락의 성질을 제대로 파악하기 위해서는 사회적 과정에 대한 논의가 오히려 본질적이다.

먼저 프로이트는 우리가 자신의 농담에 웃을 수 없고 항상 농담은 타자에게 이야기되어야 한다는 점에서 출발한다. 왜 우리는 자신의 농담에는 웃을 수 없고, 제3자를 필요로 하게 되는가? 농담의 이 근본적인 타자성, 사회성의 원인은 무엇인가? 농담을 만들어 내는 사람이 가진 목적은 통상 외적 금지와 내적 금지에 처해 있다. 그리고 그 목적이 금지되어 있기 때문에 농담이 요구되는 것이다. 이러한 상황에서 농담을 만들어 냄으로써, 그 금지를 위반하고자 하는 사람은 이러한 내／외적 금지를 타개하는 데 자신의 심적 에너지를 사용하게 된다. 즉 금지의 압력을 방어하고, 금지의 주의력을 회피하면서 자신의 목적을 실현시켜 줄 수 있는 농담을 제작하는데 자신의 심적 에너지를 투하해야 하기 때문에, 그는 금기의 극복에서 즐거움을 얻으면서도 일종의 격렬한 에너지의 방출인 웃음을 웃을 수 없는 것이다. 그러나 이러한 농담의 청자는 화자의 도움으로 금기를 극복하는데 자신의 에너지를 사용할 필요가 없고, 그로 인해 심적 에너지의 방출을 절약할 수 있다는 것이다. 이렇게 해서 제3자에게는 절약되어 자유 부동하는 심적 에너지가 선행 쾌락의 유도에 힘입어 홍소로 전화되는 것이다. 그리고 농담의 제작자인 화자는 이러한 제3자의 웃음이 입증해 주는 자신의 농담의 성공과 발산되고 있는 즐거움이 야기하는 일종의 감염과도 유사한 과정을 통해서 청자에 뒤이어 웃게 된다는 것이다. 따라서 농담의 구성을 가능하게 하는 농담 작업은 화자 안에서 발생하지만, 그것이 농담이 되게 해 주는 보증은 예고 없이 농담에 사로잡힘으로써 농담이 절약한 에너지를 즉각적으로 방출하는 청자로부터 오는 것이다. 이러한 과정을 프로이트는 "농담은 두 명의 주인에게 모두 비위를 맞추는 악당이다"[12]라는 표현으로 요약한다.

그런데 이러한 농담의 사회적 과정은, 농담이 작용하기 위해서 농담 작업 이외에도 두 가지 전제를 충족되어야 함을 보여 준다. 하나는 화자와 청자가 농담의 목적에 대해 동의해야 한다는 것(즉 그들은 동일한 금지에 직면하고 있어야 한다)이고, 다른 하나는 청자가 농담을 해독하기 어려울 만큼, 즉 농담이 청자에게 수수께끼로 여겨질 정도로 어려워 농담의 해독에 과도한 심적 에너지를 소모하게 하거나,

---

12) ≪ 농담 ≫, p.155.

청자는 이해할 수 없는 낯선 지적, 문화적 배경에 근거해서는 안 된다는 것이다.

7. 농담의 사회성

농담의 사회적 과정에 대한 논술이 이뤄짐으로써 비로소 프로이트는 이 저술의 진정한 목적이라 할 수 있는 농담이 무의식과 맺고 있는 관계를 다룰 수 있게 된다. 왜냐하면 뒤에서 보다 자세히 살펴보겠지만, 농담을 하나의 독립적인 범주로 세워 주는 것은 농담의 사회적 과정이므로, 이러한 농담의 특수성이 미리 서술되지 않고서는 농담의 위상 설정이 불가능하기 때문이다.

그런데 이 저술의 제목은 농담과 무의식의 '관계'를 해명할 것처럼 보이고, 따라서 우리는 쉽게 먼저 무의식과 농담의 관계를 다루며, 다음으로 꿈과 말실수 따위와 농담이 어떻게 다른가를 다루는 과정을 예상하게 되지만, 막상 이 부분을 다루는 부분의 제목에는 '관계'라는 말이 등장하지 않고, '농담, 꿈, 그리고 무의식'이라는 표현이 등장한다. 그리고, 이 장을 실제로 읽어 보면, 프로이트는 농담과 무의식의 관계를 정면에서 다루지 않고, 마치 ≪꿈의 해석≫을 읽어 보지 못한 독자를 위한 서비스인 양 길게 ≪꿈의 해석≫의 내용을 요약하고 있다. 그러나 프로이트의 분석이 이러한 노선을 따라 이뤄지고 있다는 점은 그리 놀라운 것이 아니다. 왜냐하면 엄밀히 말해서 농담은 무의식의 하위 범주는 아니기 때문이다(그리고 이것은 꿈의 경우에도 마찬가지다. 하위 범주로 보는 것은 일종의 범주 착오라고 할 수 있다). 오히려 농담은 무의식과 의식이 관계 맺는 다양한 방식 중의 하나이기 때문이다. 따라서 문제는 꿈이나 말실수와 농담 사이의 동일성과 차이라고 할 수 있다. 우선 양자의 동일성을 살펴보면, 양자는 모두 무의식의 사유 방식(1차 과정)을 따르고 있으며, 그것의 형성 동기가 모두 무의식적 원망에서 비롯한다는 점에서 동일하다. 이것을 프로이트는 단순히 꿈과 농담 간의 유사성, 혹은 상동성이라고 보지 않는다. 그 이유는 프로이트에 따르면, 농담이 형성되는 과정인 농담 작업이 일어나는 장소가 바로 무의식이기 때문이다. 프로이트는 농담 형성을 무의식이 전의식적 사유를 무의식으로 침강시켜 그것에 새로운 모습을 부여함으로써 이뤄지는 것이라고 파악하는 것이다.[13]

그러나 이러한 기본적인 동일성에도 불구하고, 농담과 꿈 사이에는 중요한 차이가 있다. 그것을 프로이트는 다음과 같이 표현하고 있다.

> 농담은 꿈처럼 타협 형성을 만들어 내지 않는다. 그것은 금지를 회피하는 것이 아니라, 말 유희 또는 난센스를 계속할 것을 고집한다. 그러나 농담은 동시에 이러한 유희나 난센스가 단어의 모호성과 개념 관계의 다중성 덕분에 허용되거나(재담), 납득될 수 있는 (농담) 경우를 선택하여, 거기에 자신을 한정한다. 다른 모든 정신적 구조물로부터 농담을 가장 분명하게 구분하는 것은 이러한 발화 내의 양면성과 이중성 *duplicity* 이다.[14]

가장 중요한 차이는 농담이 사회적 행위라는 데 있다. 꿈은 완전히 무사회적인 *asocial* 정신적 산물이고, 따라서 어느 누구와도 전혀 의사 소통할 수 없다. 그것은 투쟁하고 있는 정신적 힘들 사이의 타협물로서 주체 안에서 일어난다. 그것은 주체 자신에게도 이해할 수 없는 것으로 남으며, 그런 이유로 다른 사람에게도 전혀 관심을 끌지 못하는 것이다. [……] 그것은 가장 무도회에서나 등장할 수 있는 것이다. [……] 다른 한편 농담은 쾌락의 산출을 목표로 하는 모든 정신적 기능 중에서 가장 사회적이다. 그것은 대체로 세 사람을 필요로 하며, 그것이 시작한 정신적 과정에 다른 사람들이 참여할 것을 요구한다. 따라서 이해 가능성이라는 조건이 농담에는 필

---

13) ≪농담≫, p.176.

14) ≪농담≫, p.172.

수적이다. 그것은 응축과 전위를 통한 무의식의 왜곡을 제3자의 이해가 도달할 수 있는 지점까지만 사용한다. [……] 꿈은 여전히 인정될 수 없게 된 것일지라도 하나의 원망을 유지하지만, 농담은 발전된 유희이다. [……] 그것은(꿈은) 환영이라는 퇴행적인 우회를 통해서 욕구를 충족시킨다. [……] (그러나) 농담은 욕구에 구속되지 않고, 우리의 심적 장치의 활동만을 통해 작은 양의 즐거움이라도 획득하고자 한다. 꿈은 주로 불쾌의 회피를 위한 것이지만, 농담은 쾌락의 획득을 추구한다.[15]

다소 복잡하게 느껴지지만, 프로이트는 신중하게 꿈과 농담의 차이를 드러내고 있다. 요약해 보면 첫째, 농담은 타협 형성이 아니다.[16] 둘째, 농담은 의사 소통이 가능하다는 것과 그것의 성질상 타자의 참여를 필요로 한다는 점에서, 이중적인 의미에서 사회적이라는 것이다. 그러나 프로이트는 여기서 더 나아가지 않는다. 그는 언제나 그렇듯이 자신이 해명한 것에서 멈추고 만다. 그러나 우리는 더 나아가고자 한다. 그러나 그러기 전에 마저 살펴봐야 할 것이 있다.

8. 농담 범주의 확장

프로이트는 무의식에 대한 과학인 정신분석학이 여타의 영역에 대해서 어떤 조명을 해 주는가를 논하고 나서, 농담이 여러 가지 유사한 웃음의 기제와 어떤 관계가 있는가로 자신의 논의를 확장한다.

---

15) ≪ 농담 ≫, pp.179~80.

16) 이 점에 대해서는 다소의 유보가 필요하다. 왜냐하면 프로이트는 ≪ 농담 ≫, p.203에서 다시 농담이 타협 형성이라고 함으로써 일관성을 잃고 있기 때문이다. 그러나 이것은 프로이트의 착각으로 보인다. 농담에서는 꿈에서와 같이 금지의 힘이 텍스트 안에 현존하지 않기 때문이다. 농담에는 금지의 힘이 단지 부재적으로 현존할 뿐이다. 이 점은 후에 다시 좀더 상세하게 논의될 것이다.

여기서 등장하는 범주가 코믹과 유머이다. 프로이트는 이론가가 빠지기 쉬운 과도한 일반화를 피하기 위해서 코믹과 유머가 농담과 어떤 다른 점이 있는가에 주로 초점을 맞춰서 서술한다. 그러나 여기에는 모호성이 많이 남아 있다.

프로이트는 농담의 3자성과 편향성과는 달리 코믹은 2자적이고, 발화 주체가 순진하여, 편향성이 없다는 점에서 코믹은 농담과 다른 현상이라는 것을 못박으면서 논의를 시작한다. 프로이트가 코믹의 첫번째 예로 드는 천진한 *naive* 코믹(예를 들면, 순진한 어린아이의 행동이 보이는 우스꽝스러운 모습이나 말)은 이러한 정의에 잘 부합하는 것처럼 보인다. 여기서 프로이트는 천진한 코믹이 농담과는 다른 점을 두 가지로 이야기한다. 첫째, 천진한 코믹의 화자의 주관성은 농담의 화자가 어렵사리 얻어 내는 금지를 방어해 낼 필요가 없는 순진성을 지니고 있다. 둘째, 청자의 행위나 말이 화자와 청자 간의 차이를 드러내 주고, 이것에 대해 청자가 화자의 상태에 대해 공감적인 분석을 수행한다는 점에서 청자의 역할이 농담에서보다 복합적이다. 그러나 그의 논의가 코믹의 다양한 종류로 확장됨에 따라 이러한 차이는 몹시 애매한 것으로 드러난다. 인류가 코믹의 즐거움을 안 이후로는 그것을 의도적으로 생산하려고 하기 시작했으며, 이로 인해 숭고한 대상을 실추시키는 다양한 방법, 예를 들어 흉내 *mimicry*, 캐리커처, 패러디, 희화화 *travesty*, 폭로 *unmasking* 등을 만들어 냈음을 제시하는 대목에 이르면 코믹과 농담의 차이는 거의 희석되어 버리고 만다.[17] 코믹에도 편향성이 생겨나기 때문이다. 그런데도 프로이트는 여기서 이러한 기법들을 기법들로만 다루고, 편향성과 순진성이라는 구분 기준을 명시적으로 다루지 않음으로써 자신의 최초의 구분을 유지하고자 한다. 폭로의 코믹한 예를 분석하면서 프로이트는 그것이 언어적인 용법에 있어서는 농담이라고 부르는 것에 아무 문제가 없다는 것을 지적한다. 그러나 그

---

17) ≪ 농담 ≫, p.199 이하.

는 이러한 생각이 양자의 유사성이 빚어 내는 혼동이라고 생각한다.[18]

코믹과 농담에 대한 프로이트의 구분은 지지되기 어려운 것으로 보인다. 프로이트 자신이 쓰고 있는 코믹의 구분은 천진한 것과 그렇지 않은 것이다. 이러한 구분은 이전의 순진한 농담과 편향적인 농담의 구분을 재생하고 있는 것으로 보인다. 그리고 천진한 코믹이 아닌 것들은 프로이트에 의하면 대체로 숭고한 것을 실추시키려는 동기를 가지고 있다는 것이다. 그런데 왜 프로이트는 숭고의 실추라는 코믹의 동기를 농담의 편향성과 같은 것으로 해석하지 않은 것일까? 프로이트가 언급하고 있는 농담의 목적인 음란함과 공격성은 사실상 숭고한 것을 실추시키려는 음란함과 공격성이 아닌가? 사실 프로이트는 이미 농담의 장에서 쓰여진 사례를 코믹의 예로도 사용하고 있는 것이다.

그러나 여전히 차이는 남는다. 코믹은 2자적인데, 농담은 3자적이라는 것이다. 그러나 이 점 역시 의심스러운 것이다. 2자성과 3자성이라는 양자의 차이는 농담의 현장에 등장하는 제2의 인물, 농담의 공격 대상이 되는 인물이 코믹에는 등장하지 않는다는 것이다. 그러나 예를 들어 코믹의 전통적인 범주인 '바보'는 농담 대상자와 농담 제작자가 하나의 응축된 것으로 해석될 수 있다. 프로이트처럼 굳이 제2의 인물이 직접적으로 현존해야 한다고 생각하는 것은 불합리한 것이다. 캐리커처, 흉내의 경우에도 공격 대상은 직접적으로 상황 속에 현존하는 것이 아니라 화자와 청자가 공유하는 문화적 문맥을 근거로 하여 가상적으로 현존하는 것이다.

오히려 농담과 코믹은 동일한 상황을 시점을 달리하여 서술하고 있는 범주는 아닐까? 프로이트 역시 이 점을 어느 정도는 인식하고 있다.

---

18) ≪농담≫, p.202을 보라. 같은 쪽의 주석도 참조.

이런(천진한 코믹의) 상황에서 우리(청자)는 농담에서의 제3자와 같이 행동하는 것이다.[19] (괄호 안은 옮긴이의 보충)

무의식적 사유 양식에 자유로운 유희를 제공하는 경우에 농담과 코믹의 수렴은 필연적인 것이다. 왜냐하면 여기서 농담의 1인칭(농담하는 사람)이 쾌락을 풀어 놓기 위해서 사용하고 있는 기법과 동일한 방법이 그것의 성격 자체로 인해 3인칭에서 코믹한 즐거움을 생산해야 하기 때문이다.[20] (괄호 안은 인용자, 강조는 원문 그대로)

프로이트는 농담의 화자가 제3자에게 불러일으키는 것이 코믹한 즐거움이라고 생각될 수 있음을 보여 주고 있다. 그러나 프로이트는 이러한 해석을 바로 이어지는 문장에서 반박하고 있다.

사람들은 아마도 이러한 마지막 사례로부터 농담이 제3자에게 미치는 효과가 코믹한 즐거움의 기제를 따라 일어난다는 생각을 일반화로 하고 싶고, 거기서 농담과 코믹의 관계를 찾고 싶은 유혹을 느낄 것이다. 그러나…… 코믹과의 이러한 관계는 모든 농담에서 발견되는 것은 아니다. 오히려 그 대부분의 경우에 있어서 농담과 코믹 사이에는 분명한 구별이 존재한다.[21]

그러한 사례로 한 도박사가 70세 생일에 받은 축하 전보에 쓰여진 트랑트 에 콰랑트 *Trente et quarante*(축자적인 뜻은 30 더하기 40이나, 하나의 단어로는 도박의 일종이다)라는 말을 인용하면서, 여기에서는 청자에게서 코믹한 효과 같은 것이 발생한 흔적을 찾을 수 없다고 말한다. 그러나 프로이트는 여기서 자신의 논의를 입증할 수 있는 예를 든 것이 아니라 부적절한 예를 드는 실수를 범한 것이다. 왜냐하면 여

---

19) ≪농담≫, p.182.

20) ≪농담≫, p.206~7.

21) ≪농담≫, p.207.

기서 도박사는 농담의 제3자가 아니기 때문이다.[22]

　　　　이렇게 농담과 코믹에 대한 프로이트의 구분에는 불합리한 것이 드러나지만, 우리는 프로이트를 혼동시킨 원인에 대해 생각해 봐야 한다. 코믹에서는 앞에서도 보았듯이 제3자의 현존 양식이 농담보다는 훨씬 복잡하다. 그러나 이외에 앞의 천진한 코믹에서도 보았듯이, 코믹에서의 청자는 농담의 청자보다는 복잡한 역할을 수행한다. 그러나 우리는 이 점도 농담에서의 제 과정이 코믹의 경우 세 사람의 역할 배분을 다양하게 조정, 변형함으로써 이뤄지기 때문이라고 말할 수 있다. 따라서 우리는 농담이 제 웃음의 기제의 패러다임이 되며, 이로부터 심적 에너지의 재분배 / 변형, 역할의 재분배 / 변형에 따른 다양한 웃음의 기제를 끌어 낼 수 있다고 할 수 있다. 코믹은 프로이트에게서처럼, 농담 분석의 도움으로 조명될 수 있는 대상이라기보다는 농담 자체가 확장된 범주라고 할 수 있다.[23]

---

22) 이러한 문제를 우리는 프로이트가 들고 있는 유사한 기법으로 만들어진 다른 농담의 예를 통해서도 살펴볼 수 있다. "(의사인) 어떤 사람이 한 젊은 환자에게 자위(*masturbation* 이라는 용어로 질문함)를 해 본 경험이 있는지를 물어 보자, 그 환자는 다음과 같이 확고하게 응답하였다. '*O na, nie!*'(축자적으로는 아니오, 결코 그런 적이 없습니다지만, 한 단어로는 오나니, 즉 '자위'라는 답변이다.)" (≪ 농담 ≫, p.31, 괄호 안은 인용자) 여기에서도 의사는 농담의 제3자라고 보기 어렵다. 아니, 그것의 추정은 양자 사이의 관계와 발화의 맥락에 따라 3자일 수도 있고, 아닐 수도 있는 불확정한 것이며, 이러한 텍스트는 외적인 정보 없이는 판단할 수 없는 성질의 것이다.

23) 여기에서 우리는 유머에 대한 프로이트의 분석을 농담과 관련하여 다루는 작업은 생략하고자 하는데, 그 이유는 유머는 코믹처럼 농담의 확장으로 해석될 수 없기 때문이 아니라 다른 문제를 내포하고 있기 때문이다. 유머에 대한 프로이트의 분석은 농담이나 코믹이 후에 다시 분석되지 않은 것과는 대조적으로 1927년에 쓰여진 < 유머 Humor >라는 짧은 글에서 다시 제기되는데 이 글에서 프로이트는 1905년의 저작인 ≪ 농담 ≫이 과도하게 경제적인 측면에 초점을 맞추고 있다는 점에서 문제가 있음을 지적하면서, 그의 초기 저작에 나타난 유머에 대한 분석을

9. 문제

지금까지 우리의 논의를 위해 프로이트의 《농담》이라는 저작의 내용을 길게 소개하며, 가능한 범위 내에서 프로이트 이론의 문제점을 수정하였다(5, 8). 그러한 수정을 통해서 우리는 농담의 편향성을 일반화하고, 농담의 기제를 제 웃음의 기제의 패러다임, 웃음의 기본 형태로 확정하였다. 그러나 프로이트의 《농담》에는 몇 가지 문제가 남아 있다. 그리고 우리가 최초에 설정한 문제에 이르기 위해서는 이러한 문제들을 해결해야 한다. 약속의 땅에 이르기 위해서 우리는 프로이트라는 모세보다 더 멀리 나아가야 하는 여호수아의 직무를 수행해야 하는 것이다.

프로이트의 논술에서 우리가 발견하는 문제는 다음과 같다.

1) 농담을 만들어 내는 주체는 과연 어떤 주체인가? 그리고 그 웃음과 웃음의 사회성의 의미는 무엇인가?

2) 농담이 만들어지는 과정에 대한 프로이트의 이론은 기호학적인 데 반하여 그것이 가져오는 즐거움은 에너지론적이다. 이러한

'자아와 이드' 이후에 개진된 그의 제2 위상론(이드 / 자아 / 초자아)의 시각에서 다시 검토한다. 그의 결론은 유머가 초자아의 활동이라는 것이대여기서 프로이트는 초자아의 모습을 불안에 떠는 자아를 위무해 주는 따뜻한 (초자아의 기원인) 아버지의 모습으로 묘사한다는 점에서, 초자아를 드물게 우호적으로 기술하고 있다. 그러나 이러한 재고찰이 농담에 대해서는 수행되지 않았다. 그 이유는 무엇일까? "농담은 무의식이 코믹에 기여한 바이고, 유머는 초자아가 코믹에 기여한 바이다" 라는 표현(S. Freud, 'Humor,' Standard Edition of the Complete Psychological Works of Sigmund Freud vol. 21, London: The Hogarth Press, 1955, p.165; 굵은 글씨는 인용자 강조)에서 보듯이 농담은 제1 위상론의 관점에서, 유머는 제2 위상론의 관점에서 분석하고 있다. 이러한 작은 *agency* 의 차이는 왜 발생하는가? 제2 위상론에서 농담은 어떻게 파악되어야 하는가? 이러한 문제를 해결하기 위해서는 프로이트 이론이 제기하는 최대의 논쟁점인 제1 위상론과 제2 위상론의 관계에 대한 전면적인 고찰이 요구되는데, 이 문제는 이 글의 범위를 넘어서는 주제이다.

이중적 설명 체계는 타당한가?

3) 농담의 목적은 음란한 것과 공격적인 것인 데 반하여 코믹의 동기는 숭고의 실추와 관련된다. 그리고 프로이트는 농담의 경우와 달리 코믹의 경우에는 그 형성의 기호학적 측면을 무의식과 관련시키지만, 그 동기는 무의식과 체계적으로 연관시키지 않는다. 그런데 우리는 농담을 웃음을 야기하는 기제의 패러다임으로 재정의함으로써 코믹을 농담으로 환원하였다. 그렇다면 이러한 목적의 다양성은 프로이트의 이론 내에서 어떻게 설명되어야 하는가?

논의의 편의상 우리는 이러한 문제를 무의식의 성격을 새로이 조명함으로써 2), 3)부터 해결하고자 한다.

10. 무의식

이미 앞에서 언급하였듯이, 농담은 전의식적 사유가 무의식으로 침강함으로써, 무의식이 지닌 1차 과정인 의미화 과정을 겪음으로써 얻어지는 것이라고 프로이트는 주장한다.[24] 그러나 이 말은 원래 프로이트가 '무의식이 전의식적 사유를 무의식으로 침강시켜 그것에 새로운 모습을 부여함으로써 이루어지는 것'이라고 했던 표현을 약간 수정하여 '1차 과정인 의미화 과정'이라는 용어를 사용한 것이다. 이렇게 용어를 바꾼 이유는 무의식이 하나의 의미 과정으로 이루어져 있고, 따라서 기호학적으로 분석될 수 있는 대상으로 여겨질 수 있다는 것을 드러내고자 함이다. 이러한 해석은 프로이트를 언어학적으로 재해석한 라캉[25] 이래로는 어느 정도 일반화된 견해이다.[26] 그러나 이러한

---

24) ≪ 농담 ≫, p.176.

25) 라캉에 대한 훌륭한 개설서로는 Annika Lemaire, *Jaque Lacan*, Routlege & Kegan Paul, London, 1977과 Ellie Ragland-Sullivan, *Jaque Lacan and the Philosophy of Psychoanalysis*, Croom Helm, 1986이 있음. 국내의 연구는 부족하지만, 손병우, < 라캉

견해는 프로이트에게서 단순히 잠복되어 있는 사상이 아니라 일정한 정도는 구체적 표현을 획득하고 있는 생각이다. 1915년의 < 무의식 The Unconscious >이라는 논문에 이르면, 그는 초기와는 달리 무의식을 구성하는 요소를 원망이나 충동이라고 보는 것이 아니라, 그러한 심적 에너지가 특정한 표상에 고착됨으로써 형성되는 표상 재현 *Vorstellungsrepräsentanz* 으로 이뤄진다고 본다.[27] 따라서 무의식은 단순하게 억압된 에너지, 정신의 지하, 욕망의 지옥이 아니라 라캉의 노선을 따라 일종의 의미화의 체계, 의미 작용의 흐름이라고 해석될 수 있는 것이다. 그러나 이러한 해석이 상당히 타당한 것임에도 불구하고, 프로이트와 라캉 사이에는 한 가지 차이점이 존재한다. 그것은 프로이트의 경우 무의식을 형성하는 표상 재현은 그 안에 충동으로부터 연원하는 에너지가 부재적으로 현존하고 있는 반면, 라캉의 경우 프로이트를 의사 생물학화하려는 기존의 정신분석학의 흐름에 대한 강한 반발로 인해 무의식이 이러한 에너지를 가지지 않는 것으로 해석된다.[28] 이 점은 라캉의 이론을 정신분석학의 지나친 언어화로 치닫게 한다. 라캉적인 무의식 개념은 인간 주체가 언어를 습득하고, 기표의 체계 속에서 자신을 표현하게 되면서 겪게 되는 간난 신고(상상적인 인식 체계와 언어라는 상

의 주체 이론과 이념 작용의 분석에 관한 연구 >, 서울대 석사 논문, 1988이 있음.
26) 라캉은 프로이트가 자신이 발견한 과학적 이론을 체계적으로 서술할 수 있는 언어를 가지고 있지 못한 채, 당시에 유행하던 열 역학의 모델에 따라 자신의 발견을 서술하고 있다고 보면서, 프로이트의 이론에 적합한 언어를 언어학과 기호학에서 발견한다. 이것은 알프레드 로렌처 A. Lorenzer 의 프로이트 해석을 기반으로 한 하버마스도 공유하는 견해이다. 하버마스의 견해에 대해서는 그의 ≪ 인식과 관심 ≫을 볼 것.
27) S. Freud, 'The Unconscious,' Standard Edition of the Complete Psychological Works of Sigmund Freud vol. 14, London: The Hogarth Press, 1955, p.177.
28) 프로이트의 무의식 이론을 에너지론과 의미 해석론의 양 측면에서 균형 있게 다루는 논의로는 Paul Ricoeur, *Freud and Philosophy*, tr. Dennis Savage, Yale University Press, 1970을 볼 것.

호 환원 불가능한 불연속적 인식 체계를 가진 인간 주체가 언어를 습득하면서 경험하게 되는 ─ 발화 주체와 발화 행위 주체, 상상적 자아와 상징적 자아, 나 / 너의 대명사 체계 등의 ─ 분할과 그것이 낳은 ─ 욕망의 발생과 무의식의 형성이라는 ─ 효과)에 배타적으로 초점이 맞춰져 있다. 이렇게 프로이트의 에너지론을 탈색시킴으로써 라캉적 정신분석학은 예컨대 피터 듀스 P. Dews 에 의하면 억압을 내용 없는 언어 체계 자체에 내장시킴으로써 프로이트의 비판적 문제 의식을 상실하였다는 비판을 받는다.

> 라캉은 인간에 대한 상징계의 외재성이 바로 무의식이라고 생각한다. 라캉은 '무의식이 큰 타자 the Other 의 자리에 위치해 있기 때문에 그것은 모든 담론에서, 모든 발화 행위 속에서 그 현존이 탐색될 수 있다'는 관점을 취함으로써, 프로이트의 두 가지 정신적 기능의 충돌과 간섭이라는 생각, 또는 의식의 언어와 무의식의 언어라는 두 가지 언어가 있다는 생각을 포기한다. 무의식은 또 다른 담론이 아니라 동일한 담론의 또 다른 독해에 지나지 않는 것이다. 그러나 이러한 주장의 결과는 욕망과 발화 간의 양립 불가능성이 언어 자체에서 연원하는 것이 되기 때문에 어떤 사회적 내용도 가질 수 없게 된다는 점이다. [……] 라캉의 정신분석학의 재구성은 심오하고 독창적인 것임에도 불구하고, 이러한 결론은 (비록 모호한 형태지만) 원래의 프로이트적 모델이 가지고 있던 현대 사회와 현대 문화에 대한 비판의 잠재력을 제거해 버리게 되는 것이다.[29]

그러나 라캉은 이러한 한계에도 불구하고 큰 잠재력을 가지고 있다. 왜냐하면 라캉이 그의 분석을 통해 제시하고 있는 것은 사실 정신분석학적으로 재구성된 화용론 pragmatics 이기 때문이다. 단순한 의미에서의 언어학의 화용론과 라캉이 다른 점은 언어의 담론적 성질에 초점을 맞추기보다는 언어의 담론성[30]이 주체에 미치는 효과에 더 관

---

29) Peter Dews, *Logics of Disintegration*, London, Verso, 1987, p.108.
30) 여기에서 언어의 담론성이란 언어가 실현되는 과정이 언제나 주체의 존재를 매개하고 있으며, 이로 인해 언어가 제한된 수의 어휘로 모든 현상을 표현할 수

심을 기울인다는 점이다. 라캉이 전개하는 화용론을 비트겐슈타인의 언어 게임 이론과 접맥시키는 것은 아주 유용한 성과를 가져다 줄 수 있는 것으로 여겨진다. 비트겐슈타인의 언어 게임은 '언어와 실천으로 이루어져 있는 복합체[31]'로 이해된다. 언어 게임이 삶의 형식을 대변해 준다는 것은 바로 이러한 의미에서 이해될 수 있다. 그런데 이러한 언어 게임의 수행적 측면은 그것에 참여하는 주체를 전제하게 된다. 언어 게임 안에 전제되어 있는 이 주체의 범주를 통해서 우리는 라캉과 비트겐슈타인의 접맥을 시도할 수 있으며, 양자를 서로의 이론을 보완해 주는 데 이용할 수 있는 것으로 보인다. 특정의 언어 게임이 주체에 대해 억압적이라는 것을 밝혀 줌으로써, 비트겐슈타인의 언어 이론을 철학적 비판으로부터 사회 비판의 평면으로 옮겨 올 수 있게 되며, 그러한 언어의 규칙은 삶의 형식을 전제하는 동시에 규제하는 것이 되기 때문에 라캉이 제시하는 언어에 의한 억압이 내용 없는 공허한 억압이 아니라 내용 있는 억압으로 재구성될 수 있는 것이다.

그러나 언어 게임에 대한 비트겐슈타인의 이론 안에는 정확히 주체에 관련해서 사고할 수 있는 용어가 정비되어 있지 않다. 그러나 언어 게임 안에는 주체 자체는 아니더라도 주체가 삽입될 수 있는 주체 위치가 안배되어 있게 마련이다. 그렇지 않고서는 언어 게임이 작동할 수 없기 때문이다. 정신분석학이 조명해 주는 바는 바로 이러한 주체 위치와 주체 자체 간의 관계의 문제라고 할 수 있다. 이 주체 위치와 그것이 게임 안에서 작용하는 규칙이야말로 주체가 자신의 진실과 관계 없이 의사 소통하려고 하는 한, 즉 사회적으로 의미 있는

있게 되는 성질이다. 언어의 이러한 측면을 부각시킨 것은 에밀 방브니스트이며 (에밀 방브니스트, < 언어 내의 주관성에 관하여 >, ≪ 일반언어학의 제 문제 ≫, 김현권 역, 서울: 한불문화출판, 1988을 볼 것), 라캉은 이러한 분석을 확장, 심화시키고 있다.

31) 위르겐 하버마스, ≪ 사회과학의 논리 ≫, 박성수 역, 서울: 문예출판사, 1986, p.274.

진술을 산출하려고 하는 한 참여적으로 복종해야 하는 힘이다. (물론 비트겐슈타인의 언어 게임 이론은 그 안에 게임이라는 용어를 씀으로써, 그러한 규칙이 억압적이기보다는 한갓 가상적인 것에 지나지 않는다는 것을 은연중에 함축하고 있다. 그러나 어린아이가 유희로서 받아들이는 언어 게임은 진지한 발화와 의미 형성을 위해서는 그것의 가상성을 제거해야 한다.) 이것을 프로이트의 용어로 해석한다면, 언어 게임의 규칙에 따른 발화는 2차 과정이라고 명명할 수 있다.

이러한 시각에서 라캉의 무의식 개념도 재정의할 수 있다. 라캉은 무의식을 기표(언어가 아니라 기표임에 주의하라)의 보고 寶庫 라고 정의한다. 비트겐슈타인의 표현으로 하면, 이것은 언어 게임들 간의 차별성이 수립되어 있지 않는 상태라고 할 수 있다. 아니, 이러한 기표의 가능한 전체, 기표의 은하수로부터 언어 게임이라는 성좌가 수립되는 것이기 때문에 무의식은 언어 게임들 전체가 구별 없이 혼용된 상태라고 할 수 있으며, 언어의 습득 과정을 통해서 규칙 준수적으로 되는 과정에서 배제되지만 주체 내에 보존된 문화적 레퍼토리 전체라고 할 수 있다. 무의식이 타자(기표 전체)의(이 '의'는 라캉에 따르면 객관적 한정이다) 담론인 것은 발화가 규칙 준수적인 언어 활동 외부에서 발생하는 경우를 지칭하는 것이다. 그리고 무의식이 보여 주는 응축과 전위는 언어 게임들 간의 부단한 기호 순환과 결합의 과정, 또는 게임화되지 못한 언어의 유동적 흐름이라고 할 수 있으며, 이것을 프로이트의 용어로 표현한다면 1차 과정이라고 할 수 있을 것이다.

이러한 무의식의 재해석은 다음과 같이 요약할 수 있다. 무의식을 구성하는 것은 주체의 생애사적 심적 에너지가 투하되어 있는 기표들이다. 따라서 무의식은 언어 게임의 기반이자, 언어 게임(의식)의 억압성으로 인해 그로부터 배제된 기표의 유동적 흐름이다. 따라서 무의식의 의미 작용은 언어 게임의 규칙이 수립되어 있지 않는 상태의 의미 작용이며, 그 기표들에 개인사적으로 응결되어 있는 에너지의 힘에 의해서 구조화된다.

이러한 무의식에 대한 재해석에 힘입어 우리가 문제로 제기했던 (비록 프로이트의 경우 만족스럽게 중재되어 제시되지 않고 상호에 대해 외삽적인 설명으로 이뤄지지만) 프로이트적 해석학이 지닌 에너지론과 기호론의 양면성은 무의식의 기호가 지닌 양면성, 즉 '힘의 기호화인 무의식적 기호의 힘'을 파악함으로써 중재된다고 할 수 있다. 이런 시각에서 보면 농담은 이러한 무의식의 과정에 침강함으로써, 즉 언어를 재활성화함으로써 언어 게임이 지닌 억압성을 파괴하는 (혁명적) 과정으로 이해될 수 있다. 그러면서도 농담이 꿈과 다른 점은 그것을 꿈처럼 유동적 기표의 특이 체질적인 *idiosyncratic* 결합을 통해서 억압에 대항하고, 그리고 그 억압의 힘과 결국 어느 정도 타협하는 것이 아니라 의식적인 생활에 존재하고 있는 언어 게임들이 배제하는 삶의 경험을 언어 게임들 사이의 횡단을 통해서 제시한다는 점이다. 농담은 단순히 무의식으로 침강하여 새로운 의미 작용을 겪는 것뿐 아니라, 그러한 의미 작용의 산물을 언어 게임들 위로 다시 솟아오르게 함으로써 의사 소통이 가능한 것으로 만들어 내는 데까지 이르게 하는 작업인 것이다.

이러한 해석은 다음으로 우리가 제시한 문제, 즉 농담 및 코믹이 지닌 목적의 다양성 문제에 대해서도 해결책을 제시해 준다. 언어 게임의 다원성은 바로 규칙과 삶의 형식의 다양성이고, 억압의 다원성이기 때문이다. 이 억압의 다원성이 바로 농담이 해방시키고자 하는 무의식적 원망의 다양성의 원인이라고 할 수 있기 때문이다. 그리고 이러한 억압의 다원성은 문명 과정 전체를 신경증으로 파악하고, 억압을 과도하게 일반화하는 프로이트의 문명론[32]에 대해서도 정정의 효과를 가지며, 피터 듀스의 라캉에 대한 비판, "(라캉은) 대부분 **특수한** 제도적 압력 아래에서 일어나는 언어의 경화 *rigidification* 에서 발생하는 억압을 순수하게 언어 자체에 귀속"[33](괄호 안과 강조는 인용자)시킨다는

---

32) 프로이트, ≪ 문화의 불안 ≫, 김종호 역, 서울: 박영문고, 1983을 볼 것.

비판도 피할 수 있게 해 준다. 언어 게임의 다원성과 그로 인한 억압의 다원성은 모든 언어 게임의 규칙이 자동적으로 억압적이라는 생각과 모든 언어 게임이 같은 정도의 억압성을 가지고 있다는 생각을 모두 피하게 해 줌으로써, 프로이트의 억압 이론과 라캉의 정신분석학에 대한 언어학적 반성을 한층 (그 말의 좋은 의미에서) 사회학화할 수 있는 길을 열어 주기 때문이다.

11. 농담하는 주체: 화용론적 수사학

프로이트는 현대 철학이 주체에 부여한 지상권을 박탈한 인물로 평가된다. 그러나 이런 점에서 프로이트는 그와 유사한 철학적 지위를 가지고 있는 니체와는 상당히 다른 점이 있다. 왜냐하면 프로이트는 주체나 자율성, 이성과 같은 말을 비판적으로 다루지만, 그러한 말들을 결코 포기하지 않았기 때문이다. 이 점에 대해 알브레히트 벨머 A. Wellmer 는 다음과 같이 예리하게 지적하고 있다.

> 프로이트 자신도 비록 회의주의적이기는 했지만 아직 유럽의 합리주의와 계몽주의의 옹호자의 한 사람이었다. 그는 주체의 합리성과 이성의 힘에 대한 믿음을 동요시키기는 했지만 이성의 힘과 자아의 힘을 강화시키려는 의도를 지니고 있었던 것이다. 미몽에서 깨어나고 환상에서 벗어난 한계에 이르기까지 그 자신을 지배할 수 있는 인류, 그것이야말로 프로이트에게 있어 그의 비판의 규범적 지평이었던 것이다. 이것이야 어찌 되었건 여하간에 정신분석학이 발견한 것들은 — 다시 없을 만큼 새로운 것이었던 — 어떤 의미에서는 아직 규범적 개념들인 주체, 이성, 자율성의 개념에 어떤 일이 일어났는가 하는 것을 미결의 상태로 남겨 놓았던 것이다. 프로이트가 어떤 뜻으로 그러한 개념들을 고수하였는가 하는 것에 대해

---

33) 피터 듀스, 같은 책, p.241.

이야기하는 것은 어려운 일이다. 그것이 데카르트적 혹은 관념론적 주체 철학일 수 없다는 것만은 확실하다. 즉 쾌락 원리나 권력에의 의지에 대한 지성적 대체물로서의 지식에의 의지나 상징적 폭력에 대한 지성적 대체물로서의 비폭력적 대화, 혹은 리비도의 경제학에 대한 지성적 대체물로서의 도덕적 자기 규정을 관념화하여 받아들인 것은 아니라는 것이다. — 무엇보다도 주체, 이성, 자율성 등의 개념들이 정신분석학에 의해서 동요된 합리주의의 위상을 벗어나게 됨으로써 그것들에게 어떤 일이 일어나게 되었는가 하는 것은 아직 미결인 채로 남아 있는 것이다.[34] (밑줄 강조는 인용자)

벨머가 미결의 상태에 있다고 파악하는 이러한 프로이트적 주체의 변화된 양상, 또는 무의식에 의해서 탈중심화된 주체의 재구성을 해명하는데, 비록 프로이트 자신이 부여한 위상은 아니지만, ≪농담≫은 하나의 길을 열어 주는 것으로 보인다. 그것은 ≪농담≫ 안에 드러나고 있는 농담하는 주체는 과연 어떤 주체인가 하는 문제와 관련된 것이다. 먼저 프로이트의 견해를 살펴보자.

프로이트는 ≪농담≫에서 "모든 사람이 똑같이 이런 방법(농담의 기법을 말함)을 사용할 수 있는 것은 아니"[35]며, "농담을 만들 수 있는 성향은 소수의 사람들에게만 존재하며, 농담이 생겨나는 분위기와는 무관하다"[36]고 하면서, 농담하는 주체가 특수한 자질을 가진 사람이라고 지적하고 있다. 그리고 "농담 제작자는 신경증적 질환에 걸리기 쉬운 분열된 *disunited* 인성의 소유자이다"[37]라고 지적한다. 예술가를 신경증적 소인을 승화시킨 사람으로 분석하는 프로이트의 후기 문명 이론을 연상시키는 이러한 분석은, 그러나 농담하는 주체가 가진 자질

---

34) 알브레히트 벨머, ≪모더니즘과 포스트모더니즘의 변증법≫, 이주동·안성찬 역, 서울: 녹진, 1990, p.103.

35) ≪농담≫, p.140.

36) ≪농담≫, p.178.

37) ≪농담≫, p.142.

이 무엇인지에 대해서는 정작 설명해 주는 바 없다는 의미에서 인상주의적인 기술에 지나지 않을 뿐이다. 농담하는 주체의 자질이 무엇인지는 오히려 농담에 대한 프로이트의 분석을 심화시킴으로써 분명하게 인식할 수 있다. 우리가 앞에서 서술했던 농담의 과정과 관련하여 이런 점들을 구체화시켜 보자. 이를 위해서 우리가 해야 할 프로이트의 심화 작업은 단순하다. 프로이트가 분석한 농담의 제 과정에서 충족되어야 할 조건들이 농담하는 주체와 맺고 있는 관계를 재고찰하기만 하면 되기 때문이다. 이러한 고찰에 의해서 우리는 농담하는 주체가 다음과 같은 특징을 가지고 있음을 알 수 있다.

1) 농담하는 주체는 자신의 욕망을 이해하고 있는 자이다. 그렇지 않다면 그의 농담은 말실수로 떨어진다.

2) 농담하는 주체는 자신의 욕망뿐 아니라, 금지의 규칙과 힘도 정확히 이해하고 있는 자이다. 그렇지 않다면, 농담은 꿈과 같이 타협 형성으로 귀결될 것이다.

3) 농담하는 자는 이러한 자신의 욕망을 실현시키기 위해서 자신의 전의식적 사유를 무의식으로 침강시킬 뿐 아니라, 그것을 다시 언어 게임의 의사 소통적 국면으로 끌어올리는 자이다. 이러한 언어로의 재부상, 욕망의 의사 소통화라는 점에서 농담하는 자는 꿈꾸는 자와 다르다. 프로이트의 메타심리학의 용어로 하면, 농담은 증후일 뿐 아니라 동시에 치료이며, 농담하는 주체는 분석 대상자와 분석자의 통일이다.

4) 농담하는 주체는 자신의 욕망을 충족시키기 위해서 타자가 요구됨을 아는 자이다. 왜냐하면, 농담하는 자는 자신의 농담에 웃을 수 없기 때문이다.

5) 농담하는 주체는 청자의 욕망 역시 이해하고 있는 자이다. 만일 그렇지 않다면 농담의 전제, 즉 농담이 웃음을 야기하기 위해서는 농담의 청자가 농담의 목적에 동의해야 한다는 전제를 충족시킬 수 없기 때문이다.

이렇게 자신의 욕망과 타자의 욕망, 억압의 작용 방식을 모두 이해하고, 그것을 실천적으로 타개하는 주체, 이러한 주체에 어떤 이름을 붙일 것인가? 프로이트의 이론을 언어학으로 풀이하는 전통을 따라, 우리는 농담이 지닌 '미학적인 구조'[38]를 수사학적인 것으로 이해할 수 있다(예컨대 응축을 은유로, 전위를 환유로). 수사학은 언어 게임들 간의 횡단, 언어가 지닌 '비감각적 유사성'의 흔적의 복원이라고 할 수 있기 때문이다. 그러나 수사는 하나의 욕망의 이야기 이상이다. 아리스토텔레스의 최초의 용어법을 따르면, 수사학은 단순한 미적 구조를 지시하는 시학이 아니라 주체에 의한 언어의 확장된 운용과 설득의 기예이기도 한 것이다. 이런 점에서 수사학의 전통은 언어의 화용론적 측면을 그 처음부터 내포하고 있는 것이다. 따라서 우리는 이 수사학의 화용론적 측면을 포함하여 잠정적이지만 이러한 주체를 수사학적 화용 주체라고 부를 수 있다. 그리고 프로이트가 자질의 유무로 구분한 범주를 수사학적 화용 주체와 비수사학적 화용 주체로 대치할 수 있다. 그리고 이 양자를 분리하는 사회적 과정에 대한 연구로 신경증적 개인사의 연구를 대치할 수 있다. 그러나 이것은 본고의 범위를 넘어서는 논의이다. 그러나 적어도 농담하는 주체를 수사학적 화용 주체로 자리매김함으로써, 우리는 적어도 다음과 같은 오해는 불식할 수 있다.

> ……언어 창조의 과정에는 순수한 통합이 있다. 즉 원형 상징 *paleo-symbol* 들에 매어 있는 잠재적 의미는, 창조적인 언어 사용에서 공공연히 다시 회복되고 문법적으로 규제되는 상징 사용을 위해서 활용된다. 의미론적 내용을 전 언어적인 집합체의 상태에서 언어적인 상태로 전이시키는 일은 무의식적으로 동기 유발된 그 무엇의 대가로서 의사 소통 행위의 영역을 넓혀 준다. 성공적이며 창조적인 언어 사용의 계기는 일종의 해방의 계기라고 할 수 있다.
> 위와 같은 과정은 농담의 경우와는 다르다. 우리가 거의 강제적으로 농담에 반응하여 웃는 웃음은, 원형 상징의 단계에서 언어

---

38) ≪농담≫, p.135.

적 사고의 단계로 옮겨 가는 자유로운 경험을 입증해 주는 것이다. 즉 우스운 요소는 농담의 모호성을 폭로하는 데 있다. 그리고 이러한 모호성은 이야기하는 사람에게서 찾을 수 있으며, 또한 그는 우리들을 유혹하여 전 언어적인 상징 작용의 단계로 퇴보하게 만든다. 즉 그는 동일성과 유사성을 혼동시키고 동시에 우리의 잘못으로 돌린다. 계속되는 웃음은 일종의 휴식을 뜻한다. 농담에 대한 우리의 반응에서 우리는 실질적으로 그리고 실험적으로 전 언어적인 의사 소통의 낡은 경계를 위험스럽게 왔다갔다해야 하는데, 이러한 반응에서 우리는 교체된 의식 단계의 위험을 넘어서 스스로가 성취하는 통제력을 재확인하게 된다.[39] (강조는 인용자)

하버마스가 여기서 보이고 있는 오해는 그의 여타 저작이나 논술이 보여 주는 명석함에 비하면 기이할 정도이다. 우리가 앞에서 살펴본 바와 같이, 웃음의 요소는 동일성과 유사성의 혼동을 알아차리는 청자의 능력에 의존하지만, 청자는 그러한 혼동을 고의적으로 일으킨 화자의 의도에 동참하기 때문에 웃는 것이지, 화자의 모호성을 폭로할 수 있고 거기서 안식을 얻을 수 있기 때문에 웃는 것이 아니다. 그리고 농담의 화자 역시 농담의 청자와 마찬가지로 전 언어적인 의사 소통과 언어적인 의사 소통의 경계를 넘나드는 통제력을 확보하고 있다. 오히려 농담의 화자는 이러한 통제력에서 청자보다 뛰어난 면모를 보이는 것이다. 그리고 하버마스가 생각하듯이, 전 언어적인 의사 소통과 언어적인 의사 소통의 경계는 '위험한 경계'로만 여겨질 수 없다. 누구의 편에서 위험한 것인가? 농담의 화자와 청자는 그 경계를 위험한 것이 아니라, 제약된 세계를 넘어서는 원천으로 삼기 위해서 양자 사이에 다리를 놓는 사람이다. 그리고 하버마스가 '전 언어적인 것'으로 부르는 것은 공적인 언어에 의해서 치유됨으로써 그 잠재력을 해방하는 절름발이가 아니라, 언어의 창조적 지평을 여는 희망의 자원이라

---

39) 위르겐 하버마스, < 해석학의 보편성 주장 >, ≪ 현대해석학 ≫, 조셉 블라이허 편, 권순홍 역, 서울: 한마당, 1983, pp.223~4.

고 할 수 있다. 그러므로 하버마스가 인용문의 앞부분에서 농담과 다른 과정으로 제시하는 언어 창조의 과정은 오히려 정확히 농담에 적용되는 것이라고 할 수 있다. 그뿐 아니라 농담은 하버마스가 창조적인 언어의 지평 확대로 제시하는 문학이나 예술의 경우보다 더 멀리 나아간다.

12. 행복의 정치학

앞에서 우리는 농담이 언어의 지평 확대라는 점을 문학이나 예술과 공유하고 있지만, 그와 동시에 그보다 더 멀리 나아간다고 하였다. 어떤 점에서 농담은 더 멀리 나아가는 것일까? 그것은 농담에 내포되어 있는 사회적 과정의 측면으로 인한 것이다. 이미 앞에서 살펴본 바와 같이 프로이트에 의하면, 농담은 농담 제작자와 제3자의 협력에 의해서 수행되는 것이다. 이제 우리는 이미 앞에서 필요에 따라 바꿔 써 왔던 프로이트의 용어를 명시적으로 바꿀 필요가 있다. 프로이트는 일관되게 농담의 직접적 청자를 2인칭으로, 그리고 웃는 사람을 제3자(인칭)로 기술한다. 그러나 농담이 지향하는 것은 웃음이고, 따라서 농담이 조롱하는 제2인칭은 프로이트의 표현대로 2인칭일 수 없는 것이다. 그는 단지 농담의 대상일 뿐이며, 언어 게임 안에서 언어 게임의 억압성을 담지한 주체 위치를 점한 자라고 할 수 있다. 오히려 농담의 청자는 바로 농담의 화자가 동맹하고자 하는 농담의 2인칭이라고 할 수 있는 것이다. 그러므로 우리는 농담을 나-너/그의 형식으로 정의할 수 있다. 이런 점은 나/너의 형식 속에서 우리의 의사 소통을 규명하는 하버마스의 보편적 화용론이 설명해 주지 않는 중요한 측면을 농담의 화용론은 일상적인 의사 소통적 실천의 양상 속에서 포착해 주는 것이다. 농담 안에는 사회적 적대가 현존하고, 우리의 담론적 실천이 합의의 산출과 적대적 투쟁을 하나의 형태로 수행하고 있음을 보여 준다. 차이 지으고, 일치시키는 활동이 동시적으로 이루어지는 것이다. 만일 하나의 실천적 규칙 체계를 바꾸려는 활동을 모두 정치적이라고 부를 수 있다면, 기존의 언어 게임의 지평을 넘어서려는 농담의 이러한 활동을 우리는 정치적인 것으로 생각할 수 있다. 정치의 웃음이 가능하듯이, 웃음의 정치 또한 가능하다는 것이다. 그렇다면 우리는 차이 지으고, 동시에 일치시키는 농담의 정치학을 그람시적인 의미에서 헤게모니 형성의 정치학이라고 부를 수 있을 것이다.[40] 농담은 헤게모니 과정의 일상적인 원형이라고 할 수 있다는 것이다. 이제 왜 농담이 문학이나 예술보다 더 멀리 나아가는 것인지 알 수 있다. 그것은 농담이 지닌 사회성(정치성)과 일상성으로 인한 것이다. 농담 역시 '말할 수 없는 말'을 말하려 한다. 그러나 농담은 우리로 하여금 그러한 시도 속에서 언어의 경계와 언어의 그 자신에 대한 침묵을 깨달을 것을 권고하는 대신, 말할 수 없는 말이야말로 진정한 의사 소통의 대상임을 가르쳐 준다. 그리고 정치를 지시하거나, 의도하는 것을 넘어서서 농담은 이미 정치적 행위인 것이다. 그렇다면 농담의 정치학은 어떤 성격을 지닌 것인가?

사회 *the social* 의 평면에서 수행되는 농담의 정치학은 자신의 '자원'(단지 자원이다)을 무의식으로부터 끌어 냄에도 불구하고, 프로이트의 이론을 정치학화하려는 프로그램이 빈번히 제기해 온 라이히적인 욕망의 정치학이나, 마르쿠제 H. Marcuse 적인 유토피아의 정치학과는 구별된다. 농담은 끔찍한 억압의 체계와 싸우는 정치의 자원을 기존의 체계의 억압으로부터 배제된 욕망의 항상적인 부정적 현존으로부터 끌어 내지 않는다.[41] 왜냐하면 욕망은 해방의 수레바퀴이기도 하지만, 동

---

40) 여기에서의 차이와 동일성은 라클라우 E. Laclau 와 무페 C. Mouffe 의 차이와 등가성의 개념과 같은 것이다. 라클라우와 무페, ≪ 사회 변혁과 헤게모니 ≫, 김성기 외 역, 서울: 터, 1990, 3장 참조.

41) 혹자는 농담의 형성도 무의식으로의 침강에 의존하는 한, 억압된 과거에 새로운 미래를 형성하는 힘을 부여하는 것이 아니냐고 물을 것이다. 그러나 이런 판단

시에 지배의 숙주가 될 수도 있기 때문이다. 그렇다고 그것은 올페우스적 풍요의 이미지에서 정치의 자원을 길어 올리는 것도 아니다. 그것은 단순히 도달해야 할 이상의 이미지일 뿐, 거기에 도달하는 길에는 무지하기 때문이다. 농담이 자신의 자원으로 삼는 것은 욕망과 유토피아를 사회의 평면으로 끌어올리는 현실정치학이며, 바로 사회의 평면으로 끌어올리는 행위 자체인 것이다. 그러나 이러한 농담의 정치학은 통상적인 현실정치학이 그렇듯이 변화된 현실을 지향하기 위해서 우리의 현재를 유보하는 금욕적 실천과 동일시될 수 없다. 왜냐하면 그것은 해방적 실천에 수단적인 것 이상의 역할을 부여하기 때문이다. 농담이 야기하는 웃음의 의미는 이제 분명하다. 그것은 기존의 언어 게임에 대한 성공적 투쟁의 징후이자, 성취된 동맹의 표지이며, 해방적 실천의 계기 자체의 해방성의 증거이다. 그러므로 우리는 이렇게 말할 수 있다. 농담의 정치학은 금욕적 정치학이 아니라 즐거운 정치, 행복의 정치학이라고. 웃음이 주는 행복한 체험이 없다면, 해방적 실천이 그 자체로 해방적이지 않다면 우리는 무엇 때문에 자신을 단지 부정적으로만 현존하는 (따라서 정확히 그 실체를 모르는) 해방을 향한 실천에 자신을 던지겠는가? 또 그러한 실천이 어느 방향으로 가야 하는지 알 수 있겠는가?

은 무의식=억압된 것이라는 오해에 기초한 것이다. 억압된 것이 무의식의 중요한 부분이기는 하나 무의식은 억압된 것으로 환원될 수 없다. 오히려 무의식은 문화적 백과 사전으로 정의되어야 한다. 그 안에는 아직 현실화되지 않은 문화의 잠재력이 담겨 있는 것이다. 따라서 무의식으로의 침강은 억압된 과거를 불러들이는 주문이 아니라 더 넓은 가능성의 추구인 것이다. 그것은 마치 바닷속으로 자맥질하여 진주를 캐는 해녀의 행위와 같은 것이다. 이런 행위는 단순한 의미에서 의미 지평의 확대 행위에 그치지 않는다. 진주가 사회적 가치를 가지듯이 농담은 청자에 의해 진리 가치를 검증받는다. 웃음은 그것의 진리 가치가 승인되었음을 보여주는 행복한 기호이다.

13. 맺는말

지금까지 우리는 프로이트의 ≪농담≫이 그 이후의 프로이트 이론에서는 소멸된 중요한 이론적 잠재력을 간직하고 있음을, 웃음의 해석학인 ≪농담≫이라는 저작을 행복의 정치학으로 확장함으로써 살펴보았다. 그러나 이러한 논의가 혹자에게는 돌로 떡을 만드는 연금술에 지나지 않는 것으로 비춰질지도 모르겠다. 또 혹자는 음험한 지배자들의 검은 유머가 판치는 세상에서 웃음이 무슨 가치를 지니느냐고 오히려 웃음은 지배의 관용이 아니겠느냐고 반문할 것이다. 그러나 그런 말들에 대해 이 글은 웃음의 기본 형태에 대한 고찰이고, 그것이 가르쳐 주는 정치의 기본 형태(와 거기서 우리가 얻게 되는 원칙)에 대한 논의일 뿐이라고 답변할 수밖에 없다. 이빨 달린 기쁨이 끝내는 (프로이트가 < 레오나르도 다 빈치와 어린 시절의 기억 Leonardo da Vinci and a Memory of His Childhood >에서 논한 것과 같이 젖을 빠는 어린 시절의 갈등 없는 행복에 고착된 다빈치가 미학적 가상 속에서 재현한 것으로 분석한) 모나리자의 미소(그러나 이 미소는 잘 알려져 있듯이 '미완성'이다)가 되고, '탈의 웃음'이 마침내 '탈을 벗은 웃음'이 되기까지 우리의 정치적 기본 행태가 어떤 변형과 확장과 복합화를 겪어야 하는가에 대한 논의는 물론 이 글의 범위를 넘어서는 것이다. 그러나 그런 답변이 제시되지 않는 한, 이러한 논의가 무효라고 비판된다면, 이 글은 그 때까지는 농담의 기제의 역사적 변형과 그것의 사회적, 이데올로기적 형성과의 관계, 예컨대 말뚝이의 웃음과 판소리의 웃음의 차이, 김수영의 풍자시와 김지하의 담시의 관계(혹은 이성복이나 황지우의 반어법)를 다루기 위한 개념 정비나, 농담하는 주체의 사회적 구성의 역사적 기제, 랑그의 역사적 형성, 언어 게임의 사회적 편제에 대한 논의를 위한 밑그림 정도로는 읽혀질 수 있을 것이다.

어떤 농담의 분석

1.

사회학적인 분석의 대상은 인간의 행동, 인간의 말, 그리고 인간들 사이의 관계라고 할 수 있다. 그리고 이 세 가지는 각자 독자성을 갖고 있는 것 못지않게 서로 얽혀 있다. 인간의 행동은 인간들 사이의 관계의 망 안에서 그 의미와 효과를 획득하며, 그 관계의 논리에 삼투하며, 말의 내적, 외적 규정력 속에서 말을 수반하며 행사한다. 인간의 말도 마찬가지다. 말은 관계의 구조를 반영하며, 관계의 논리에 의해서 제약되거나 방출되며, 행동을 예시하거나 행동을 반영하는 행동의 수식이며 행동과 관계에 관한 것이다. 관계는 행동과 말의 힘에 의해서 유지되고 재생산되며 또는 출렁거리며 변동하고, 동시에 그 말과 행동을 내리누르고, 거기에 경계를 설정하는 것이다. 이와같이 세 가지는 서로 그늘을 드리우고, 서로 포개지고, 또 서로 얽혀 들어가 있다. 그러므로 지금 분석하고자 하는 농담은 하나의 말로서 다른 행동, 관계를 넘보고 있으며, 또 이들에 의하여 드리워진 음영을 지니고 있다. 말 사이로 욕망과 사회 관계가 가로지르고 있는 것이다.

2.

분석하고자 하는 농담(즉 사회 현상)은 어느 국민학교 교실에서 생긴 일이다. 대략 6월 중순, 교실에는 초여름의 더위가 성큼 다가와 있었고, 온통 열린 창으로 시원한 바람이 스치는 날이었다. 종례 시간에 선생님이 "6월 25일은 무슨 날이지?" 하고 학생들에게 물었다. 그때 한 학생이 대답했다. "아버지 월급날인데요." 교실 안에는 가득 웃음이 터졌다. 많은 아이들이 책상을 두들기고 자지러졌다. 그리고 눈치 빠른 사람이라면 선생님의 얼굴 가죽이 뻣뻣해지고 붉게 되었음을 쉽게 상상할 수 있을 것이다.[1]

그런데 나는 한 학생의 답변을 농담이라고 했는데, 그 답변이 왜 농담인가? 월급날이 25일이니까 월급날이라고 답변했는데, 이 답변이 왜 농담인가? 무엇보다 확실히 이 답변이 농담임을 보장하고 있는 것은 그 날 그 시간에 펼쳐진 한자락의 웃음이라고 할 수 있다. 그 웃음이 이 답변에 무엇보다도 확고한 지위를 주었다. 더욱이 범상치 않게 자존심이 상한 선생님이 그 학생을 한 대 쥐어박은 정도로 벌을 마무리하지는 않았을 것이다. 그것이 농담이라는 것을, 또 농담의 효과를 발생시킬 수 있었던 것을 깨달으려면 그 짧은 말 속에 스며들어 반짝이는 욕망과 그것을 담고 있는 사회 관계를 살펴봐야 한다.

먼저, 선생님의 위치와 발언과 그 의도를 생각해 보자. 선생님은 전승된 삶의 기억자이며, 그 해석적 전달자이다. 그러나 이 이중화된 전통의 매개자, 지식의 전달자는 그 매개를 외양으로, 힘의 논리와 음험한 의도를 전수하는 자이기도 하다. 요컨대 그는 영혼을 주조하려는 것이다. 6월 25일이 무슨 날이냐고 묻는 선생님은 어떤 역사적 체험에 강조 부호를 찍고, 거기에 사유의 정박점을 마련하고자 하는 자이다. 기억해야 할 체험이라는 기의 *signified* 의 목적성에 예속된 자이며, 6월과 25일이란 두 단어 사이에 단단한 결박을 형성하고 기표 *signifier* 를 전횡하고자 하는 자이며, 모든 의미의 잉여와 여타 의미의 유출을 배제하고자 하는 자이다.

그런데 이러한 선생님에 대해서 우리의 어린이는 왜 그런 답변을 한 것일까? 맥락을 모르는 멍청이라서? 그렇게 간단하게 치부

---

1) 김병운, '전후 세대의 반공 교육 방법,' < 연구 월보 > 197호, 전라 북도 교육 연구 편, 1985, p.78. "전후 세대 특히 6·25의 체험 세대가 아닌 젊은이들에게 그 동안 실시되었던 광범위한 '반공 교육'은 확실히 줄기찬 것이었다고 믿어진다. [……] 그러나 이론 중심에 치우쳐 전후 세대를 대할 때 일말의 아쉬움이 있다. [……] 농담 같은 이야기지만 6·25 전쟁을 '유교 儒敎 전쟁' 이라느니, '6월 25일이 무슨 날인가?' 물으면 '아버지 월급날'이라고 대답하는데, 이는 웃어 넘기기보다는 가슴아파해야 한다."

하지 않는다면 우리는 사태의 좀더 매력적인 측면에 도달할 수 있다. 우리의 어린이는 무엇을 했던 것일까? 먼저, 어린이가 한 것은 6월과 25일의 결합을 해체하고, 그 중에 25일을 끌어 내고 자신의 욕망의 자리로 회귀한 것이다. 어린이의 영혼의 날개는 더 순결한 보금자리로 날개를 폈다 — 아버지의 **월급날로**! 그것은 다달이 돌아오는, 한때나마 풍요의 밝은 웃음이 어머니의 얼굴에 번지고, 어린이의 손에도 어떤 선물이 주어질지도 모르는, 아버지와 손잡고 놀러 갈 수 있는 주말 계획을 짤지도 모르는 의미 충만한 날이다. 기쁜 기억으로 새겨진 4월 25일과 5월 25일의 욕망은 6월 25일에도 그 자리를 양보할 수 없다. 그렇기 때문에 어린이는 25일이라는 기표를 선생님이 전횡하도록 내버려 둘 수 없었던 것이다.

　　　그러나 우리의 어린이가 이렇게 선생님이 제시하는 전승의 논리에 자신의 순결한 욕망을 대면시키기만 한 것일까? 그렇기만 한 것 같지는 않다. 이 대면 자체의 사잇공간에는 어린이가 가지고 있는 다른 차원의 숨은 욕망이 다시 드러나고 있다. 그는 지겨움, 따분함, 무의미로 자신에게 체험되었던 선생님의 수사학과 전승의 논리 배후에 작용하는 논리를 간파한 것이다. 그리하여 그는 25일이라는 기표를 끌어안고 유희를 즐김으로써 선생님을 통해 행사되는 음험한 전승의 논리의 담화적 흐름을 파탄에 이르게 한 것이다. 일시적이나마 성취된 수업 거부이고, 학급을 웃음바다로 만드는 동의를 형성하고, 그 힘을 바탕으로 달성된 동맹 휴업인 것이다. 만약 우리의 어린이가 선생님으로부터 큰 처벌을 받지 않는다면, 그것은 우리의 어린이가 일시적이나마 선생님 자신의 월급날, 그 주기적 풍요를 상기시킴으로써 전승의 논리를 담지하고 있는 선생님의 마음을 가로지르고, 작은 균열을 일으키는 데까지 자신의 욕망을 관철시켰기 때문일 것이다. 이런 강요된, 강조된 역사적 체험, 그 생경함의 전면적 거부라는 어린이의 욕망은 물론 전제적인 힘의 소유자인 선생님의 찌푸린 눈, 고함, 격양된 표정에 의하여 억눌리게 될 것이다. 그러나 그런 때조차, 순식간에 역전된 권력 관계의 회복을 위하여, 선생님의 벌거벗은 힘의 논리는 자신의 본질을 웃음과 대면시켜야 하는 곤란함을 겪어야 한다. 이 웃음 때문에 권력도 다소는 우회할 수밖에 없다. 이것도 우리의 어린이가 성취했던 또 다른(이것은 아마 우리의 어린이의 욕망의 전개에 포함되지 않았던 것이겠지만) 효과이다.

　　　　마지막으로 생각해 볼 만한 것은 이 작은 해프닝 자체를 가능하게 하고, 사회 현상으로 끌어올린 웃음의 주체들이다. 우리의 어린이와 선생님의 짤막하고 은밀한 싸움의 와중에서 우리의 어린이가 예감하였고, 그 사회적 불만에 불질러진 그 사람들. 그들은 그 싸움의 성과를 돌발적 쾌감과 유쾌한 해방감으로 향유하고, 그 농담의 의미를 알고 있었고, 어린이를 편들었던 것이다. 이제 작은 대화와 소란스런 웃음에 대한 해석은 마감된다(아직도 의미의 잉여가 남아 있지만).

3.

　　　　그러나 상상력을 고립시키지 말자. 우리의 어린이가 그랬듯이 우리의 상상력을 해방시키자. 1986년 한 해는 주목할 만한 정치적 사건들이 발생한 해이다. 그 중 하나가 한 대학교에 갇힌 1000여 명의 대학생들이 외친 "반공 이데올로기를 깨부수자!"라는 원색적인 구호이다. 이 사건과 우리의 어린이의 산뜻한 농담 사이에 직선을 긋는다면 그것은 무모한 발상일까? 색조는 다르지만 그 원색적 구호를 그 국민학교 교실의 웃음이 증폭된 것으로 생각한다면 상상력을 남용하는 것일까? 그러나 상상력은 불현듯 찾은 친족과 자신의 동류성을 더듬을 것이다. 그 때 선생님으로부터 침묵하라는 명령과 자신의 욕망이 존재하지 않는다는 확인을 강요받았던 어린이가 비록 웅얼거림 속에서나마 자신의 진실을 견지하였고, 긴 우회를 거쳐서 자신이 드러낸 것이 그런 원색적 구호였던 것은 아닐까 하고 상상력을 묻는다. 그러나 이것은 단순한 재현은 아니다. 우회의 과정은 또 다른 욕망과의 결합 과정이고, 새로운 요소와의 영입 과정이기 때문이며, 자신의 고향으로부터 한편 멀어지기도 하고, 한편 한 걸음 가까워지는 과정이니까(이 궤적의 추적은 의미 있는 작업이지만 여기서는 불가능하다). 한 가지 분명한 것은 잃어버린 것이 있다는 것이다. 그것은 우리의 어린이가 구사했던 '전략의 우월성'이다. 어린이는 짧은 순간이지만 분명히 권력의 논리를 마비시켰고, 광범위한 동의를 순식간에 창출하였으며 또 자신에게 가해 오는 벌거벗은 힘에도 일부 제동을 걸 수 있었다. 그리고 이 과정을 통하여 시종 웃음과 쾌락과 자유로움을 산출해 냈던 것이다. (이것은 해방 과정의 해방성을 뜻한다.) 국민학교 교실의 그 웃음을 하나의 소음으로 치부하려고 하는 사회 관계에서 뛰쳐나와 그 소음의 의미를 해독하고자 했던 지금까지의 상상력은 또다시 전개될 여지를 가지고 있지만, 엉뚱한 말 한 마디로 지금까지의 모든 말을 급정거시키자. ― 앞이 막히면 좌우로 뛰기.

죽음과 유머

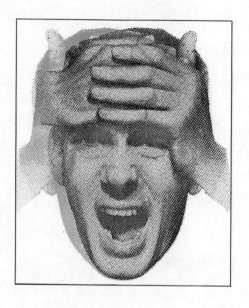

로댕 Rodin 의 < 절규하는 청년 >이라는 조각은 절규하는 인간의 두부가 보이는 견고한 근육감과 쭉 뻗은 팔의 팽창감이 아주 조금씩 풀려 가는 손의 모습이 갑작스럽게 얼어붙은 형상을 하고 있다. 갑작스러운 종식, 그 긴장이 결말을 맺기 전에 정지함……. 젊은 시절 자살한 인간은 그런 모습을 보인다. 그러나 자살한 인간이 보이는 그런 정지는 결코 그 자신의 내적 응시에 있어서는 그렇지 않을 것이다. 그는 자신의 행위에 구두점을 찍었고, 그것은 문장이 끝났다고 얘기하는 것이다(그러나 물론 독백하고 있는 자신의 논리가 끝난 곳에 존재의 끝을 일치시키는 이가 몇 되겠는가). 얼어붙은 이미지는 단지 산 자들의 망막 위에서만 그럴 뿐이다. 그러나 죽은 자는 산 자의 혼 안에서는 '죽은' 자가 아니다. 기억이 사라질 때까지는 아니다. 그러나 기억은 매듭이 복잡하고 질긴 그물이며, 우리는 도처에서 '기억의 카타콤'에 도달할 입구에 마주친다. 연상의 빛살 같은 빠르기는 우리의 조심성을 피하여 입구를 열고, 어떤 아드리아네의 실도 없이 우리는 미로에 발을 내디딘다. 이 때 죽은 자는 그리고 단지 기억이 아니다. 우리는 끊임없이 그와 내적 대화를 거듭하게 되며, 그가 구두점을 찍은 바로 그 다음을 이어 작문을 계속한다. 그러나 그 내적 대화는 언제나 마무리되는 법이 없이 길고, 혹은 너무 짧고, 앞뒤가 맞지 않게 뒤바뀌고, 생략도 부연도 모두 심한 문장을 이룬다. '죽음'이라는 마지막 이미지가 그렇게 만든다. 그 '이미지'는 그 앞에서, 그 곳에 도달하기 전에, 우리의 모든 '말'들을 쓰러지게 하고 그 주위를 선회하게 한다. 접근하려는 행위가 접근을 방해한다. 그 '말'이 되지 못함은 그 최후의 이미지가 암호가 되어 버렸기 때문이다. 죽음은 끝내 필연성의 선상에 놓이지 않고, 어떤 아득한 심연 위에 떠도는 이미지가 된다. 그 이미지에 가까운 인간인 만큼 그는 심연의 입구 가까이에 놓인 채 있는 것이다.

　　수수께끼를 풀어 버리자 스핑크스는 '죽어 버린다.' 그것은 우리의 경우 자신을 심연에서 비켜 서게 함으로써 자신을 구제하는 것 (살아 있는 것을 긍정하는 것이든 혹은 자신도 그 길을 따라 죽고자 결심하는 것이든)이 되지만 우리의 과제는 그런 것이 되지 않는다. 불길 속에서, 신록의 아크로폴리스에서, 그리고 어두운 한강 물 속에서 죽어 간, 우리의 죽음의 이미지는 언제나 그 이미지 자체의 구제와 우리 자신의 구제를 동시에 요구하기 때문이다. 단정과 확언이 불가능하기 때문에 다만 '고통의 언어'가 가능할 것이다. [……] < 내일을 향해 쏴라 *Butch Cassidy and the Sundance Kid* >의 마지막 장면의 부치 캐시디와 선댄스 키드처럼 막바지에 몰린 죽음의 코앞에서 경쾌하게 '웃으며' 몸을 던지는 정지의 화면, 그런 죽음에 대한 유머적 태도는 우리에게는 낯선 이미지이다. 그렇지만 그 낯섦은 우리의 죽음의 이미지도 동시에 낯설게 한다. 이제 유머는 산 자에게 남은 몫일까. 솔 담배를 줍다가 검거된 친구의 이미지, 그리고 '솔' 담배를 즐긴 '죄'를 그가 지은 유일한 죄로 기억하는 친구의 회상은 산 자의 몫이 된 유머의 모습을 보여 준다.[1] 유머는 이 죽음의 이미지를 구하고 자신을 구한 언어일까. 그런 한에서 유머는 스스로 '고통의 언어'가 될 수 있는 것일까……

---

1) 강석운, "우리들의 부끄러움 혹은 서러움: 고 이재호 열사에 대한 추모글," 서울대 < 대학 신문 >, 1988년 5월 2일. "그는 유난히도 맥주와 '솔' 담배를 좋아했습니다. 언젠가 그는 우리에게 우스개로 이런 말을 한 적이 있었습니다. "솔 담배와 맥주만 있으면 부러울 것이 없다." 그러나 그의 유일한 사치도 그만을 위한 것은 아니었습니다. 결국 모두 다 우리의 몫이었으니까요 담배에 얽힌 그의 이야기 하나를 할까요. 종로에서 가두 시위가 있었습니다. 시위가 끝나고 신림동으로 돌아와 보니 그가 보이지 않았습니다. 그는 구류를 살게 된 것입니다. 그러나 며칠 후 아무렇지도 않은 듯이 우리 곁으로 돌아와 우리에게 '압제의 주구'에게 잡히게 된 계기를 이야기해 주었습니다. 그런데 그 계기가 너무나 걸작이었습니다. 시위 대열이 흩어지고 그가 달아나려고 하는데, 도로에 담배 한 개비가 떨어져 있었던 것입니다. 더구나 그것이 '솔' 담배라 그것을 주우려 하는데 누군가 그의 뒤를 잡더래요."

죽음의 포르노그라피

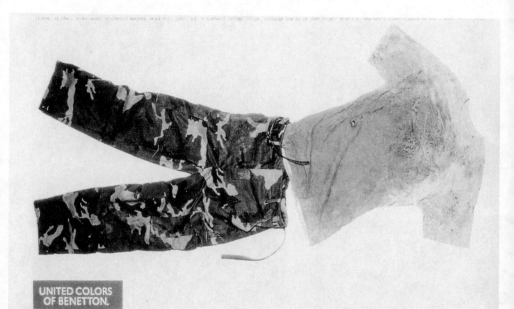

UNITED COLORS
OF BENETTON.

베네통이 보스니아 내전에서 죽은 병사의 옷을 찍은 사진을 광고로 게재하자 격렬한 비난이 쏟아졌다. 그 비난의 핵심은 간단하다. 사람의 죽음을 장사에 이용하다니…… 아마 누구라면 좀더 멍청하게 "우째 이런 일이" 하고 말했을 것이다. 그러나 조금 더 냉소적으로 바라본다면, 자본주의 사회에서 상품이 되지 않는 것, 상품으로 이용할 수 없는 것이 어디 있는가? 하긴 우리들은 아직 텔레비전이나 신문에서 묘지 분양 광고나 수의壽衣 바겐 세일 광고를 보지 못하고 있다. 그러나 그것은 수의나 묘지가 쌀만큼이나 광고할 필요 없는 상품이기 때문일 뿐이다. 좀더 냉소적으로 본다면, 전쟁에서 죽은 사람이 어쨌다는 것인가? 국제인으로서의 감각이 별로 없는 우리들과는 달리 유럽인들이나 일본인들(심지어 정치가들까지)이 베네통 불매 운동을 벌이는 것을 보면 가소롭기조차 하다. 왜냐하면 그들은 정작 보스니아 전쟁 자체보다 베네통 광고를 더 혐오하는 것처럼 보이기 때문이다. 베네통 광고에 대한 언론의 비판은 더욱 가소롭다. 베네통 광고를 비판하는 언론은 많았지만, 광고의 게재를 거부했다는 언론에 대해서는 듣지 못했기 때문이다. 그리고 처음부터 베네통이 이 광고가 불러일으킬 스캔들을 몰랐을 리 없다. 공모하지 않았지만 각본이 없었던 것은 아니며, 베네통의 그간의 행보는 점충적인 충격 제공의 문법을 따르고 있었다. "틀림없이 불편할 것이고, 충격적일 것이다." 이것이 베네통이 내건 내기인 것이다. 그리고 죽음과 전쟁은 누가 내건 상대를 소름 끼치게 할 수 있는 조커 joker 인 것이다. 문제는 오히려 이 모든 충격, 베네통의 광고 사진이 불러일으킨 시끄럽기 짝이 없는 하울링 howling 의 문화적 밑그림이다. 확실히 베네통이 불러일으킨 것은, 그리고 불러일으키려고 한 것은 하울링이다. 주파수가 어긋나고 우리의 고막은 아무런 정보 없이 고통받은 것처럼 보인다.

광고가 불쾌한 충격을 목표로 한다는 것, 그것은 분명 새로운 것이다. 하울링의 근저에 놓여 있는 것은 이 새로움이다. 광고는 지금까지 행복의 약속으로서 상품을 제시해 왔기 때문이다. 모든 비판

이론들은 이 점을 공격해 왔다. 상품 광고가 약속하는 상품의 유토피아, 즉 상품의 사용 가치가 거짓이라는 것은 충분히 비판받아 왔다. 보드리야르적 탈현대론자들이 더 내디딘 한 걸음은 고작해야 그렇다고 진정한 사용 가치가 존재하는 것도 아니라는 것이다. 사용 가치가 생존이 아니라 행복(아마 황홀한 섹스)인 한에서 우리는 이러한 비판적 태도를 승인할 수 있다.

그러나 베네통은 이러한 광고와 광고 비판의 대립을 벗어나고자 한다. 행복을 약속하고 그 행복이 거짓임을 비판받는 순환에서 벗어나고자 한다. 그런 의미에서 베네통은 광고의 아방가르드이다. 베네통의 길은 광고의 처녀림을 향해 나아가는 것이다. 지금까지의 광고가 도달하지 못한 곳들, 종교와 인종과 죽음과 전쟁으로(사장의 몸뚱이까지 포함해서) 나아가는 것이다. 만물이 상품이 되는 세계에서 광고가 되지 못할 미지의 땅이 없음을 선언하는 것이다. 그런 의미에서 베네통 광고는 광고의 아방가르드라기보다는 광고의 콜럼버스 Columbus 이다. 그리고 그가 그 식민지에 세우고자 하는 것은 '색채의 베네통 연방 공화국 United Colors of Beneton'이다. 그러므로 이 나라에서 백인 어린아이를 안고 있는 흑인 여인의 젖가슴은 색채일 뿐이다. 만일 이런 광고가 인종주의자와의 싸움 같은 인도적인 목표를 지녔다면, 보스니아 내전에서 죽은 병사의 옷이 광고가 될 수는 없었을 것이다. 베네통 광고, 그것은 도처에서 색채와 디자인만을 보는 광고의 차가운 시선이다. 그 시선 아래서 죽은 병사의 옷은 피의 디자인, 고통의 디자인일 뿐이다. 광고 사진은 아주 명쾌하다. 옷은 약간 생기 있는 허리띠의 곡선을 제외하고는 발굴된 화석처럼 놓여 있다. 전시장의 팻말 같은 캡션만이 그것이 전쟁의 흔적임을 알려 준다. 그러나 그것은 베네통의 시선 아래서는 수녀복만큼이나 옷일 뿐이다. 그것은 베네통의 시선 아래서 옷에 스미는 죽음이 아니라, 죽음을 염료로 한 옷으로 전도된다. 분명히 베네통은 행복을 약속하지 않는다. 그러나 동시에 비극을 고발하고 있는 것도 아니다. 서사와 판단이 정지하는 순수 미학의 공간만이 차갑게 펼쳐진다. 옷을 디자인하기 위한 것이라면 피의 마블링인들 무슨 상관이 있겠는가?

이런 전쟁의 미학, 죽음의 미학이 새로운 것은 아니다. 마리네티 Marinetti 의 이디오피아 전쟁을 두고 한 선언문은 이미 베네통을 예고하고 있다. "25년 전부터 우리들 미래파는, 전쟁은 비예술적이라는 주장에 반대해 왔다. [……] 전쟁은 아름답다. 왜냐하면 전쟁은 꽃피는 초원을 불꽃 튀기는 기관총의 열대 식물로 더 한층 다채롭게 하기 때문이다. 전쟁은 아름답다. 왜냐하면 전쟁은 총탄의 포화와 대포의 죽음, 사격 뒤에 오는 휴식, 향기와 썩은 냄새 등을 합하여 하나의 교향곡을 만들어 내기 때문이다. 전쟁은 아름답다. 왜냐하면 전쟁은 대형 탱크, 기하학적 비행 편대, 불타고 있는 마을에서 피어 오르는 나선형의 연기와 같은 새로운 건축 구조와 그 밖의 다른 건축 구조를 창조해 내기 때문이다." 벤야민은 이 구절을 두고 그것을 변증법적으로 읽을 것을 권고하였다. 왜냐하면 전쟁이 축제이기는 하지만, 우리들 인류의 축제가 아니라 자본의 축제에 지나지 않기 때문이다. 보스니아 전쟁은 민족 문제에서 발원하는 것일 것이고, 따라서 자본의 축제라는 말은 지나친 말로 여겨질 수도 있다. 이 경우 자본이 전쟁을 일으키지는 않았을지 모르지만, 그러나 무기의 사용 가치가 약속하는 행복은 확실히 자본의 몫이다. 사회주의의 몰락이 우리를 둔감하게 만든 것은 바로 이런 측면이다. 벤야민의 말을 빌리자면, "전쟁의 파괴성은 사회가 기술을 유기적 일부분으로 병합할 수 있을 만큼 충분히 성숙하지 못했으며, 또 기술이 사회의 근원적 에너지를 감당할 수 있을 만큼 충분히 발달하지 못했다는 증거이다." 그러므로 전쟁은 자본의 축제인 동시에 우리들 신생대 공룡에 대한 기술의 반란이기도 하다. 마리네티의 전쟁 미학이 예술 지상주의의 마지막 완성이었듯이, 베네통은 광고 지상주의의 마지막 완성이다. 베네통 광고는 사회가 내몰았다고 거짓되게 주장하는 죽음의 현존을 단순하게 지시하는 포르노그라피인 것이다.

최불암 시리즈와 농담의 사회학

< 전원 일기 >

최불암 시리즈라는 것이 지난 1991년 하반기 동안 크게 유포되었다. 최불암 시리즈는 이전의 모든 농담 시리즈에 비하여 사회적 전파 속도나 시리즈의 가짓수에 있어서 상당히 기록적인 면모를 가지고 있다. 최불암 시리즈를 담은 책이 출판되었다는 사실은 그런 점을 잘 보여 준다. 이러한 최불암 시리즈가 우리에게 어떤 의미를 지닌 것인가 하는 것을 한번쯤 되물어 보는 것은 의미 있는 일일 것이다.

최불암 시리즈의 의미 찾기

그러나 이 의미 찾기는 곧 '과연 그 농담 시리즈에 어떤 의미가 숨어 있기는 한 것인가' 하는 의구심에 부딪히게 된다. 그 이유는 아마도 농담과 그것이 유발하는 웃음, 그리고 그 둘의 관계가 자명하기 때문일 것이다. 육체와 정신 어디에도 귀속 불가능한 격렬한 신체의 자동적 경련과 웃고 있는 사람 자신조차 휘감아 버리는 강렬한 파열음은 언제나 일종의 자연성 안에 머물고 있어서, 그것이 무엇이냐고 묻는 질문은 마치 슬픔이란 무엇이냐, 비명이란 무엇이냐 하는 질문처럼 답변 불가능한 것으로 여겨진다. 그리고 모든 진지한 것을 파괴하는 웃음에 대해 그것은 도대체 무엇인가 하는 사뭇 철학적 질문은 질문의 대상에 걸맞지 않은 진지함을 지니고 있다. 사람들은 웃음이 무엇인가, 그 농담은 왜 웃음을 야기하는가 하는 질문을 던지기보다는 웃음거리를 찾고, 만들고, 즐기려는 것이다. 그리고 그것이 웃음에 대한 알맞은 태도이다.

그럼에도 불구하고 최불암 시리즈에 대해서 묻는 것, 이건 도대체 뭐냐고 묻는 것은 의미가 있는 것 같다. 보들레르의 말에 따르면 웃음에는 이빨이 달려 있고, 웃음은 깨무는 것이다. 그리고 웃음에 깨물린 사람들은 그 웃음을 비방한다. 최불암 시리즈도 무엇인가를 깨문다. 그래서 깨물린 사람들에 의해 최불암 시리즈를 다시 비아냥거리고자 하는 시도가 이뤄졌던 것이다. 여러 잡지와 신문에서 그런 글을 실었다. 최불암 시리즈를 적이 걱정하고 점잖게 타이르는 글이 실린 것이다. 그러므로 그런 깨물린 자의 억측에 대항하는 것, 이견을 제시하는 것, 그것은 일정한 의미를 지닐 것이다.

최불암 시리즈를 적이 걱정하는 눈길로 쓴 글 중에 어떤 것은 전혀 터무니없는 것이지만, 읽을 만한 어떤 글에서는 몇 가지 테제가 제시되고 있다. 사회적으로 유통 가능한 스타로서의 비디오 스타, 시리즈 생산자로서의 비디오 세대(포스트모던한 세대?), 기성 세대의 대표자로서의 최불암과 그에 대한 조롱 속에 드러나는 세대간의 단절, 그리고 정치적 허무주의로 인한 농담의 비정치화, 6공의 상대적인 민주화로 인한 공격 대상의 상실 등이 그것이다. 그 테제들은 물론 부분적으로 옳다. 그러나 일부는 틀리고 크게 봐 그 분석은 피상적이다. 그 피상성의 원인은 사회학 하는 방법의 탓이다. 웃음이 일어나고 있는, 일 옆에서 일어나고 있는 일들이라고 해서 그것이 웃음의 원인인 것은 아니다. 그것은 웃음의 사회학이 그 웃음의 옆에서 일어난 사회적 사건들을 제시하는 것은 아니기 때문이다. 웃음은 가볍지만, 얇은 것은 아니다. 우리가 어떤 농담에 웃게 된다는 것은 농담 안에 움푹 팬 깊이에 직관적으로 도달한다는 것을 의미한다. 이 직관적 도달이 농담이 지닌 깊이의 흔적을 지우지만, 조금씩 천천히 그 속으로 들어간다면, 우리는 그것이 깊이를 지니고 있음을 알 수 있다. 우리의 목표는 이 깊이에 비직관적으로 도달하는 것이다.

대상의 모호함과 재등장 또는 변형

최불암 시리즈에 대한 분석에서 우리가 부딪치게 되는 첫번째 어려움은 그 대상의 모호성이다. 왜냐하면 최불암 시리즈에는 전혀 새로운 것뿐 아니라, 이전에 이미 있어 왔던 것들이 포함되어 있기 때문이다. '세 가지 소원의 이야기,' '금도끼 이야기,' '위기 일발 시리즈,' '정신 병자 시리즈,' '저승 시리즈,' '람보 시리즈,' '전두환 시리즈' 등 기존의 이야기들이 최불암 시리즈 안에서 다시 등장하는 것이다. 그러나 이러한 모든 것을 최불암 시리즈로부터 추방하고 최불암 시리즈에 '오리지널'한 것을 추출해 낸다는 것은 거의 불가능하다. 그렇게 하기 위해서는 우선 기존의 이야기들에 대한 완전한 목록을 가지고 있어야 하는데 우리는 그렇지 못하기 때문이다. (그러한 목록이 없을 때 우리는 쉽게 이미 있어 온 것을 오리지널한 것으로 파악할 위험이 있다.) 또한 사소한 정도지만 기존 이야기들은 최불암 시리즈 안에서 새로운 변형을 경험한다. (물론 이 변형도 그것이 변형인지를 판단하기 위해서는 이전의 이야기에 대한 백과 사전적 지식이 요구되며, 따라서 이러한 판단은 불확정적이다.) 그리고 그 이전의 이야기들이 약간의 변형도 없이 반복된다고 하더라도 이전의 익명의 주인공, 또는 타명의 주인공들이 점하던 자리들이 최불암으로 대치되는 현상 자체가 새로운 효과를 발생시킨다. 그리고 이렇게 모든 기존의 이야기들이 최불암 시리즈로 집결되는 것, 마치 사람들의 상상력이 고갈될 때까지 가능한 한 최불암 시리즈를 증폭하고자 하는 사회적 흐름 자체가 하나의 의미 있는 현상이라면 현상이기 때문이다. 이런 여러 가지 이유로 인해서 최불암 시리즈의 정경화 *cannonization* 는 불가능하다. 최불암 씨가 집에 가면 금동이에게 "뭐 새로 나온 이야기 없냐"고 묻는다는 최불암 시리즈 중의 한 이야기는 구전과 이본으로 존재하는 이 시리즈의 성격을 이 시리즈조차 자각하고 있음을 보여 준다.

미디어적 상상력

이러한 불가능한 정경화에서도 우리는 최불암 시리즈의(고유성이 아니라) 특이성에 대해서, 어쩔 수 없이 불확정한 답이 되겠지만 다소 무모하게라도 답하지 않을 수 없다. 무엇이 최불암 시리즈 안에서 새롭게 개시되었느냐 하는 것이야말로 농담 자체 안에 새겨 있는 역사성이기 때문이다. 아마도 그것은 미디어 자체가 하나의 정신적 환경이 되어 버린 시대의 미디어 증후군이라고 할 수 있을 것이다. 거의 '세계의 창'이 되어 버린 미디어의 지배성은 최불암 시리즈의 가장 두드러진 성격이다. TV 탤런트가 농담의 대상이 된다는 사실, 이야기의 배경이 미디어 내의 다양한 프로그램과 광고, 영화, 전자 오락이라는 사실, 최불암 씨뿐 아니라 그의 상대역 역시 금동이, 노주현, 최진실, 유인촌, 김혜자, 맹구, 람보, 터미네이터, 슈퍼맨, 후레쉬맨, 배트맨, 6백만 불의 사나이, 유덕화 같은 미디어의 인물이라는 사실, 이러한 최불암 시리즈의 유통에서도 구전 이외에 TV 코미디, 라디오 토크 쇼, PC (개인용 컴퓨터) 통신, 스포츠 신문의 오락란이 큰 몫을 차지하였다는 사실이 그러하다. 그러나 최불암 시리즈 안에서 이러한 미디어의 지배성만을 발견하는 것, 또는 그러한 미디어의 지배 아래에서 성장한 젊은 세대가 이 시리즈의 생산자라고 파악하는 것, 그리고 키치 *kitsch* 로 가득한 미디어에서 키치 세대의 어리광을 발견하는 것은 대단히 피상적이다(키치 중독자가 동시에 키치 비판가가 되는 것은 하등 이상할 것이 없으니까). 우리가 우선 찾아야 하는 것은 최불암 시리즈가 농담의 구조로서 내면화하고 있는 것이다. 최불암 시리즈가 하나의 농담으로서 웃음을 야기할 수 있는 것은 그것을 구성하는 방법에 있기 때문이다. 그 방법은 미디어 내의 다양한 프로그램과 장르들을 서로 연결한다. 미디어 내의 다양한 프로그램들과 장르들을 상호 텍스트적인 것으로 만든다. 이 상호 텍스트성이 이야기의 배경을 마련하고 그 안에 최불암을 출연시키는 것이다. 이러한 작업이 ─ 상호 텍스트화와 최불암의 보편적 삽입 ─ 최불암의 보편적 부조화의 연쇄를 통해 웃음을 야기하는 것이다.

　　'최불암과 지구의 평화'라는 잘 알려진 이야기를 예로 들어 보자. 이야기의 배경은 < 독수리 5형제 >와 < 전원 일기 >의 겹쳐짐이다. 이 겹쳐짐은 미디어의 미디어 내로의 삽입, 다시 말해 TV의 인물이 TV를 보게 하는 것이다. 이 겹쳐짐 안에서 최불암은 "< 독수리 5형제 >가 끝났으면 누가 캐릭터로부터 지구를 지키지" 또는 "스머프 녀석들이 지구를 지킬 수 있을까" 또는 "평일에는 누가 지구를 지키지" 하고 걱정을 한다. 그리고 우리는 웃게 된다. 상이한 드라마를 연결시키는 것 자체는 일종의 미디어가 상상력의 지평이 되는 미디어적 상상력일 수 있다. 그러나 그러한 미디어에 예속된 상상력 안에서 농담은 미디어 예속의 껍질을 벗어 던진다. 미디어의 매체성이 폭로되는 것이다. 최불암이 코믹한 이유는 그가 미디어는 미디어에 지나지 않음을 모른다는 사실에 있기 때문이다. 우리는 어린 시절 < 마징가 제트 >를 보며 "왜 헬 박사는 로보트들을 한꺼번에 보내지 않고, 한 주일에 하나씩만 보낼까" 하고 의아해했다. 이러한 의문의 밑바탕에는 미디어가 자체로서 하나의 현실로까지 상승했기 때문이다. 기실 미디어의 지배성이란 바로 미디어가 자신을 현실의 미디어, 즉 매개물로 주장하는 것이 아니라 자기 자신을 현실로 주장하고, 그 주장에 우리가 예속됨을 의미한다. 걸프전이란 우리에게 무엇인가? 미사일이 날아다니는 강렬한 화면의 지표성에도 불구하고 우리에게 걸프전은 CNN 뉴스와 동일한 것이다. 그리고 그 뉴스는 < 독수리 5형제 >의 이야기와 동일하다. 지구가 위협받는 데서 느끼는 공포는 그것을 지켜 주는 5인의 독수리에 의해 안도감으로 바뀐다.

미디어 비판과 현실 비판

그러나 최불암 시리즈 안에서 이러한 미디어의 현실은 하나의 가상으로 판명된다. 미디어와 현실의 차이를 구분하지 못하는 정신의 완고함, 그리고 우둔함이 조롱을 받는 것이다. 그러므로 우리는 최불암 시리즈가 하나의 농담으로 기능하는 것은 그것이 미디어 증후군이기 때문이 아니라, 미디어 증후군 비판이기 때문임을 알 수 있다. 미디어는 미디어에 지나지 않는다는 사실이 웃음을 통해서 입증되는 것이다. 만일 포스트모던이라는 표현으로 기호가 지시체 *referent* 로부터, 그리고 최종적으로 기의로부터 자립화되는 세계를 표현하고자 한다면, 최불암 시리즈는 이러한 시대의 예민한 반응인 동시에 그것에 대한 비판일 것이다.

그러나 여기서 우리가 강한 의미에서 풍자의 정신을 확인하기는 여전히 어렵다. 미디어의 비판이 현실의 비판은 아니기 때문이다. 정치적 허무주의가 최불암 시리즈 안에 깔려 있다는 혐의는 그런 의미에서 다소 의미 있는 혐의이다. 그러나 그것이 6공 민주화로 인한 것이라는 주장은 재론의 여지가 없는 헛소리이다. 다만 우리의 농담의 상상력이 '전두한 剪頭漢'으로부터 '속이구'로 대치되지 않고, 최불암으로 대치된 것에 대해서는 한번쯤 생각해 봐야 할 것이다. 그러나 사람들의 상상력의 방향을 우리가 어떤 필연의 논리를 따라 입증할 수는 없다. 다만 우리가 5공 시대라는 선악의 대비가 선명한 시대로부터 벗어났다는 것, 그리고 정치의 세계가 조망 불가능성으로 떨어졌다는 것은 분명하다. 풍자가 대상을 잃고, 방황하다가 찾은 것이 최불암일까? 아니면 이 풍자는 다른 기원을 가진 것일까? 그것은 알 수 없다. 그러나 사람들은 풍자가 아니면 자살을 택하기보다는 자살하지 않기 위해서, 다시 말해 살기 위해서 웃음이 필요하고, 또 웃음을 만들어 내는 것은 틀림없는 것 같다.

끝으로 최불암 시리즈에서 또 하나 우리가 주목해야 하는 것은 세대론이다. 최불암이라는 보편적 부조화가 기성 세대를 대변한다는 주장이 그것이다. 우리는 그것을 확증할 수 있는 아무런 증거를 찾을 수 없다. '김 회장'으로서의 그가 우리 사회의 부성 父性 의 일반적 표상이라는 것은 어떤 증거를 가지고 있는가? 그는 '수사 반장'이기도 하고, '고개 숙인 남자'이기도 하고 타이어와 홍삼원을 광고하는 사람이기도 하지 않는가? 최불암 시리즈 안에서 그의 모습은 돼먹지 못한 잔인함과 상황을 무시하는 정신의 완고함을 표상한다. 이것이 단순한 배역인지, 아니면 기성 세대에 대한 공격성이 찾아 낸 인물인지는 확정 불가능하다. 그리고 마치 최불암 시리즈에 깨물린 듯이 반응하는 각종 기성 세대의 글은 제 발 저린 것인지, 아니면 그 안에 있는 공격성을 예민하게 포착한 것인지 그 또한 알 수 없다.

최불암 시리즈에는 수작도 태작도 많다. 그 옥석을 가리는 일은 큰 의미를 갖지 않을 것이다. 성공과 실패의 갈림은 모든 언어적 구성물의 운명이다. 그저 불건강한 웃음이란 존재하지 않는다는 것 한 가지만 분명히 해 두자. 검은 웃음, 지배자의 웃음이 없는 것은 아니다 (김영삼 씨도 웃을 수 있다. 그리고 웃게 놔 두자). 그러나 그런 웃음은 우리를 홍소로 이끌지 못한다. 따라서 행복을 주지 못한다.

이제 마지막으로 최불암 씨에게 그의 사회적 품위를 위해 더 이상 최진실을 사모하지 말 것과 빨간 옷은 입지 말 것과 농구를 하지 말 것과 63 빌딩에 올라가지 말 것을 권유하자. 그가 ≪ 시련은 있어도 실패는 없는 ≫(국민당 대표 정주영 씨의 회고록 제목) 기성 세대의 대표자라면, 자신의 품위를 위해 어린아이를 강간하는 복지원장이 되지 말 것과 청와대를 사칭하여 사기극을 벌이지 말 것과 세금을 포탈하지 말 것과 국회 의원이 되기 위해 쓴 돈을 국회 의원이 된 후 회수하려고 연연하지 말 것을 권고해 두자. 그리고 때에 따라 친인척에 대한 사랑이 지나쳐서는 안 된다는 것도 권고해 두자.

발표된 글들의 출처

문화 연구의 의미: "왜 하필 문화인가?"

　　　산업 사회 연구회 편. < 경제와 사회 > 겨울호. 서울: 이론과
　　　실천사, 1990.

포스트모던 사회 이론?

　　　< 외국 문학 > 제34호 봄호. 서울: 열음사, 1990.

사랑의 사회학: 민주주의와 에로티즘의 융합을 위하여

　　　< 말 > 4월호. 1994.

만화, 장난감, 포스트모던

　　　< 상상 > 제2호 겨울. 서울: 살림, 1993.

인류학적 오디세이 또는 단백질의 인류학

　　　< 상상 > 제1호 가을. 서울: 살림, 1993.

환멸의 도서관

　　　< 말 > 6월호. 1994.

우리 시대의 성(적) 담화: 한희작의 < 서울 손자 병법 >

　　　< 문학과 사회 > 제9호 봄호. 서울: 문학과 지성사, 1990.

포스트모던 어드밴처

　　　< 세계의 문학 > 겨울호. 서울: 민음사, 1992.

웃음의 해석학, 화용론적 수사학, 행복의 정치학

　　　사회과학 연구소. < 사회과학과 정책 연구 > 제13권 제1호. 1991. 10.

어떤 농담의 분석

　　　< 대학 신문 >. 서울대학교, 1987. 4. 27.

죽음의 포르노그라피

　　　< 대학 신문 >. 서울대학교, 1994. 3. 14.

최불암 시리즈와 농담의 사회학

　　　< 사회 평론 > 4월호. 서울: 사회평론사, 1992.